Bernd Rink

Die Kanalinseln und die Insel Wight

Kunst, Geschichte, Landschaft

Die britischen Inseln zwischen der
Normandie und Süd-England

Jürgen Schlote, 2/2019

DuMont Buchverlag Köln

Umschlagabb. Vorderseite JERSEY, Beauport Bay
Umschlagabb. vordere Innenklappe SARK, La Seigneurie, Residenz des Seigneurs. Begonnen 1565
Umschlagabb. Rückseite WIGHT, The Needles, Kreidefelsen vor der Westspitze der Insel
Frontispiz Henry Duke of Warwick als König der Insel Wight. Aus: Sir Richard Worsley, The History of the Isle of Wight, London 1781

© 1983 DuMont Buchverlag, Köln
4. Auflage 1989
Alle Rechte vorbehalten
Satz und Druck: Rasch, Bramsche
Buchbinderische Verarbeitung: Bramscher Buchbinder Betriebe

Printed in Germany   ISBN 3-7701-1370-5

Kunst-Reiseführer in der Reihe DuMont Dokumente

Zur schnellen Orientierung – die wichtigsten Orte und Landschaften der Kanalinseln und der Insel Wight auf einen Blick:
(Auszug aus dem ausführlichen Ortsregister S. 281)

In der vorderen Umschlagklappe: Karten der Kanalinseln

In der hinteren Umschlagklappe: Karte der Insel Wight

Henry Duke of Warwick, as King of the Isle of Wight.

»The King's writ runs but lamely
in the Channel Isles and Wight«
(Des Königs Verordnungen gelten wenig
auf den Kanalinseln und der Insel Wight)
(J. M. Falkner, aus: »Moonfleet«)

Inhalt

Dank

Für die freundliche Unterstützung bei der Materialbeschaffung danke ich folgenden Personen und Institutionen:

Jersey: La Société Jersiaise (The Lord Coutanche Library); The Seigneur of St. Ouen, Ph. Malet de Carteret; Mr R. W. Dobin; Mr T. G. Hutt; Mrs J. Stevens; Mr W. Wilson.

Guernsey: Guille-Allès Library; Priaulx Library; The Seigneur of Sausmarez Manor, C. B. de Sausmarez; The Lord and Lady Swaythling, La Haye du Puits.

Sark: The Seigneur, J. M. Beaumont.

Wight: Mr and Mrs A. Goddard, Barton Manor; Mrs J. Lacon, Norris Castle; Mr E. Sibbick, Osborne House; Mr and Mrs Thornton, Gatcombe House.

Meinem Kollegen Dr. Ernst-Dieter Schmitter danke ich für wertvolle Hinweise zur Geologie.

Bernd Rink

Die Kanalinseln

Lage, Klima, Vegetation

»Inseln sind bereitet in diesem Wasser, nämlich dort, wo es sich schon gegen das Weltmeer öffnen will: größere, kleine und ganz kleine, genannt ›die Normannischen‹, wohl weil sie näher gegen Francia und das Land der Normannen gelegen sind als gegen Cornwall und Sussex, (...)« – so beschreibt Bruder Clemens, Erzähler der Lebensgeschichte des Papstes Gregor in Thomas Manns Roman »Der Erwählte«, die Kanalinseln, eine kleine Inselgruppe in der Bucht von St. Malo, westlich der Normandie-Halbinsel Cotentin. In vorgeschichtlicher Zeit bestand hier eine Landmasse, das Armorika-Massiv, aus dem zwischen 7000 und 4000 v. Chr. durch Erosion und nacheiszeitliche Absenkung die Inseln herausgelöst wurden, deren Verwandtschaft mit dem Cotentin durch das granitische Gestein, aus dem sie weitgehend bestehen, erkennbar bleibt.

Die Kanalinseln – das sind die knapp 200 Quadratkilometer umfassenden, unter britischer Hoheit stehenden Inseln Jersey, Guernsey, Alderney, Sark, Herm, Brecqhou, Jethou, Burhou, Lihou und die kleineren Inselgruppen Les Casquets, Les Minquiers und Les Ecréhous sowie die zu Frankreich gehörenden Iles Chausey und Les Roches Douvres, die hier unberücksichtigt bleiben. Der ganze Archipel liegt auf dem rund 40 Meter tiefen Festlandschelf, wird aber durch Senken in fünf Teile geteilt: Alderney mit Burhou und Les Casquets; Guernsey mit Lihou wird im Osten durch die »Little Russel«-Straße von Herm und Jethou getrennt; Sark mit Brecqhou liegt östlich der »Great Russel«-Straße; zwischen Guernsey und Jersey mit Les Ecréhous verläuft die »La Déroute«-Straße; die vierte Gruppe bilden die Iles Chausey und Les Minquiers, und die Roches Douvres zwischen der Südküste von Guernsey und der französischen Nordküste stellen die fünfte Gruppe dar. Der Tidenhub beträgt wie in der Gegend um St. Malo etwa zwölf Meter, und die Gezeitenströmung ist sehr stark.

Die Inseln liegen im Einflußbereich des Golfstroms, dessen klimatische Auswirkungen hier eine Vegetation ermöglichen, die in vergleichbaren Breiten des europäischen Festlandes nur in den Gewächshäusern botanischer Gärten anzutreffen ist. So bestimmen vielfach Palmen und andere subtropische Pflanzen das Bild von Gärten und Parks, an windgeschützten Stellen gedeihen sogar Apfelsinen und Zitronen. Zum Vergleich: Jersey, die südlichste Kanalinsel, liegt etwa auf demselben Breitengrad wie Heilbronn, und Alderney, die nördlichste, liegt geringfügig südlicher als Trier oder Würzburg.

Das sonnige, nahezu frostfreie Klima beschert den Kanalinseln mit ihrer granitischen Erde, in der es kaum Kalk gibt, in großer Fülle Fuchsien, Kamelien, Mimosen, Hortensien, Clematis und Akelei, die wild in den Wäldern und am Straßenrand wachsen. Über 700 wildwachsende Pflanzenarten, davon viele, die sonst in Großbritannien gar nicht oder selten vertreten sind, gestalten das Bild der Inseln ebenso wie einheimische Bäume, die trotz der um sich greifenden landwirtschaftlichen Kultivierung südlicher Hänge noch reichlich vorhanden sind, z. B. Eiche, Esche, Bergrüster, Buche, Linde, Birke, Kiefer, Erle, Zeder und Haselnuß. Darüber hinaus ist der später eingeführte Bergahorn heute häufig anzutreffen.

Geologischer Aufbau

Die Kanalinseln weisen starke geologische Parallelen zu den nahegelegenen Teilen des nordwestlichen Frankreich auf, und sie bestehen hauptsächlich aus kristallinem Gestein. Erguß- und Intrusivgesteine treten vor allem im östlichen Jersey zutage. Im südwestlichen Jersey – ähnlich wie im äußersten Südwesten und Südosten von Guernsey – werden die Metasedimente durch die Granite und Granulite begrenzt, die die St. Brelade's Bay umschließen. Granit befindet sich auch im Norden der Insel. Nach Osten hin werden die Metasedimente von Eruptivgesteinen überlagert. Ein komplexer Gürtel metamorphischen und intrusiven Gesteins reicht in den Südosten Jerseys hinein. Das südliche Guernsey besteht im wesentlichen aus Gneis, und die kristallinischen Gesteine im Norden, die von Hornblende-Gabbro über Diorit bis Granit reichen, lassen die Auswirkungen fortschreitender Granitisierung erkennen, die sich auch in den im Süden auftretenden Gesteinen bemerkbar macht. Alderney ist geologisch nahezu gedrittelt: Porphyr mit dioritischen Randstreifen im Südwesten, Diorit im Zentrum und Sandstein (»Alderney Sandstone«) im Osten. Sark und Brecqhou sind in Hornblende-Schiefer, Gneis und Granit unterteilt, während Herm und Jethou (und die Iles Chausey) vollständig aus Granit bestehen. Die ganze Inselgruppe weist zahlreiche intrusive Gänge aus Dolerit auf, in Guernsey finden sich darüber hinaus Glimmer-Lamprophyr-Gänge. Porphyrgänge kommen im Nordwesten von Alderney wie auch im Südosten von Jersey vor.

Die höchstgelegenen Stellen der Inseln sind auffallend flach. In Jersey, Guernsey und Herm sind sehr deutlich mehrere Strandterrassen (»raised beaches«) zu unterscheiden, die in geringerem Maße auch in Alderney existieren, während Sark steil aus dem Meer aufragt. Ehemaliger Meeresboden, zur Landseite hin von gekrümmten Klippenlinien abgegrenzt, tritt gut sichtbar im Westen Guernseys und entlang der Südküste von Jersey auf, wo Niveauunterschiede wechselweise zwischen sechs und neun Meter ausmachen können. Diese maritimen Merkmale werden den verschiedenen Warm- und Kaltzeiten der letzten Eiszeit zugeschrieben. Sie sind in 36, 18 und 7 Meter Höhe nachgewiesen worden, wobei die beiden letzten archäologische Bedeutung erlangt haben, weil hier Höhlen mit Gebeinen und Werkzeugen entdeckt wurden.

Geschichtlicher Überblick

Das Land, aus dem die Kanalinseln hervorgingen, war bereits in der Altsteinzeit bewohnt, wie Funde in Jersey (La Cotte an der St. Brelade's Bay) beweisen, die auf etwa 100000 v. Chr. datiert werden. Für die Folgezeit finden sich keine Hinweise auf eine Besiedlung bis zur Jungsteinzeit, deren Völker zahlreiche Spuren – hauptsächlich megalithische Grabstätten – auf fast allen Kanalinseln hinterließen, die seit dem 3. Jahrtausend v. Chr. wahrscheinlich ununterbrochen bewohnt sind. Nach dem Ende der Bronzezeit, deren Überreste in Jersey und Alderney stärker vertreten sind als in Guernsey, kamen die ersten keltischen Völkerstämme auf die Inseln. Vor allem in Jersey wurden verschiedene gallische Münzschätze gefunden.

Während der Eroberung Galliens durch Caesar verfolgten seine Legionen viele Flüchtlinge bis auf die Kanalinseln, doch scheinen sich die Römer selbst dort nicht niedergelassen zu haben, da über vereinzelte Münzfunde hinaus nichts auf eine römische Besiedlung hindeutet. Dennoch hat es nicht an Versuchen gefehlt, einige Ortsbezeichnungen der Römerzeit nicht nur bestimmten Inseln zuzuordnen, sondern sie sogar als Ursprung für den heutigen Inselnamen anzunehmen. So soll Jersey »Caesarea« gewesen sein, Guernsey »Sarnia«, Alderney »Riduna« und Sark »Sargia«. (Richtig oder falsch – die römischen Namen waren allemal gut und klangvoll genug für Clubs und Unternehmen aller Art, vom Caesarean Tennis Club in Jersey über Sarnia Marketing Ltd. in Guernsey bis zum Riduna Bus Service in Alderney.)

Zwei Heilige des 6. Jahrhunderts, der Kelte St. Magloire und der Franke St. Helier, die in Sark (Magloire) und Jersey (Helier) als Klostergründer bzw. als Einsiedler in Erscheinung traten, sind die ersten bekannten Zeugen der nachchristlichen Zeit.

Mit der Ankunft der Normannen unter ihrem Führer Rollo, seit 911 vom westfränkischen König Karl dem Einfältigen als Herzog der Normandie anerkannt, zeichnete sich für die Kanalinseln der Schritt in das Licht der geschriebenen Geschichte ab; denn Rollos Sohn, William Longsword, gliederte die Inseln 933 dem Herzogtum Normandie ein. Unter seinen Nachfolgern – Richard I. der Furchtlose (942–996); Richard II. der Gute (996–1026); Richard III. (1026–1028); Robert I. der Teufel/der Großartige (1028–1035); William II. der Bastard, der spätere Eroberer (1035–1087) – wurden die Kanalinseln immer stärker in das Herzogtum eingebunden und erhielten die auf dem Festland übliche Verwaltung und Rechtsprechung. Kirchlich gehörten sie zur Diözese Coutances, und die meisten ihrer Ländereien wurden normannischen Klöstern zu Lehen gegeben sowie normannischen Baronen, deren Hauptbesitztümer auf dem Festland lagen.

Durch die Thronbesteigung Herzog Williams II. als englischer König William I. nach der Schlacht bei Hastings am 14. Oktober 1066 kamen die Kanalinseln erstmalig mit England in Berührung, und diese Verbindung besteht, von kleinen Intervallen abgesehen, bis zum heutigen Tag, da die jeweiligen Herrscher von England (und später Großbritannien) neben ihrer Königswürde den Titel eines Herzogs der Normandie führten. Nach dem Verlust des normannischen Festlandes unter König Johann Ohneland im Jahre 1204 blieben die Inseln

Links: Siegel des Edward Earl of Rutland, Warden der Kanalinseln (1396–1415) und Lord of the Isle of Wight (1397–1405 und 1409–15) – Mitte und rechts: Siegel, die Edward I. 1306 den Bailiwicks von Jersey und Guernsey verlieh

dem König als Herzog der Normandie erhalten, und sie stellten ihre Loyalität unter Beweis, als sie zwischen 1204 und 1216, dem Todesjahr des Königs, zweimal für kurze Zeit von den Franzosen erobert werden konnten.

Das Ende der Verbindung zum Festland bedeutete gleichzeitig den Beginn der heutigen »Staatsform«, da die Inseln nicht dem englischen Staatsverband einverleibt, sondern vom König direkt nach angestammtem normannischem Recht regiert wurden. Der König ließ sich auf den Inseln durch einen persönlichen Vertreter repräsentieren, der zu unterschiedlichen Zeiten den Titel Warden, Lord/Lady oder Governor trug. Vorsitzender der Gerichte, die in des Königs/Herzogs Namen Recht sprachen, waren die Bailiffs. Um 1470 begann eine Entwicklung, die das heutige politische Geschehen auf den Kanalinseln bestimmt: Die Inseln wurden nicht mehr einem gemeinsamen Governor unterstellt, sondern erhielten – als *Bailiwick* (Amtsbezirk) *of Jersey* und *Bailiwick of Guernsey* – eigene Governors. Ursache dafür war wohl eine schon lange bestehende Rivalität zwischen Jersey und Guernsey, den Hauptinseln des Archipels.

Während der Rosenkriege, der Machtkämpfe zwischen den englischen Königsfamilien Lancaster und York, wurden die Kanalinseln immer wieder von den Franzosen überfallen, die von den miteinander verfeindeten Königshäusern ebenso wie Burgund als Bundesgenossen in die Auseinandersetzungen hineingezogen worden waren. Die Lage der Inseln wurde derart bedrohlich, daß sie 1483 (zwei Jahre vor Beendigung der Rosenkriege) auf eigenes und König Edwards IV. Betreiben durch eine Bulle Papst Sixtus IV. für in Kriegszeiten neutral erklärt wurden. Dabei blieb es ihnen gestattet, mit allen kriegführenden Parteien Handelsbeziehungen zu pflegen. Diese Neutralität wurde in den folgenden 200 Jahren im wesentlichen respektiert, bis sie 1689 auf Anordnung Williams III. (von Oranien) einseitig aufgehoben wurde.

In der Tudor-Zeit wurde die letzte Verbindung der Kanalinseln zum Festland, ihre Zugehörigkeit zur Diözese Coutances, 1569 unter Elizabeth I. endgültig gelöst und die geistliche Oberhoheit dem Bischof von Winchester übertragen. Im Bürgerkrieg zwischen König und Parlament stellte sich Jersey auf die Seite des jungen Charles II. und gewährte ihm in seiner Exilzeit zweimal Asyl, während Guernsey die Seite Cromwells wählte. Im späten 18. Jahrhundert mußten die Inseln die letzten ernstzunehmenden Angriffe Frankreichs, das sich mit den aufständischen amerikanischen Kolonien verbündet hatte, über sich ergehen lassen. Die spektakulärste Aktion war 1781 »The Battle of Jersey«. Nach der französischen Revolution und während der Napoleonischen Kriege waren die Kanalinseln zwar noch einmal von französischen Invasionen bedroht, doch die von der britischen Regierung erbauten Befestigungen – *Martellotürme* sowie *Fort Regent* in Jersey und *Fort George* in Guernsey – erlebten ebensowenig den Ernstfall wie die in der Mitte des 19. Jahrhunderts in Alderney errichteten *Küstenforts,* die als Antwort auf die französischen Rüstungsaktivitäten in Cherbourg gedacht waren.

Im Ersten Weltkrieg meldeten sich viele Einwohner der Kanalinseln freiwillig zum Kriegsdienst, obwohl bis heute durch ihre politische Sonderstellung keine allgemeine Wehrpflicht auf den Inseln besteht. Wie auf der Insel Man in der Irischen See wurden auch in Jersey Lager für deutsche Kriegsgefangene eingerichtet. Im Zweiten Weltkrieg kam die britische Regierung nach der Kapitulation Frankreichs zu der Überzeugung, die Inseln nicht verteidigen zu können, ohne das Leben der gesamten Zivilbevölkerung zu gefährden, und sie zog daraufhin die dort stationierten Verbände zurück, so daß die deutschen Truppen nach einigen Luftangriffen auf Jersey und Guernsey den ganzen Archipel zwischen dem 30. Juni und dem 3. Juli 1940 einnehmen konnten. Zuvor hatten manche Einwohner der größeren Inseln ihre Heimat verlassen, jedoch war es nur die Bevölkerung von Alderney, die sich geschlossen für eine Evakuierung ausgesprochen hatte, so daß die Besatzer die Insel nahezu menschenleer antrafen. In einer von offizieller deutscher Seite herausgegebenen Schrift liest sich die Inbesitznahme so: »Im übrigen stellten die Kanalinseln ein kaum beachtetes Anhängsel des britischen Reiches dar. (...) Seit 1815 (...) entwickelten sich lebhafte politische Beziehungen, die eine entsprechende Entfremdung zum nahegelegenen französischen Festland zur Folge hatten. Diese ›Europaferne‹ wurde am 1. Juli 1940 jäh unterbrochen. Der deutsche Soldat hatte die Kanalküste erreicht und besetzte in kühnem Sprung die vor ihm liegenden Inseln. Seitdem weht die Hakenkreuzfahne auch über diesem ehemals britischen Gebiet.«

Die deutsche Besatzung überdauerte die alliierte Invasion in der Normandie im Juni 1944 nicht zuletzt deswegen, weil die Inseln, insbesondere Alderney, als Teil des Atlantikwalles mit Hunderten von Verteidigungsanlagen überzogen worden waren, so daß Engländer und Amerikaner, die das Ausmaß dieser Anlagen durch ihre Luftaufklärung ermittelt hatten, sie erst gar nicht angriffen, um unnötige Zerstörungen zu vermeiden, zumal die deutsche Besatzung von jeglichem Nachschub abgeschnitten war und – so die alliierte Meinung – früher oder später die Inseln von selbst aufgeben würde. Gegen Ende 1944 war die Versorgungslage so prekär, daß Besatzer und Besetzte bis zur Kapitulation Deutschlands vom Internationalen Roten Kreuz auf dem Seewege mit Lebensmitteln versorgt werden mußten. Am 9. Mai 1945 war jedoch auch für die Kanalinseln (für Alderney erst am 16. Mai) die Zeit zu Ende, die als »Occupation« hier allein schon wegen der militärischen Anlagen immer gegenwärtig bleiben wird.

Mit dem Beitritt Großbritanniens zur Europäischen Gemeinschaft rückten die Kanalinseln Europa zwar ein gutes Stück näher, doch erhielten sie (wie die Insel Man) auf Grund ihres besonderen politischen Status besondere Konditionen, woraus deutlich wird, daß sie eben nicht englische, sondern allenfalls britische Inseln sind. »Properly a peculiar of the crown« (wahrlich Eigenbrötler unter der Krone) – so hatte sie schon 1694 Pfarrer Philip Falle aus Jersey in seinem »Account of the Isle of Jersey« (s. S. 29) bezeichnet.

Politische Stellung, Regierungsform und Verwaltungsstruktur

»Auf die Königin, unseren Herzog!« – diesen Trinkspruch bringen traditionsbewußte Bewohner der Kanalinseln noch heute aus. Er verweist darauf, daß die Inseln als Herzogtum Normandie (oder das, was davon übriggeblieben ist) in Personalunion vom jeweiligen britischen Monarchen regiert werden wie die Insel Man, die diesen als Lord of Man anerkennt. Politisch sind die Inseln Teile Großbritanniens insofern, als sie in Außenangelegenheiten von der Regierung in Westminster vertreten werden. Bei Reisen von und zur britischen Hauptinsel gibt es keine Paßkontrollen. Seit dem Verlust des normannischen Festlandes im Jahre 1204 entsandte der jeweilige Herrscher einen persönlichen Repräsentanten auf die Inseln: Wardens bis 1415, Lords/Ladies of the Isles bis etwa 1470, danach separate Governors für Jersey und Guernsey (von 1660 bis 1825 auch für Alderney). Da diese Amtsträger in vielen Fällen die Inseln nur in Abwesenheit »regierten«, wurde 1835 in Guernsey und 1854 in Jersey das Amt des Governors durch das des Lieutenant Governors ersetzt.

Die Kanalinseln sind in zwei Amtsbezirke (Bailiwicks) aufgeteilt. Der *Bailiwick of Jersey* umfaßt neben Jersey die Ecréhous und die Minquiers, während dem *Bailiwick of Guernsey* noch Alderney, Sark, Herm und Jethou angehören. Das zivile Oberhaupt eines Bailiwick ist der Bailiff, der gleichzeitig Vorsitzender der gesetzgebenden Versammlung (States of Jersey/ States of Guernsey) und des königlichen Gerichts (Royal Court) ist, das nach alter normannischer Rechtstradition Recht spricht. Die States erlassen Gesetze und Verordnungen für ihren Bailiwick, die in besonderen Fällen vom Kronrat bestätigt werden müssen. Den States of Jersey gehören neben den zwölf Vorstehern der parishes genannten Kirchspiele, den Constables, zwölf direkt gewählte Senatoren sowie 29 Deputies (Abgeordnete) an, während die States of Guernsey zwölf indirekt gewählte Conseillers, zehn Vertreter der parishes, 22 direkt gewählte Deputies und zwei Vertreter der States of Alderney zu ihren Mitgliedern zählen.

Die etablierten Parteien Großbritanniens haben auf den Kanalinseln nicht Fuß fassen können. Die Kandidaten für Parlamentssitze mögen wohl hin und wieder einer ad hoc gebildeten Gruppe angehören, doch werden die meisten auf Grund ihrer Stellung in der Inselgemeinschaft gewählt – weil man sie kennt. Trotz ihrer Zugehörigkeit zum Bailiwick of

Guernsey haben Alderney und Sark eigene gesetzgebende Versammlungen und Gerichte. Den neun Mitgliedern der States of Alderney steht ein gewählter Präsident vor, und das Gericht wird von einem Vorsitzenden geleitet, während Sark durch den Seigneur, Inhaber des 1565 geschaffenen Lehens Fief of Sark, regiert wird, dessen Stellvertreter, der Seneschal, Vorsitzender des Inselparlaments Chief Pleas sowie des Gerichts ist. Die gesetzgebenden Versammlungen von Alderney und Sark müssen in bestimmten Fällen ihre Beschlüsse von den States of Guernsey bestätigen lassen. (Zu den vielfältigen Aufgaben des Bailiffs von Jersey gehört seit dem 18. Jahrhundert auch die Genehmigung jeglicher Form von öffentlicher Unterhaltung, so daß heute noch Ankündigungen entsprechender Veranstaltungen den Zusatz »Mit Genehmigung des Bailiffs« tragen müssen.)

Das vielleicht spektakulärste Relikt aus der frühen normannischen Rechtsordnung der Kanalinseln ist der »Clameur de Haro«, eine einstweilige Verfügung, die in ihrer strikten Auslegung nur auf Grundstücksstreitigkeiten anwendbar ist. Kern dieses Rechtsmittels ist der Ausruf: »Haro! Haro! Haro! à l'aide, mon Prince, on me fait tort!« (Haro! Haro! Haro! zu Hilfe, mein Fürst, man tut mir ein Unrecht an!) »Haro« wird für die Anrede »Ha, Rollo« gehalten, mit der der Herzog der Normandie von seinen Untertanen persönlich um Hilfe gebeten werden konnte. In Guernsey und Alderney ist der Bitte noch das Vaterunser auf französisch hinzuzufügen. Die beanstandete Aktion muß dann sofort eingestellt werden, bis eine Gerichtsentscheidung herbeigeführt ist.

Eines der wichtigsten Rechte der gesetzgebenden Versammlungen ist das Recht der Steuergesetzgebung, der die Kanalinseln heute einen großen Teil ihres beträchtlichen Wohlstandes verdanken: So kennen sie keine Kapitalertragssteuer, Mehrwertsteuer oder Erbschaftssteuer wie das britische Festland, und die Einkommenssteuer beträgt einheitlich 20 Prozent. Seit den 60er Jahren sind die Inseln daher zum Steuerparadies für Wohlhabende geworden sowie für Gesellschaften, die häufig nur Briefkastenanschriften unterhalten, um der Steuer in Großbritannien zu entgehen.

Jersey und Guernsey sind in zwölf bzw. zehn *parishes* unterteilt, während Alderney und Sark als je ein Kirchspiel gelten. Die Kirchspiele der beiden großen Inseln unterstehen dem Constable (oder Connétable), der von der gemeinderatsähnlichen Vertretung – Douzaine genannt, wegen der ursprünglich zwölf Mitglieder dieses Gremiums – gewählt wird. Dem Constable stehen in Jersey, hauptsächlich in ehrenamtlicher Polizeifunktion, jedoch auch zum Eintreiben der Gemeindeabgaben, ein Centenier und ein Vingtenier (nach der Anzahl der Haushalte so bezeichnet, für die sie in früherer Zeit zuständig waren) zur Seite, während in Guernsey je parish zwei Armenfürsorger (Procureurs) im Amt sind. Hauptberufliche Polizei gab es seit den 50er Jahren nur in den Hauptstädten St. Helier (Jersey) und St. Peter Port (Guernsey), trat aber allmählich neben die ehrenamtliche Polizei. Die Hauptstädte haben keine eigene kommunale Vertretung, sondern werden als Bestandteile des jeweiligen Kirchspiels, dem sie angehören, verwaltet.

Abschließend noch ein Hinweis auf ein Zeichen, an dem die politische Sonderstellung der Kanalinseln buchstäblich auf der Straße abgelesen werden kann: Das Kraftfahrzeug-Nationalitätenkennzeichen des Bailiwick of Jersey ist GBJ, im Bailiwick of Guernsey ist es

GBG (was aber Spaßvögel in Alderney nicht daran hindert – vergleichbar dem in Deutschland gelegentlich auftretenden BY-Schild –, ein GBA an ihren Fahrzeugen spazierenzufahren).

Wirtschaft, Finanzen und Postwesen

Den Einwohnern der Kanalinseln wird seit Jahrhunderten nachgesagt, daß sie sich jeder wirtschaftlichen Situation und Veränderung zu ihrem Vorteil anpassen und für fortfallende Einkommensmöglichkeiten gleichwertigen, wenn nicht besseren Ersatz schaffen können. So haben neben der bis heute betriebenen Landwirtschaft in der Vergangenheit zu unterschiedlichen Zeiten Fischfang, Strickerzeugnisse, Steinbrüche, Handelsschiffahrt, Apfelweinexport, Schiffsbau und nicht zuletzt Schmuggel sowie in Kriegszeiten geduldetes Kaperwesen (»privateering«) den Inseln einen gewissen Wohlstand eingetragen. Heute steht der Tourismus mit Abstand an erster Stelle. Das Bank- und Finanzgewerbe hat sich in Jersey an der Landwirtschaft vorbei auf den zweiten Platz vorgeschoben und nimmt in Guernsey hinter dieser den dritten Platz ein. In Jersey dominieren auf landwirtschaftlichem Gebiet Milchwirtschaft sowie der Anbau von Kartoffeln, Tomaten und Blumenkohl, während Guernseys wichtigste Agrarprodukte Tomaten, Schnittblumen und Milcherzeugnisse sind. Größere Industriebetriebe gibt es auf den Inseln nicht. Als Kleinbetriebe sind vor allem

Pfundnote Jersey. Auf der Rückseite: »The Death of Major Peirson«, nach dem Gemälde von John Singleton Copley (vgl. Abb. 6)

Pfundnote Guernsey

 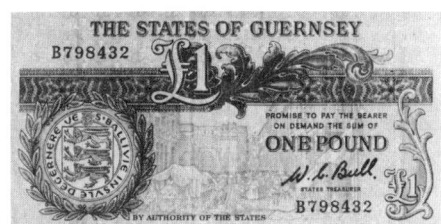

Pfundmünzen aus Jersey (links) und Guernsey vor 1985

16000 v. Chr: Darstellung der zusammenhängenden Landmasse des Armorika-Massivs. Der Wasserspiegel liegt 100 Meter unter dem heutigen mittleren Niedrigwasserstand (= MLWS).

10000 v. Chr: England und der Kontinent bilden zwar noch eine gemeinsame Landmasse, durch das schmelzende Eis ist der Wasserspiegel aber um ca. 60 Meter gestiegen, und der heutige Atlantik ist fast verbunden mit dem nördlich von Alderney angenommenen Binnensee an der tiefsten Stelle des heutigen Ärmelkanals.

7000 v. Chr.: Durch weiteres Ansteigen des Wasserspiegels um ca. 15 Meter ist England vom Kontinent getrennt, und die Inseln des heutigen Bailiwick of Guernsey sind bereits vom Festland abgetrennt.

4000 v. Chr.: Jersey ist nach weiterem Ansteigen des Wassers um etwa 12 Meter bei Flut bereits vom Cotentin abgetrennt, während bei Ebbe noch eine schmale Landbrücke besteht.

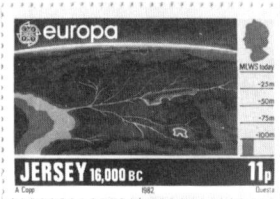
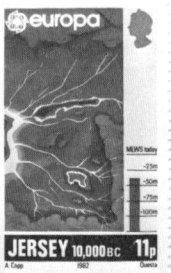
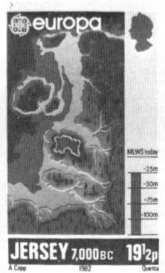

Briefmarkenserie, die die Entstehung der Kanalinseln von 16000 bis 4000 v. Chr. aufzeigt. Je 2,5 × 4 cm. 1982

Bauunternehmen, Baustoffhersteller, Montageanlagen für elektronische Erzeugnisse und – in Guernsey – Werften für Schiffsreparatur zu nennen.

Normannisch-französische Tradition bewahrte den Kanalinseln bis ins 19. Jahrhundert hinein französische Währung (livre tournois), neben die nach 1830 in Jersey und 1870 in Guernsey, zunächst gleichberechtigt und mit einem komplizierten Umrechnungssystem, die englische trat, die sich schließlich als einziges Zahlungsmittel durchsetzte. So war es nur konsequent, daß die Umstellung auf Dezimalwährung ab 1968 auch in den Bailiwicks von Jersey und Guernsey vollzogen wurde. Allerdings haben beide Amtsbezirke eigenes Münzrecht und geben (ähnlich der Regierung der Insel Man) eigene Banknoten und Hartgeld aus, das untereinander Gültigkeit besitzt, in Großbritannien aber nicht akzeptiert, jedoch ohne Formalitäten umgetauscht wird. »Englisches« Geld gilt auch auf den Inseln.

Interessanterweise trugen bis 1985 nur die Noten und Münzen aus Jersey auf einer Seite das Bild des Monarchen, das auf dem Guernsey-Geld fehlte. Man kann darüber spekulieren, ob sich hierin die gegensätzlichen Positionen aus dem Bürgerkrieg spiegelten, der Jersey auf seiten des Königs, Guernsey als Parteigänger des Parlaments sah. Eine numismatische Besonderheit waren ab 1981 die unterschiedlichen Pfundmünzen, die auf den Inseln eher als in England (1983) eingeführt wurden: die quadratische, silberfarbene Jersey-Münze und das runde, goldfarbene Guernsey-Pfund (s. S. 15, 16). Seit 1985 gibt es auch runde Jersey-Münzen.

1852 präsentierten die Inseln auf postalischem Gebiet eine richtungsweisende Neuerung: Auf Vorschlag eines gewissen Anthony Trollope, Vermessungsangestellter der Postbehörde (der Nachwelt jedoch besser bekannt als einer der Großen des Viktorianischen Romans), wurde der erste Postbriefkasten der Britischen Inseln in Jersey aufgestellt. Als in England 1969 die Post Office Corporation gegründet wurde, nahmen die Bailiwicks von Jersey und Guernsey dies zum Anlaß, aus dem seit Mitte des 18. Jahrhunderts bestehenden Postsystem auszuscheiden und fortan eigene Post»ministerien« zu unterhalten. Anders als das Geld haben die Briefmarken nur im eigenen Inselstaat Gültigkeit, wobei Sark und Herm die Guernsey-Marken verwenden, während Alderney seit 1983 eigene Briefmarken hat. Englische Postwertzeichen dürfen auf den Kanalinseln nicht benutzt werden.

Verkehrsverbindungen nach England und Europa

Nach der ungestümen Aufwärtsbewegung, die der Fremdenverkehr nach dem Zweiten Weltkrieg, besonders aber in den 60er Jahren nahm, ist eine Reise auf die Kanalinseln heute verkehrstechnisch völlig unproblematisch. Die Fährverbindungen zwischen den beiden großen Inseln und den Häfen Weymouth, Southampton und Portsmouth an der englischen Südküste wurden um einen Kraftfahrzeugfährdienst erweitert. Mittlerweile bieten die großen britischen Fluggesellschaften Direktflüge nach Jersey und Guernsey an, von wo man nach Alderney entweder mit dem Tragflügelboot (Hydrofoil) oder mit der dort ansässigen Fluglinie weiterreist, die an bestimmten Wochentagen die Insel auch mit England und dem französischen Festland verbindet. Autofähren und Tragflügelboote operieren zwischen St. Malo und Jersey bzw. Guernsey, und eine niederländische Fluggesellschaft hat die Kanalinseln im »Normalfahrplan«. Von Mai bis September fliegen DLT, British Airways und British Caledonian (Stand 1986) ab Frankfurt bzw. Düsseldorf und bringen den Reisenden in zwei Stunden ans Ziel. Seit einige deutsche Reiseveranstalter die Kanalinseln im Programm führen, ist die Zahl der deutschen Besucher sprunghaft gestiegen und liegt hinter den Besucherzahlen aus Frankreich und Belgien an dritter Stelle vor den Niederländern.

Zwischen franko-normannischer Tradition und englischer Gegenwart: die Sprache der Inselbevölkerung

Der seinerzeit berühmte Reiseschriftsteller Henry David Inglis schrieb 1834 nach einem zweijährigen Aufenthalt auf den Kanalinseln: »Ich glaube, es kann nicht bezweifelt werden, daß in England weniger über die Kanalinseln bekannt ist als über irgendeine andere Kolonie oder Besitzung vergleichbarer Größe oder Bedeutung unter der britischen Krone. Dies ist um so erstaunlicher, wenn wir bedenken, daß es bestimmte interessante Dinge gibt, die die Kanalinseln für sich allein beanspruchen können, unter anderem (...) der durchgängige Gebrauch der französischen Sprache.« Als Untertanen eines Herzogs der Normandie sprachen die Bewohner der Kanalinseln jahrhundertelang das im Englischen mit »Norman French« bezeichnete mittelalterliche Französisch, in dem der in Jersey geborene Mönch, Maistre Robert Wace, der erste dem Namen nach bekannte französische Dichter, seine um 1160 in Versform verfaßten Chroniken »Roman de Brut« und »Roman de Rou [= Rollo] et des ducs de Normandie« verfaßte. Das normannische Patois hat sich bis heute vor allem in Jersey und Guernsey in verschiedenen Varianten erhalten, die von Kirchspiel zu Kirchspiel unterschiedlich sein können, und einige Inselfamilien beherrschen es noch aktiv.

Daneben hielt die französische Sprache Einzug und wurde schließlich zur offiziellen Amtssprache, die auch die führenden Familien aller Inseln als Umgangssprache pflegten. Noch heute sind der überwiegende Teil der Orts- und Flurbezeichnungen sowie zahlreiche Familiennamen französisch oder zumindest erkennbar französischen Ursprungs. So war es auch selbstverständlich, daß die ersten Ortszeitungen auf den Inseln in französischer Sprache erschienen und weit bis ins 19. Jahrhundert hinein ihren Platz halten konnten gegen die englischsprachige Presse, die allmählich auf den Markt drängte. Englisch wurde erst gegen Ende des 19. Jahrhunderts in den gesetzgebenden Versammlungen der einzelnen Inseln gebräuchlich, in den Schulen sogar noch später. Dennoch blieben französische Formulierungen für Zeremonien und besonders für Rechtsgeschäfte bis heute erhalten.

Zwar ist heute Englisch die Umgangssprache der Bevölkerung, doch ist das einheimische Patois – mit Ausnahme Alderneys – noch auf allen »großen« Inseln zu hören; in St. Helier und im südwestlichen Teil von Guernsey häufig in Pubs, die vor allem Ortsansässige besuchen. Darüber hinaus haben sich in den letzten Jahren Patois-Gruppen in Jersey und Guernsey gebildet, deren Ziel die Erhaltung dieser für die Kanalinseln und ihre Kultur und

Tradition wichtigen Sprache ist. Von den drei (mehr oder weniger) gebräuchlichen Sprachen hat das Patois natürlich den schwersten Stand; denn Französisch wird zumindest noch regelmäßig in einigen Kirchen gesprochen.

Jersey

Dem Cotentin liegt Jersey nah',
Normandie ist zu Ende da;
Westlich im Meer ist es zu sehn,
Gehörig zu Normänn'schem Lehn,
Und dieses ist mein Vaterland (...)

Diese Verse aus dem »Roman de Rou et des ducs de Normandie« des normannischen Mönchs und Chronik-Dichters Maistre Wace beschreiben Jersey, die südlichste der britischen Kanalinseln. Jersey ist auch die größte Insel des Archipels; denn ihre Fläche von 116 Quadratkilometern stellt knapp zwei Drittel des gesamten Inselterritoriums dar, und ihre 72000 Einwohner entsprechen rund 57 Prozent der Gesamtbevölkerung der Inselgruppe. Hauptstadt und größte Ansiedlung ist *St. Helier* mit 32000 Einwohnern, das gleichzeitig auch den größten Hafen hat. Die Form der Insel gleicht, grob gesehen, einem querliegenden Rechteck, dessen Seiten vor allem im Westen, Süden und Osten stark nach innen gebogen sind. Von Osten nach Westen mißt Jersey ungefähr 16 und von Norden nach Süden etwa acht Kilometer. Die Insel ist im Süden – mit Ausnahme zweier felsiger Landzungen um den *Noirmont Point* und die *Pointe La Moye* im Kirchspiel St. Brelade – flach und steigt nach Norden hin stetig an, bis sie ein etwa 90 Meter hohes Plateau erreicht, das den größten Teil der nördlichen Inselhälfte einnimmt. Aus diesem Plateau hebt sich im Bereich des Kirchspiels *Trinity* eine größere Anhöhe heraus, deren höchste Erhebungen 130 Meter hoch sind.

Die gesamte Nordküste ist Steilküste mit unzähligen Einschnitten und einer Handvoll sandiger Buchten. Hier tritt der rötliche Granit, der im Norden vorherrscht, deutlich in ständig wechselnden Formationen zutage. Große und einige kleinere sandige Buchten bestimmen die südliche und die östliche Küste, während die Westküste fast vollständig von der über sieben Kilometer langen, flachen und sandigen *St. Ouen's Bay* eingenommen wird. Von Norden nach Süden durchziehen die Insel mehrere große, mit Laubwald bewachsene Flußtäler, durch die die wichtigsten Straßen verlaufen und in denen die meisten Talsperren angelegt wurden. Der Boden im Norden besteht meist aus schwerem Lehm, während der Süden hauptsächlich sandigen Boden aufweist.

Über die Hälfte der Inselfläche wird landwirtschaftlich genutzt: rund 45 Prozent als Ackerland und etwa 20 Prozent als Weideland. Das milde Klima, das im Winter selten Frost bringt, ermöglicht eine doppelte Nutzung des Ackerlandes. Nachdem die Frühkartoffeln geerntet sind, werden Tomaten angebaut; beide Güter sind die wichtigsten Exportartikel, die Jersey fast ausschließlich für den englischen Markt produziert. Da die Sommertemperaturen wegen der geschützten Lage höher sind als auf der Nachbarinsel Guernsey, wird auch der Tomatenanbau nahezu vollständig im Freien betrieben, und man findet in Jersey nicht die für Guernsey typischen, riesigen gläsernen Gewächshauslandschaften. Der Einfluß des Golfstroms begünstigt das Wachstum vieler exotischer Pflanzen, vor allem Palmen verschiedener Arten und Eukalyptusbäume. Schon im Frühling sind die Hügel mit Heidekraut und Farnen bedeckt, Hortensien wachsen in großen Mengen, und bereits im Februar sind wilde Narzissen in den Tälern ebensowenig eine Seltenheit wie blühende Kamelien zu Weihnachten. Die Tatsache, daß die Jahresdurchschnittstemperatur in Jersey um einige Grade höher liegt als in Großbritannien, wird von der Fremdenverkehrswerbung eifrig ausgenutzt: So trug vor einigen Jahren der Poststempel die begleitende Zeile »Jersey for Sun in the Winter«.

Der vorwiegend landwirtschaftlich orientierte Norden ist dünn besiedelt, und neben den kleinen historischen Dörfern prägen hier viele einzelne Farmhäuser das Bild der Insel. Im Süden befinden sich die großen Siedlungsgebiete mit der Hauptstadt *St. Helier* und dem mit ihr immer mehr verschmelzenden *St. Saviour*, das den zweitgrößten Bevölkerungsanteil hat.

Wappen der Insel Jersey (oben rechts) und ihrer zwölf parishes (Kirchspiele)

Dahinter folgt das Kirchspiel *St. Brelade* mit der Hafenstadt *St. Aubin* und einem ständig wachsenden Neubaugebiet in St. Brelade selbst. St. Helier und St. Aubin sind die größten Häfen an der Südküste, Personen- und Güterverkehr sind auf St. Helier konzentriert. Weitere Häfen, die hauptsächlich von Fischerbooten genutzt werden, sind *Gorey* an der Ostküste und *Rozel* an der östlichen Nordküste. Anlegestellen für Fischerboote, die zu einem großen Teil für den Hummerfang eingesetzt werden, gibt es darüber hinaus rund um die Insel.

Jersey ist in zwölf Kirchspiele (parishes) unterteilt, die alle –im Gegensatz zu Guernsey – einen Zugang zum Meer haben. In der Reihenfolge der Größe sind dies: *St. Ouen, St. Brelade, Trinity, St. Peter, St. Martin, St. Lawrence, St. Saviour, St. John, St. Helier, Grouville, St. Mary* und *St. Clement.* Die Insel hat ein gut ausgebautes (und ausgeschildertes) Straßennetz von über 800 Kilometer Länge, wovon etwa 74 Kilometer auf die Küstenstraßen entfallen, die über weite Strecken in unmittelbarer Nähe des Meeres verlaufen. Seit die letzten zivilen Eisenbahnen vor dem Krieg den Betrieb einstellten, versorgt ein sehr gutes Autobusnetz die Insel, dessen Zentrum der Busbahnhof in St. Helier ist. Jersey ist zwar groß genug, um dem Besucher während eines mehrwöchigen Aufenthaltes täglich etwas Neues zu bieten, doch dem motorisierten Touristen wird es zu klein vorkommen, dem Fußgänger dagegen zu groß. Der goldene Mittelweg ist wohl die Fortbewegung per Fahrrad, das mehrere Verleihfirmen anbieten; sein Vorteil wird spätestens dann deutlich, wenn auf der Höhe der Reisesaison in den urbanen Teilen der Insel endlos scheinende Verkehrsstockungen eintreten.

Ein Streifzug durch die Geschichte

Es gilt als sicher, daß Jersey bereits um 100 000 v. Chr. bewohnt war: Grabungen, die seit 1894 in einer Höhle am östlichen Ende der St. Brelade's Bay durchgeführt wurden, bestätigten es. Außer drei Nashornschädeln und Knochen von mindestens fünf Mammuts wurden steinerne Hämmer und einige Tausend bearbeitete Feuersteine gefunden. Seit Megalithvölker, deren bekanntestes Bauwerk der *Dolmen von La Hougue Bie* (um 2600 v. Chr.; Abb. 30) ist, in Jersey Fuß gefaßt hatten, war die Insel dauernd bewohnt. Einer der wertvollsten Funde aus vorchristlicher Zeit ist ein *goldener Halsschmuck* aus der Bronzezeit, ein Band von 141 cm Länge, das 1889 bei Bauarbeiten in *St. Helier* ausgegraben wurde.

Mitte des 6. Jahrhunderts n. Chr. bewohnte vermutlich ein Franke namens Helier aus der Gegend von Tongres in Jersey eine Einsiedlerklause auf einem Felsen in der Bucht vor der heutigen Inselhauptstadt; im Jahre 555 soll er von Heiden ermordet worden sein. Der Name des Heiligen gab nicht nur der Hauptstadt ihren Namen, sondern wurde auch zum Vornamen, der in Jersey bis in unsere Zeit verwendet wird. Zum Gedenken an ihn findet alljährlich am 16. Juli eine Prozession von St. Helier zu der »*Hermitage*« genannten kleinen Felsenkapelle (Abb. 1) statt, die durch eine Mole mit dem Komplex des in der Bucht liegenden *Elizabeth Castle* (Abb. 3) verbunden ist. In dem kleinen Normandie-Dorf

Bréville, wo der Heilige auf eigenen Wunsch begraben sein wollte, soll an der Stelle des Kirchhofs, wo die Sargträger den Sarg abstellten, der Legende nach eine Quelle entsprungen sein, die heute noch Wasser führt.

Zu dieser Zeit war Jersey als *Angia* (oder *Agna, Andium*) bekannt, und erst unter der normannischen Herrschaft, der die Kanalinseln 933 unterworfen wurden, kam der heutige Name der Insel auf, der sehr wahrscheinlich nordischen Ursprungs ist. Die Endung -ey bedeutet »Insel«, und Jers-ey, das 1025 erstmals urkundlich erwähnt wird (damals noch häufig Gersey geschrieben), wurde möglicherweise nach dem altfriesischen gers = Gras »grasige Insel« genannt. Nach einer anderen Theorie geht der Name auf Geirres ey zurück, wobei Geirr der Name des Führers einer Gruppe der Nordmänner sein kann, die die Insel vor der Anerkennung Rollos als Herzog der Normandie eingenommen haben.

Als Bestandteil des Herzogtums Normandie wurde Jersey, wie die anderen Inseln des Archipels, auch nach 1066 entsprechend normannischer Tradition regiert und verwaltet, und aus dieser Zeit datieren die Anfänge der heutigen Selbstverwaltung der Insel: Zwölf gewählte Richter (jurats), in deren Hände nach 1204, als König Johann Ohneland seine normannischen Festlandsbesitzungen verlor, de facto die Regierung überging, bildeten die Keimzelle der späteren States of Jersey, der gesetzgebenden Versammlung, die (nach der Verfassungsreform von 1948) das gegenwärtige Parlament des Bailiwick of Jersey ist.

Mit der Lösung der politischen Bindung zum Festland begann für Jersey gleichzeitig eine lang andauernde Epoche der Unruhe, da die Insel bevorzugtes Ziel französischer Angriffe wurde, gegen die auch die 1206 begonnene Wehrburg auf einem Felsen oberhalb des Hafenstädtchens *Gorey* (wegen seiner Lage *Mont Orgueil Castle* genannt; Farbabb. 5; Abb. 22) nicht immer etwas ausrichten konnte. Als die Festung 1461 den Franzosen durch Verrat in die Hände fiel, konnten sie Jersey sieben Jahre in ihrem Besitz halten. Erst mit der päpstlichen Neutralitätserklärung von 1483 endete diese unruhige Zeit.

Die Neutralitätsgarantie scheint jedoch in der Folgezeit auf englischer Seite nicht das größte Vertrauen genossen zu haben, denn in der Tudor-Zeit wurden weitere Befestigungen gebaut: Mont Orgueil Castle erhielt nach 1531 den großen zentralen *Somerset Tower,* und die St. Aubin's Bay im Süden der Insel wurde durch das 1542 begonnene *St. Aubin's Fort* sowie zwischen 1550 und 1601 durch *Elizabeth Castle* (Abb. 3), beide jeweils auf einer bei Ebbe zugänglichen Insel gelegen, gesichert.

Im Bürgerkrieg zwischen König und Parlament stand Jersey anfangs auf seiten Cromwells, doch konnte Lieutenant Governor Sir Philippe de Carteret, der bei Ausbruch der Feindseligkeiten Elizabeth Castle hielt, Jersey von dieser Position aus mit Hilfe Captain (später Sir) George de Carterets noch 1643 für den König zurückgewinnen und die Insel über die Hinrichtung König Charles I. hinaus bis 1651 gegen das Parlament verteidigen. Dadurch erhielt der Thronfolger die Möglichkeit, während seines Exils zweimal in Jersey Zuflucht zu nehmen, wo er bereits 1649 nach dem Tod seines Vaters, elf Jahre vor seiner Proklamation in England, zum König ausgerufen wurde. Als Dank für seine loyale Haltung wurde Sir George in Nordamerika das Gebiet übertragen, das den heutigen Bundesstaat New Jersey umfaßt.

Brief Charles II. an Sir George Carteret, 5. März 1649, mit eigenhändigem Zusatz des Königs

Nach dem Ausbruch des amerikanischen Unabhängigkeitskrieges wurden ab 1778 gegen mögliche französische Übergriffe die *Martellotürme* errichtet, die bis in die heutige Zeit das Bild der flachen Küstenabschnitte der Insel bestimmen. Dennoch gelang den Franzosen am 6. Januar 1781 ein Handstreich, der als »Battle of Jersey« in die Geschichtsbücher eingehen sollte. Der Söldnerführer Philippe Charles Félix Macquart, Baron de Rullecourt, landete in der Nacht an der Südostecke der Insel, La Rocque Point, und marschierte in *St. Helier* ein, wo die Eindringlinge den Lieutenant Governor Corbet im Bett gefangennahmen. Dieser hielt Jersey in Unkenntnis der wahren Lage für verloren und unterzeichnete eine Kapitulationserklärung. Doch einer der englischen Truppenkommandeure, Major Francis Peirson, stellte sich trotz anderslautenden Befehls von Corbet mit zwei Regimentern dem Feind entgegen, und er konnte die Franzosen auf dem Royal Square entscheidend schlagen. Rullecourt fiel im Kampf, und Peirson selbst wurde »im Augenblick des Sieges« tödlich getroffen. Der Maler John Singleton Copley überlieferte der Nachwelt diese Szene in einem Ölgemälde (»The Death of Major Peirson«; Abb. 6), das heute in der Tate Gallery in London hängt. Corbet wurde später vor ein Kriegsgericht gestellt und wegen seines Versagens als Lieutenant Governor abgesetzt.

Im 19. Jahrhundert erhielten die Kanalinseln ihre letzten Befestigungen von britischer Hand. In Jersey wurde während der Napoleonischen Kriege von 1806 bis 1814 auf dem Felsen oberhalb des Hafens von St. Helier das *Fort Regent* gebaut, 1834 folgten – paradoxerweise zu einem Zeitpunkt, als England mit Frankreich im Frieden lebte – fünf weitere Martellotürme (die letzten, die in Europa gebaut wurden), und von 1847 bis 1855, zur Zeit der französischen Rüstungsaktivitäten in Cherbourg, begann in der St. Catherine's Bay im Osten der Insel ein riesiges Tiefseehafenprojekt, das zwei knapp einen Kilometer lange *Piers* umfassen sollte, von denen nur die nördliche fertiggestellt wurde. Die Ansätze der südlichen Pier sind im Bereich des Martelloturms von *Archirondel* noch deutlich zu erkennen (Abb. 21). Nicht zu Unrecht gilt diese Anlage heute als törichtes Unternehmen, das den britischen Steuerzahler eine Menge Geld gekostet hat.

Im Zweiten Weltkrieg war Jersey von deutschen Truppen besetzt, die zahlreiche Bunker, Beobachtungsposten, Geschützstellungen sowie unterirdische Munitionsdepots in sogenannten Hohlgängen errichteten. Eine dieser Hohlganganlagen war als Lazarett vorgesehen, das als bekanntestes Kriegsrelikt heute von den States of Jersey als Museum (*German Underground Hospital*) zur Besichtigung freigegeben ist.

Nach dem Krieg erlebte Jersey einen wirtschaftlichen Wiederaufstieg und in der Folge eine Einwanderungswelle, die die Bevölkerung von rund 50000 (1931) auf 72000 (1982) ansteigen ließ. Anreiz für viele Neuankömmlinge waren vor allem die niedrigen Steuern, die die Insel vornehmlich für Reiche und Superreiche attraktiv machten. Zahlreiche Banken und Handelsgesellschaften wählten Jersey als Standort, weil hier keine Kapitalertragssteuern und Ergänzungsabgaben zu zahlen sind. Der Bevölkerungszuwachs bewirkte eine rege Bautätigkeit – allerdings oft genug auf Kosten der Ästhetik –, und Immobilien drohten für die alteingesessene Bevölkerung unerschwinglich zu werden. Um den drohenden Ausverkauf der Insel an Auswärtige zu verhindern, legten die States of Jersey Einwanderungsquoten fest, und sie beschränkten darüber hinaus den Kreis potentieller Einwanderer durch die Einführung einer Mindeststeuerleistung, die es heute praktisch nur noch Personen mit Millioneneinkommen erlaubt, sich in Jersey niederzulassen.

Daneben hat der Tourismus, der sich zum größten Industriezweig entwickelte (man rechnet heute mit einer Million Besucher pro Jahr, davon 350000 Ausländer), nicht nur zum Wohlstand der Insel beigetragen. Viele alte Wohnhäuser wurden abgerissen, um Hotelneubauten Platz zu machen, und die ständig steigende Nachfrage nach Gästebetten führte zur Umwandlung von Wohnhäusern in Pensionsbetriebe, wodurch abermals der verfügbare Wohnraum eingeschränkt und der verbliebene preislich in die Höhe getrieben wurde. Mit den steigenden Besucherzahlen nahm auch die Zahl der Kraftfahrzeuge, an denen die Mietfahrzeuge einen erheblichen Anteil haben, alarmierend zu (diese Fahrzeuge sind am hinteren Nummernschild durch ein »H« gekennzeichnet, das für »Hire« steht, für Einheimische jedoch oft für »Horror« – wegen der vielfach unberechenbaren Fahrweise ortsunkundiger Besucher). So verdoppelte sich das Fahrzeugpotential von 1965 bis 1982 auf rund 50000, und weder Straßennetz noch Parkplatzkapazität sind dem gewachsen. Die Folge sind Verkehrsstockungen vornehmlich in den städtischen Regionen und gegen Abend, wenn die Strandheimkehrer mit dem Berufsverkehr zusammentreffen.

St. Helier

»Ich wage die Behauptung, daß ein Fremder die Straßen und die Nachbarschaft von St. Helier nicht durchwandern kann, ohne die untrüglichen Zeichen des Wohlstands zu bemerken« – diese von Henry Inglis 1834 verfaßten Zeilen könnten gut auf das heutige Erscheinungsbild der Hauptstadt von Jersey gemünzt sein, obwohl viele Häuser der gehobenen Klasse, die diese Beschreibung heute rechtfertigen, zu Inglis' Zeiten noch gar nicht existierten. St. Helier entwickelte sich um einen Markt herum, den die Mönche der um 1150 auf der Insel des heutigen Elizabeth Castle gegründeten Abtei betrieben, doch die Ansiedlung wuchs nur langsam. Im 14. Jahrhundert standen in fünf Kirchspielen der Insel mehr Häuser als in St. Helier, und noch 1685 hatte St. Helier nach Darstellung des zeitgenössischen Historikers Jean Poingdestre nur 210 Häuser. Das größte Wachstum verzeichnete die Stadt nach dem Bau des Hafens im 18. Jahrhundert, zwischen 1800 und 1914, als sich Vororte herausbildeten (z. B. Cheapside, Havre des Pas, First Tower, Rouge Bouillon, Georgetown und St. Luke's), von denen die meisten heute zur inneren Stadt gehören.

Die eigentliche Stadtentwicklung begann mit der Verlegung des Markts vom Platz hinter der Pfarrkirche (heute Royal Square) in die Gegend von Beresford Street und Halkett Street, wo 1854 die Halle des *Beresford Market* und 1882 der *New Market* (Abb. 2) entstanden. Im 19. Jahrhundert dehnte sich die Stadt über die Grenzen des Kirchspiels hinaus in das Gebiet von St. Saviour aus. In dieser New Town entstanden vor allem von großen Grundstücken umgebene *Bürgerhäuser* und einige der in England populären *Crescents* (halbkreisförmige

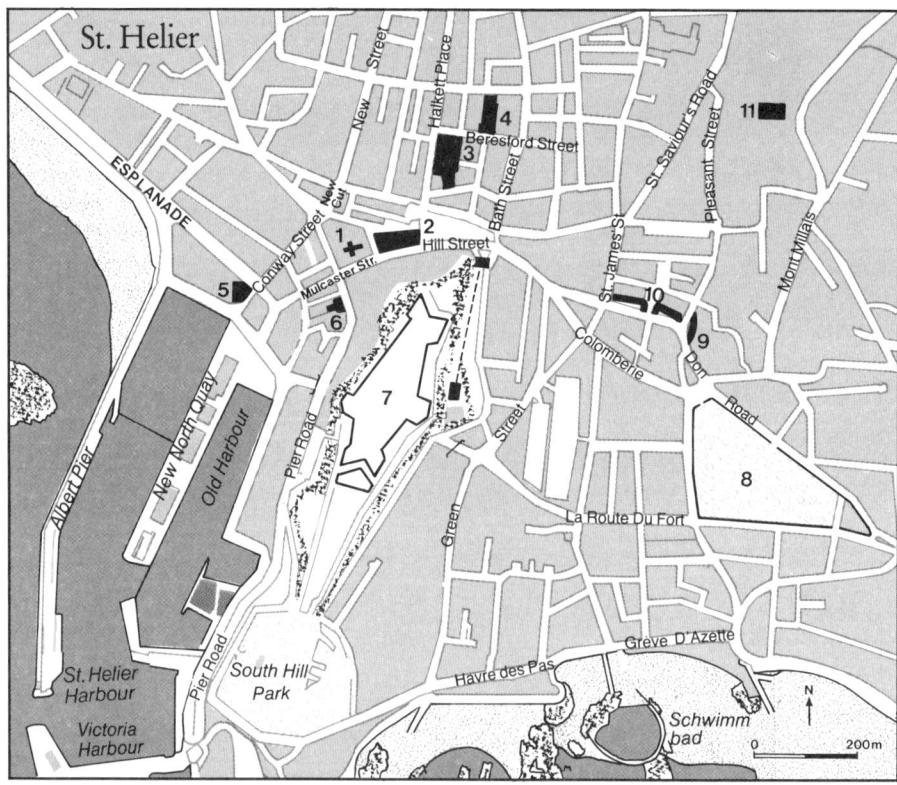

Stadtplan von St. Helier. 1 *Town Church* – 2 *Royal Square mit Royal Court und States Chamber* – 3 *New Market* – 4 *Beresford Market* – 5 *Verkehrsamt* – 6 *The Jersey Museum and Barreau Art Gallery* – 7 *Fort Regent* – 8 *Howard Davis Park* – 9 *Don Terrace (Crescent)* – 10 *Royal Crescent* – 11 *Victoria College*

Häuserreihen, deren berühmtestes Beispiel der Royal Crescent in Bath ist). *Windsor Crescent,* 1835 im Regency-Stil an der Straße Val Plaisant gebaut, besteht aus acht vierstöckigen Doppelhäusern mit weit vorspringenden Dachtraufen. Jedes Haus hat eine Veranda, die von schlanken, geriefelten Säulen ohne Basis gestützt wird. Interessant ist die zeitliche Verzögerung des Baustils gegenüber dem englischen Festland, die auf den Kanalinseln häufig zu beobachten ist.

Victoria Crescent in der Fortsetzung der Upper Clarendon Road stammt von 1854, und in der Nähe, über zwei Treppenaufgänge zu erreichen, steht mit dem 1844 erbauten *Almorah Crescent* (Farbabb. 8) am Lower-Kingscliff-Hang das eindrucksvollste Beispiel dieses Haustyps in St. Helier. Der Name geht auf ein Himalaya-Dorf zurück, aus dem die Frau des Erbauers stammte. Der Crescent, der als schönstes Regency-Gebäude der Kanalinseln gilt, liegt an einem steilen Hang und bietet einen guten Panoramablick über Stadt, Hafen und die angrenzenden Küstenstreifen. Er besteht aus zehn Häusern mit vier Stockwerken und einem Tiefgeschoß. Der erste Stock hat einen durchlaufenden überdachten Balkon mit einem schönen schmiedeeisernen Gitter, und die Fenster der zweiten Etage sind einzeln überdacht. Kurioserweise war der Crescent von seinem Architekten Charles La Cloche Ricard als Spekulationsobjekt geplant: Nach der Fertigstellung sollten zahlungskräftige Käufer gefunden werden, die sich jedoch nicht in der erhofften Zeit einstellten, so daß Almorah Crescent ein Riesenschritt in Richtung Pleite des Baulöwen war. Zwei weitere sehenswerte Beispiele dieses Architekturtyps stehen abseits der Don Road: *Don Terrace* und der um 1825 erbaute *Royal Crescent.*

Die *Pfarrkirche von St. Helier,* das älteste Gebäude der Stadt, auch *Town Church* genannt, steht inmitten eines Kirchhofs zwischen Church Street, Mulcaster Street und Bond Street, gegenüber dem Royal Square. Die Kirche existierte bereits vor 1066, doch ist das heutige Bauwerk das Resultat einer umfassenden Restauration, die zwischen 1864 und 1868 die aus dem 14. und 15. Jahrhundert stammende Kirche stark veränderte und vergrößerte. Aus dieser Zeit datieren das verlängerte Kirchenschiff und das südliche Querschiff. Während der Reformationszeit wurde der Bau radikal von allen Attributen des alten Glaubens gereinigt, und diesem »Fegefeuer« fielen Wandmalereien, Heiligenstatuen, Buntglasfenster, Altar und Taufstein zum Opfer. Danach diente sie einige Generationen hindurch als Hugenottentempel, bevor der königstreue Sir George de Carteret während des Bürgerkrieges das Anglikanische Gebetbuch einführte. Als Charles II. in Jersey im Exil lebte, besuchte er die Gottesdienste in der Town Church. Bis 1830 fanden hier die Sitzungen des Rates statt, Richter und Constables wurden bis 1831 in der Kirche gewählt, und bis 1844 wurden sogar die Kanonen der Jersey Militia in dem Gotteshaus aufbewahrt, dessen Glocken im übrigen die Eröffnung des Marktes verkündeten, solange dieser auf dem Royal Square stattfand.

Im Innenraum befinden sich außer zahlreichen Votivfenstern aus Buntglas über 30 Gedenksteine und -platten für prominente Insulaner, von denen hier der Maler Jean Le Capelain (»der William Turner von Jersey«) und Major Francis Peirson (der Sieger von 1781, der in der Nähe der Kanzel begraben ist) erwähnt werden sollen. An dessen Gegner, Rullecourt, erinnert ein rechteckiger Granitstein, der außerhalb der Kirche in den Boden gegenüber dem Westportal eingelassen ist und die Inschrift trägt: »Rullecourt 6 Janvier 1781«. Den Kirchhof umgibt eine Granitmauer mit aufgesetztem Eisengitter von 1845. Links neben dem Eingangstor an der Church Street ist eine Almosenbüchse in die Mauer eingelassen. Sie trägt als Aufschrift ein Zitat aus dem Alten Testament: »Celui qui a pitié du pauvre prête à l'Eternel, et il lui rendra son bien fait« (Wer sich erbarmt des Armen, leiht dem Herrn, und seine Guttat wird Er ihm vergelten; Sprüche, 19. Kapitel, Vers 17).

In Jersey führen zwar nicht alle Wege nach Rom, doch alle Meilensteine der Insel werden von der goldfarbenen *Statue* eines römischen Kaisers aus vermessen, den man erst auf den zweiten Blick als *George II.* (Abb. 5) erkennt. Zu seinen Ehren hatte man den alten Marktplatz hinter der Town Church anläßlich der Enthüllung des Standbildes im Jahre 1751 in Royal Square umbenannt. Der Schöpfer der Statue mußte sich wegen der Motivwahl manch harte Kritik gefallen lassen, und böswillige Spötter verdächtigten ihn sogar, er habe das Kaiserabbild von einem Freibeuter erworben, der es auf einem gekaperten spanischen Schiff gefunden habe. Dagegen spricht allerdings, daß der englisch-römische Monarch auf dem Sockel unverkennbar den Hosenbandorden unter dem Knie trägt.

Der *Royal Square* mit seinen fast 100jährigen Kastanienbäumen ist nahezu vollständig von öffentlichen Gebäuden umgeben. Der *Royal Court* (Abb. 4), das Gerichtsgebäude, stammt von 1866 und steht an der Stelle, die seit Jahrhunderten Ort der Rechtsprechung ist. Über den beiden Eingängen sind die Wappen von George II. (von 1769) bzw. George VI. (von 1957) angebracht. Der Gerichtssaal enthält eine interessante Gemäldesammlung, darunter ein Porträt König Georges III. (von Philip Jean, einem einheimischen Maler des 18. Jahrhunderts) sowie ein Porträt des Governor Conway (von Thomas Gainsborough). Die Erinnerung an die Schlacht von Jersey wird durch eine Kopie des Copley-Bildes »The Death of Major Peirson« (Abb. 6) wachgehalten, der auf dem Royal Square ums Leben kam. Ein Gasthaus in einer Ecke des Square, in einer kleinen Gasse, die nach dem Major benannt ist, trägt den Namen des Helden. Früher verkündete ein Schild lakonisch »Peirson fell here«, doch weil es vorwiegend zotige Kommentare hervorrief, wurde es wieder entfernt, und heute weist eine Platte in der Hauswand auf die historische Bedeutung des Ortes hin. Rote Punkte in der Wand sollen die Einschußstellen markieren, die sich bei den Kämpfen ergaben.

An den Royal Court schließt sich das Parlamentsgebäude *States Chamber* an, das 1887 erbaut und 1931 erweitert wurde. Das Interieur wurde im Stil des frühen 17. Jahrhunderts gestaltet, zwölf Pilaster tragen die holzgetäfelte und mit Schnitzarbeiten verzierte Decke. Auf der anderen Seite des Gerichtsgebäudes folgt die *Öffentliche Bibliothek* von 1886, die vorher in einem Haus am Library Place untergebracht war. Sie geht auf eine Stiftung des Pfarrers und Historikers Philip Falle zurück, der 1736 seine 2000 Bände umfassende Privatbibliothek den States of Jersey hinterließ. Eine Gedenktafel in der Wand am südlichen Ende des Royal Square ist Maistre Robert Wace gewidmet, dem einheimischen Dichter-Chronisten des 12. Jahrhunderts. Ein »V« im Straßenpflaster soll an die Hilfsaktion des Rot-Kreuz-Schiffes »Vega« erinnern, das während der letzten Kriegsphase Lebensmittel auf die Kanalinseln brachte.

Der *Old Corn Market* am westlichen Ende des Square datiert von 1668 und ist heute die Geschäftsstelle einer Bank. Innen behielt er die Granitbögen des alten Marktes. An der Ostseite des Royal Square führt – vorbei am Haus der *Handelskammer*, die 1768 als erste der englischsprachigen Welt gegründet wurde – Halkett Place zu den *Markthallen* und kreuzt dabei die Fußgängerzone, die hauptsächlich aus King Street und Queen Street besteht, wo sich Geschäfte und Warenhäuser aneinanderreihen. Grelle Werbeplakate legen dem Besucher aus England hier die Vorteile des mehrwertsteuerfreien Einkaufs ans Herz. Tabakwaren, Spirituosen, Kosmetika, optische Geräte und Schmuck haben hier gute Konjunktur.

Die King Street führt in Richtung Hafen über die Straße New Cut auf die Kreuzung Broad Street/Bond Street/Conway Street. In diesem Dreieck wurde 1855 auf einem baumbestandenen Platz ein *Obelisk* zum Gedenken an Peter Le Sueur errichtet, der fünfmal das Amt des

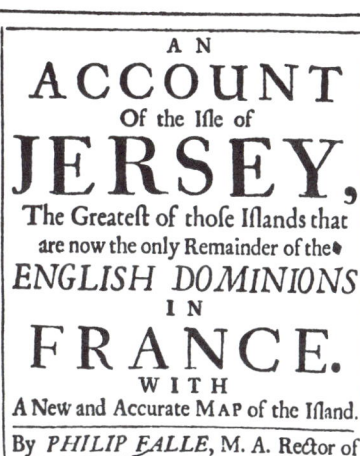

Titelseite der ersten gedruckten Geschichte Jerseys von Philip Falle: »An Account of the Isle of Jersey«. 1694

Constable von St. Helier innehatte. Die Wertschätzung der Bürger von St. Helier, die auf dem Sockel des Denkmals in Worte gefaßt ist, scheint dem späteren Constable, der fast in Reichweite hinter dem Obelisken eine öffentliche Bedürfnisanstalt bauen ließ, dagegen gefehlt zu haben. Die Conway Street mündet in die Esplanade, wo das *Verkehrsamt* (States of Jersey Tourism Committee) in dem Bahnhofsgebäude der 1936 stillgelegten Jersey Railways and Tramways untergebracht ist. Während des Zweiten Weltkrieges diente der 1901 errichtete Bau als Standortkommandantur und als Sitz des »Nachschuboffiziers Jersey«.

Hier befinden wir uns am *Hafen* (Abb. 9), der in den letzten zehn Jahren infolge des gestiegenen Reiseverkehrs große Veränderungen erfuhr. Der *New North Quay* ist jetzt die Abfertigungsstelle der Autofähren nach England und die *Albert Pier* die entsprechende Anlaufstelle der französischen Fähren. Der innere Teil des Albert Harbour dient als Yachthafen, und eine weitere Pier entstand nordwestlich der Albert Pier. Vom dauernd betriebsamen Busbahnhof zweigen nach Süden zwei Straßen ab, die an der Ostküste Jerseys wieder zusammentreffen: Die Route du Fort mündet in einen Tunnel unter dem Town Hill, während »Commercial Buildings« parallel zur Pier Road der Küste folgt.

Goldener Halsschmuck aus der Bronzezeit. The Jersey Museum, St. Helier

Das *Haus Nr. 9* in der Pier Road ist ein hervorragendes Beispiel eines Stadthauses, wie es reiche Kaufleute zu Beginn des 19. Jahrhunderts bauten. Es wurde 1817 inmitten eines großen Gartens, der im Westen an die See grenzte, errichtet und kam 1893 als Stiftung an die *Société Jersiaise*, jene 20 Jahre zuvor gegründete Historische und Archäologische Gesellschaft Jerseys, die es seitdem als Hauptquartier und *Museum* nutzt, dem eine reichhaltige *Bibliothek* angegliedert ist (nach einem früheren Bailiff *»The Lord Coutanche Library«* genannt). Die Bibliothek besitzt die größte Literatursammlung über Jersey: Bücher, Manuskripte, Tagebücher, Dokumente, Fotografien und alte Landkarten. Das Museum berücksichtigt alle Epochen der Inselgeschichte von der Altsteinzeit bis zur Gegenwart, und einzelne Abteilungen sind den Gebieten Geologie, Geschichte, Archäologie, Meeresbiologie, Landwirtschaft und Schiffahrt gewidmet. Zwei der interessantesten Ausstellungsobjekte sind eine alte Jersey-Küche und das Material des St.-Helier-Zimmers. Zu den Schätzen des Museums gehören zweifellos der goldene Halsschmuck aus der Bronzezeit (»The Gold Torque«), ein großes Siegel, das Charles II. während des Interregnums benutzte, eine Sammlung gallischer Münzen sowie einheimisches Silber aus dem 18. Jahrhundert. An die »gute alte Zeit« erinnert schließlich eine Vitrine mit persönlichen Gegenständen der Schauspielerin Lillie Langtry, die 1853 als Tochter des Pfarrers von St. Saviour geboren wurde. Dem Museum angegliedert ist die 1924 gestiftete *Barreau Art Gallery* mit Werken, die entweder von einheimischen Künstlern stammen oder Szenen von lokalem Interesse bzw. Landschaftsdarstellungen der Kanalinseln zum Thema haben. Zu dieser Sammlung gehört auch eine Kopie des Gemäldes von Copley, das den Tod des Majors Peirson zeigt (Abb. 6).

Mit dem Namen *Fort Regent* verbindet sich heute in erster Linie der Begriff Freizeit; denn die zwischen 1806 und 1814 auf dem steil aufragenden Town Hill im Süden von St. Helier erbaute Festung wurde nach dem Zweiten Weltkrieg von der britischen Regierung an die States of Jersey verkauft, die hier in den frühen 70er Jahren mit einem Aufwand von mehreren Millionen Pfund Sterling innerhalb der Bollwerke, die eine Fläche von 50 000 m² umgeben, ein überdachtes Sport-, Spiel- und Freizeitzentrum schufen, das auch Einrichtungen für internationale Kongresse bietet. Der Wert dieser Anlage, die gegen Ende der Napoleonischen Kriege als Pendant zu Fort George in Guernsey gebaut wurde, war damals schon recht umstritten. So schreibt Inglis 20 Jahre nach der Fertigstellung: »Diese ausgedehnte und teure Festung, deren Brauchbarkeit überaus fragwürdig ist, bietet Unterkunft für 31 Offiziere sowie 448 Unteroffiziere und Mannschaften, eine Zahl, die für die Verteidigung bei einer richtigen Belagerung völlig inadäquat ist.« Ähnlich wie Fort George erlebte Fort Regent niemals Kampfhandlungen. Während der deutschen Besetzung wurde es zwar noch einmal genutzt, doch danach verfiel die »nahezu eine Million der Staatsverschuldung« (Inglis), bis sich die States of Jersey zu einer völlig anderen Nutzung entschlossen.

Besucher, die das Fort wahlweise über Treppen, Aufzüge, Rolltreppen oder mit einer kostenlosen Seilbahnfahrt vom Stadtzentrum aus erreichen können, finden neben *Sport-* und *Unterhaltungsangeboten* mehrere kleine *Museen*, die Ausstellungen zu verschiedenen Aspekten der Geschichte Jerseys und seiner Umgebung zeigen. So gibt es neben einer Puppensammlung ein Postmuseum, ein Muschelmuseum sowie das Jersey-Aquarium und eine Ausstellung zur Geschichte der deutschen Herrschaft über die Insel. Von den erhaltenen Mauern des Forts aus hat man einen guten Ausblick auf St. Helier und seinen Hafen sowie auf die östliche und die südliche Küste der Insel. Wer auf dem Seeweg nach Jersey einreist, dem stellt sich das gezackte weiße Dach und die Kuppel über der großen Rotunda als imposante Landmarke dar.

Durch den Tunnel, der 1970 unter Fort Regent angelegt wurde, um den in östlicher Richtung zielenden Verkehr besser aus der Stadt ableiten zu können, gelangt man über die Route du Fort zum *Howard Davis Park*. 1924 hatte ihn T. B. F. Davis, ein in Jersey geborener und in Übersee reich gewordener Unternehmer, zum Gedenken an seinen im Ersten Weltkrieg gefallenen Sohn Howard gestiftet. Der Park, dessen große Rasenflächen Blumenbeete, Rosengärten und Palmen säumen, ist ein beliebtes Erholungsgebiet der Einwohner von St. Helier und St. Saviour. Am südlichen Ende, bei der Kirche St. Luke's, schließt sich ein Soldatenfriedhof an, auf dem englische Soldaten begraben sind, die bei Kämpfen im Ärmelkanal umkamen und in Jersey an Land gespült wurden.

Von St. Luke's führt die Beach Road in wenigen Minuten an die Küstenstraße Grève d'Azette Street, an deren mittlerweile teilweise abgerissener *Marine Terrace* der Romancier Victor Hugo (Abb. 78) von 1852 bis 1855 wohnte, als er nach dem Staatsstreich Louis Napoleons hierher ins Exil gegangen war. Um diese Zeit lebten über 200 Franzosen in Jersey, die aus politischen Gründen ihre Heimat verlassen hatten, und etliche, die während ihres Exils starben, wurden in Jersey beigesetzt. Bei diesen Begräbnissen trat Victor Hugo häufig als Redner auf und verstand es meisterhaft, sie zu politischen Veranstaltungen umzufunktionieren. Seine Auftritte brachten ihn bei Bevölkerung und Inselregierung ebenso in Mißkredit wie sein für viktorianische Verhältnisse schockierender Lebenswandel: Er lebte nämlich mit seiner Familie und seiner Mätresse unter einem Dach.

Als 1855 bei den Exilfranzosen Kritik laut wurde an der Krimkrieg-Waffenbrüderschaft zwischen England und Frankreich, wurde in einem Zeitungsartikel auch Königin Victoria persönlich angegriffen und moralisch herabgewürdigt. Die States of Jersey nötigten daraufhin die Verantwortlichen des Blattes zum Verlassen der Insel, wogegen sich ein öffentlicher Aufruf richtete, der von Victor Hugo an vorderster Stelle unterzeichnet war und in der Aufforderung gipfelte: »Und nun werft uns alle hinaus!« Hugo wurde tatsächlich aus Jersey verwiesen und verbrachte die Zeit bis zum Sturz Napoleons III. in Guernsey, wo er einige seiner bekanntesten Werke schrieb.

Vom Eingang des Howard Davis Park führt die Straße Mont Millais auf die Anhöhe Mount Pleasant, die St. Helier im Osten überragt. Einen Teil dieses Geländes haben die States of Jersey nach dem Besuch Königin Victorias und Prinz Alberts (Abb. 75–77) erworben und hier ein College für Jungen errichtet, das der Königin zu Ehren *Victoria College* genannt wurde. Das Gebäude aus grauem Granit wurde in schöner Hanglage erbaut, und auf seinem Grundstück steht heute noch ein Folly aus dem 18. Jahrhundert: ein kleines Raucherhäuschen des ehemaligen Parkgeländes, ähnlich den Rauchsalons der Häuser sogenannter besserer Leute. Die Königin interessierte sich für das College-Projekt und stiftete Kopien von Porträts, die Franz Xaver Winterhalter von ihr und Prinz Albert gemalt hatte, sowie jährlich drei Goldmedaillen für besondere Leistungen auf den Gebieten Altphilologie, Mathematik und moderne Fremdsprachen. Später kam ein Bücherstipendium im Wert von £ 10 für den besten Historiker hinzu. Man könnte Victoria College als das Eton von Jersey bezeichnen; fast alle einheimischen Persönlichkeiten, die in Wirtschaft oder Politik der Insel eine führende Rolle spielten oder spielen, waren seine Schüler.

Elizabeth Castle

Am westlichen Ortsausgang von St. Helier geht die Esplanade hinter der Kreuzung mit der Peirson Road unterhalb des kiefernbewachsenen Westmount in die Victoria Avenue über. Westmount, heute ein öffentlicher Park mit gutem Ausblick auf die St. Aubin's Bay, war bis 1829 die öffentliche Hinrichtungsstätte, bis 1883 Gallows Hill genannt. Gegenüber liegt bei Ebbe ein kleiner Damm frei, über den man das etwa einen Kilometer von der Esplanade entfernte *Elizabeth Castle* erreichen kann. Bei Flut bringen während der Reisesaison Amphibienfahrzeuge die Besucher zur Festung.

Elizabeth Castle wurde 1550 auf dem Gelände der unter Heinrich VIII. aufgelösten St. Helier's Priory begonnen und zwischen 1590 und 1601 von dem damals berühmten Militärbaumeister Paul Ivy vollendet. Seinen Namen erhielt es 1603 durch Beschluß der States of Jersey (»le Château Elizabeth«), nachdem Sir Walter Raleigh (Abb. 66), Vertrauter der Königin und von 1600 bis 1603 erster Governor der Festung, die Anlage aus Verehrung

Elizabeth Castle. Um 1650. Zeitgenössischer Stich von Wenzel Hollar

für Elizabeth (Abb. 65) bereits Fort Isabella Bellissima genannt hatte. Die militärische Nutzung der Festung dauerte ununterbrochen bis ins frühe 20. Jahrhundert. Während des Bürgerkrieges ließ der Governor Sir Philippe de Carteret Erweiterungen vornehmen, die die Gebäudereste der alten Priorei mit einschlossen.

Charles II. verbrachte als Prince of Wales 1646 zehn Wochen auf Elizabeth Castle, als sich die politische Lage seines Vaters deutlich verschlechterte. Sein Begleiter war Edward Hyde, der spätere Lord Clarendon, der nach Charles' Abreise bis 1648 im Schloß blieb und hier an seiner sechsbändigen »History of the Rebellion« arbeitete, in der er den Kampf zwischen König und Parlament beschrieb. Nach dem Tod seines Vaters kehrte Charles noch einmal für ein halbes Jahr nach Jersey zurück und wurde hier zum König ausgerufen. Nachdem der Versuch des jungen Königs, von Schottland aus England zurückzuerobern, 1651 in der Schlacht von Worcester fehlgeschlagen war, ging auch die royalistische Herrschaft über Jersey abrupt zu Ende, da Elizabeth Castle vor den Truppen Cromwells unter Admiral Blake kapitulieren mußte.

1872 wurde im Zuge der neuen Hafenplanung für St. Helier an den Felsen, auf dem Elizabeth Castle steht, eine 550 Meter lange Mole angebaut, die als Wellenbrecher gedacht war. Sie verbindet seitdem den Festungskomplex mit einem kleinen Felseneiland, auf dessen Spitze die Felsenkapelle »The Hermitage« (Abb. 1) thront. Hier stand angeblich einst die Einsiedlerkapelle des Sankt Helier, der hier von heidnischen Piraten 555 ermordet worden sein soll.

Nach dem Ersten Weltkrieg übergab das britische Kriegsministerium Elizabeth Castle den States of Jersey als historisches Bauwerk, da es keinen militärischen Wert mehr hatte. Doch während der deutschen Besatzungszeit wurde es noch einmal als Verteidigungsstellung ausgebaut, und diese modernen Umbauten sind heute ebenso zu besichtigen wie die verschiedenen Ausstellungen zur Geschichte des Bauwerks, die in einigen Gebäuden des

Komplexes untergebracht sind. Neben dem *Museum der Jersey Militia* befinden sich mehrere »tableaux«, Darstellungen historischer Szenen als Wachsfigurenkabinett, im Schloßbereich. Während der Touristensaison wird Elizabeth Castle bei Dunkelheit angestrahlt.

»The Battle of Flowers« – Volksfest des Jahres

Die üppige, vom Golfstrom begünstigte Vegetation, vor allem im Bereich der Zierpflanzen und der wildwachsenden Blumen, hat in Jersey eine Tradition entstehen lassen, die alljährlich Tausende von Besuchern anzieht. Viele von ihnen kommen nur für diesen zweiten Donnerstag im August, seit 1951 feststehender Termin für die großartige Schau, die als *Battle of Flowers* so berühmt geworden ist, daß sie sogar schon auf Briefmarken des Jersey Post Office abgebildet war. Erstmals wurde sie 1902 anläßlich der Krönungsfeierlichkeiten für König Edward VII. und Königin Alexandra auf der Victoria Avenue veranstaltet. Vorbild der erfolgreichen Blumenparade war der berühmte Blumenkarneval von Nizza. Das Fest fand nun jährlich statt, bis der Erste Weltkrieg eine Pause verursachte, die bis 1927 dauern sollte.

Von 1928 bis 1938 war das Springfield-Stadion in St. Helier Austragungsort der Blumenschlacht, die ihren Namen von der Tatsache herleitet, daß in den frühen Jahren dieser Tradition zum Ende der Veranstaltung die Schaustücke zur Freude der Zuschauer zerstört wurden. Heute inszeniert die Jersey Battle of Flowers Association einen Umzug auf der Victoria Avenue, der entfernte Ähnlichkeit mit einem deutschen Karnevalszug hat. Musikgruppen und verschiedene Darbietungen umrahmen den Zug der Wagen, die nach vorgegebenen Themen mit Tausenden von Blüten dekoriert sind (Abb. 7). Kirchspiele, Vereine, Gruppen oder Einzelpersonen melden einzelne Motivwagen an und sind dann selbst für Entwurf, Konstruktion von Rahmenwerk und Chassis, Aufzucht und Pflücken der Blumen sowie für die eigentliche Dekoration verantwortlich. Dabei teilt man die Wagen in verschiedene Gruppen (z. B. wildwachsende Blumen) ein, für die eigene Prämien vergeben werden.

Besucher, die nicht zum Zeitpunkt dieser Blumenschlacht in Jersey sind, können sich dennoch einen kleinen Einblick in die Materie verschaffen: Seit Juni 1971 existiert im Kirchspiel St. Ouen ein *Jersey Battle of Flowers Museum*, das in der Hauptsache über die Verwendung wilder Blumen informiert. Fotos und Modelle zum Teil preisgekrönter Wagen ergänzen die sehenswerte Ausstellung.

St. Aubin's Bay

Die erste, 1870 eröffnete Eisenbahnlinie Jerseys führte von St. Helier nach St. Aubin, bevor sie 1899 bis zur Südwestspitze der Insel bei Corbière verlängert wurde. Die Linie folgte dem knapp sechs Kilometer langen Bogen der St. Aubin's Bay in unmittelbarer Küstennähe und verband die Häfen von St. Helier und *St. Aubin* (Farbabb. 4). Hier erinnert nur noch das Gebäude des 1871 erbauten Bahnhofshotels, seit 1948 die *Parish Hall* des Kirchspiels St. Brelade, an die Bahn, die 1936 den Betrieb wieder einstellte, nachdem ein Brand im Depot von St. Aubin einen großen Teil der Waggons zerstört hatte. An diesem ersten Streckenabschnitt gab es sechs Bahnhöfe und zwei Haltestellen, die heute ebenso vergessen sind wie die Tatsache, daß der unterhalb des Westmount gelegene östliche Teil der Bucht vier Jahre lang einem weiteren Verkehrszweig diente, als die Flugzeuge der Jersey Airways Ltd von 1933 bis zur Eröffnung des Flughafens im Kirchspiel St. Peter im Jahre 1937 bei Ebbe den Strand für Starts und Landungen benutzten.

Die stillgelegten Eisenbahnlinien wurden während des Krieges von den Deutschen zu Transportzwecken wieder in Betrieb genommen, danach von den States of Jersey jedoch endgültig eingestellt. St. Helier und St. Aubin verbindet heute nur noch die Küstenstraße, zu der parallel landeinwärts bis Bel Royal die St. Aubin's Road (A 1) verläuft, an der St. Heliers Vororte First Tower und Millbrook liegen und von der zwei Straßen zum Norden der Insel abzweigen.

Als erstes von drei landschaftlich schönen Tälern, die von der Inselmitte zur St. Aubin's Bay verlaufen, treffen wir am Ende des Westmount bei *First Tower* auf das *Bellozanne Valley*. Seinen Namen erhielt es von der 1198 gegründeten Abtei Bellozanne in der Normandie, deren Gründer dieses Tal und angrenzende Ländereien vom späteren König Johann als Domäne für die Abtei geschenkt bekam. Der Besitz blieb der Abtei bis etwa 1430 erhalten, und aus dieser Zeit stammt der Name Mont l'Abbé für eine der nördlichen Gemarkungen St. Heliers. In First Tower befindet sich auch der *Tierfriedhof*, auf dem man heute noch eine Grabstätte für Katze oder Hund erwerben kann. Das nächste Tal ist *Waterworks Valley*, dessen Fluß drei Talsperren speist. Eine von reichem Laubwald gesäumte Straße führt in vielen Windungen durch dieses Tal bis auf die Höhen des Inselplateaus.

Mit der Kirche *St. Matthew's*, besser bekannt als »Glass Church«, besitzt das Dorf *Millbrook* eine der unbestrittenen Attraktionen von Jersey. Die Kirche von 1840 ließ die Witwe des Barons Trent of Nottingham, der unter seinem bürgerlichen Namen Jesse Boot als Gründer der gleichnamigen Drogeriekette bekannt wurde, 1934 vollständig neu erbauen und innen von René Lalique, dem Glaskünstler aus Paris, gestalten (Abb. 14). Einzigartig in diesem sehr nüchtern wirkenden Innenraum ist die ausschließliche Verwendung von Glas für den Altar, für das Kreuz dahinter, die Kommunionbank zwischen Kirchenschiff und Chorraum sowie für die Wand zwischen Marienkapelle und Kirchenschiff. Vier übergroße gläserne Engel bilden die Rückwand der Marienkapelle, und der gläserne Taufstein ist der einzige seiner Art in Großbritannien. Zwei weitere Engel aus Glas sind in die Eingangstüren eingelassen.

Einige 100 Meter weiter westlich treffen St. Aubin's Road und Victoria Avenue in einer Kreuzung zusammen, von der *St. Peter's Valley* landeinwärts abzweigt, während die Route de la Haule über Beaumont in unmittelbarer Meeresnähe nach St. Aubin führt. An dieser

Kreuzung steht, vielfach unbeachtet, eine *Bronzekanone* aus der berühmtesten Waffenschmiede des 16. Jahrhunderts, Owen of Houndsditch, aus deren Produktion nur noch sechs Kanonen erhalten sind, darunter diese 1551 für das Kirchspiel St. Peter hergestellte.

Zwischen St. Aubin und Corbière

St. Aubin ist neben St. Helier die einzige Stadt in Jersey, obwohl sie nicht zu den »alten« Ansiedlungen der Insel gehört, was ihre Zugehörigkeit zum Kirchspiel St. Brelade dokumentiert. Die Stadt wurde im 16. Jahrhundert erstmals urkundlich erwähnt, und zu diesem Zeitpunkt hatte sich offensichtlich auch ihr Name bereits durchgesetzt. Ausschlaggebend für das Entstehen eines Dorfes an dieser Stelle war die vor westlichen Stürmen geschützte Lage, die den sichersten Ankerplatz der Insel bot und den späteren Bau des Hafens begünstigte.

St. Aubin's Fort auf der kleinen Insel östlich des Ortes schützte den Hafen vor unerwünschten Besuchern. 1542 begann der Festungsbau mit dem Turm, der während des Bürgerkrieges mit Bollwerken umgeben wurde, und bis 1837 folgten noch einige Veränderungen und Anbauten, die dem Fort sein heutiges Aussehen gaben. Eine gegen Ende des 17. Jahrhunderts errichtete kleine Pier an der Nordseite des Inselfelsens führte zu einer erheblichen Ausdehnung des Schiffsverkehrs und war praktisch die Keimzelle der eigentlichen Hafeneinrichtung. Wie Elizabeth Castle wurde auch St. Aubin's Fort unter der deutschen Besatzung zu einer modernen Verteidigungsstellung ausgebaut, und heute dient es nach umfangreichen Renovierungsarbeiten als Jugendzentrum.

Der *Hafen* (Farbabb. 4) entstand 1754 (Südpier) bzw. 1816 (Nordpier) und konnte seinen Rang als Haupthafen von Jersey bis in die Mitte des 19. Jahrhunderts behaupten. Danach zog der Hafen von St. Helier, der in dieser Zeit auf seine heutige Größe wuchs, nahezu den gesamten Schiffsverkehr an sich, so daß St. Aubin fast zur Bedeutungslosigkeit herabsank. Seine seit dem 17. Jahrhundert zunehmende Bedeutung als Warenumschlagplatz am Fuße mehrerer steiler Hügel machte St. Aubin schließlich zur wohlhabenden Stadt, deren einstige hohe Position im Sozialgefälle Jerseys noch an den außergewöhnlich zahlreichen, Wohlstand bezeugenden Bürgerhäusern abzulesen ist.

Old Court House ist ein typisches Beispiel für das Haus eines reichen Kaufherrn, und die Ausmaße des riesigen Kellergeschosses lassen auf den Geschäftsumfang des Erbauers schließen, der sich dieses Haus gegenüber der Südpier bereits im Jahre 1611 leisten konnte. An der von hier steil bergauf führenden kurvenreichen Straße The Bulwarks (oder Le Boulevard), die in Bulwarks Hill (Le Mont du Boulevard) übergeht, sind mit *La Vieille Maison* (1687), *Rochebois* (begonnen 1630) und *La Maison Carteret* (frühes 18. Jahrhundert) einige Häuser erhalten, die dem alten Court House nicht nachstehen. Die meisten Gebäude der High Street datieren – wie *St. Magloire* – aus dem 18. Jahrhundert, und *The Hollies* ist durch die Jahreszahl 1683 über der Tür ausgewiesen.

Der von den meisten Besuchern (und Einheimischen) gewählte Weg aufs Plateau des Mont Arthur führt über die Hauptstraße, die am Ende der Küstenstraße als Charing Cross rechtwinklig landeinwärts abzweigt und dann in die stark ansteigende Straße Mont les Vaux übergeht. Am Fuß dieser Straße beginnt der *Corbière Walk*, ein knapp sieben Kilometer langer Fußweg auf der Trasse der 1899 zwischen St. Aubin und der Südwestspitze Jerseys gebauten Eisenbahn. Der Weg beschreibt einen etwa halbkreisförmigen Bogen und berührt an seinem Scheitelpunkt an der Nordseite der Häuser von St. Brelade einen Golfplatz, von dem man bei klarer Sicht die sechs Kilometer Sandstrand gut überschauen kann, die den größten Teil der St. Ouen's Bay an Jerseys Westküste bestimmen. Allerdings ist auch die südliche Rollbahn des Flughafens nur etwas mehr als einen Kilometer von dieser Stelle entfernt, so daß der Lärm der startenden und landenden Maschinen nicht zu überhören ist. Einen nicht zu unterschätzenden Vorteil bietet der Corbière Walk jedoch in jedem Fall: Er ist ausschließlich den Fußgängern vorbehalten.

Abseits des Mont les Vaux ließ die Organisation Todt einen gewaltigen Tunnel als Munitionsdepot in den Felsen treiben, der aber nicht öffentlich zugänglich ist. Nach einer Haarnadelkurve führt Mont les Vaux nun auf die Höhe des Mont Arthur, und kurz hinter der Einmündung der steilen Dorfstraße, die von Mont du Boulevard hierher führt, zweigt die Route de Noirmont nach links zur Noirmont-Halbinsel ab, zwischen deren beiden hochgelegenen felsigen Landzungen Noirmont Point und Point le Fret die kleine Portelet Bay eingebettet ist.

Noirmont ist eines der ältesten Lehen in Jersey, das die Abtei Mont St. Michel als Ausgleich für den Verlust der Insel Alderney von Herzog William noch vor der Eroberung Englands erhielt. Als 1413 alle Besitzungen normannischer Abteien auf den Kanalinseln konfisziert wurden, fiel es an die Krone zurück. Charles I. gab Noirmont 1643 an Captain George Carteret, dessen Urenkel Lord Carteret es an die Familie Pipon verkaufte, die 1695 den Vorläufer des heutigen, 1819 erbauten *Herrenhauses* oberhalb der südlich von St. Aubin gelegenen Belcroute Bay errichtete. In diesem Haus verbrachte die Schauspielerin Lillie Langtry ihre Flitterwochen, und sie hinterließ ihren Namen auf der Fensterscheibe – standesgemäß mit einem Brillanten ins Glas geritzt.

Noirmont Point, die mit Heidekraut, Ginster und Brombeerhecken bedeckte Hochebene am südwestlichen Ausgang der St. Aubin's Bay, wurde während des Zweiten Weltkriegs zur schwerbewaffneten Batterie Lothringen ausgebaut, deren Kern vier 15-cm-Geschütze bildeten. Eines davon zeigt nun in Richtung des Hafens von St. Helier. Das »Prunkstück« der Batterie, seit 1981 als Museum der Öffentlichkeit zugänglich, ist der *Noirmont Command Bunker*, die perfekt ausgerüstete Kommandozentrale dieser Stellung.

In der *Portelet Bay* liegt die kleine *Ile au Guerdain*, die bei Ebbe durch einen natürlichen Damm mit dem Land verbunden ist. Das Felseiland trägt einen *Martelloturm* aus der Napoleonischen Zeit, »Janvrins Grab« genannt. Kapitän Philippe Janvrin aus St. Aubin war bereits 90 Jahre vor dem Bau dieser Befestigung gestorben, als auf seinem Schiff die Pest wütete und er in der Belcroute Bay zu Quarantänezwecken vor Anker gehen mußte. Da sein Leichnam nicht an Land gelassen wurde, fand das Begräbnis auf der Ile au Guerdain statt, und seine Witwe ließ einen Grabstein errichten, der wahrscheinlich beim Bau des Martello-turms zerstört wurde. Auf der westlichen Seite der Bucht erkennen wir eine Strandterrasse, deren glattgeschliffene Felsbrocken darauf hinweisen, daß der Wasserstand an dieser Stelle in einer der zwischeneiszeitlichen Warmzeiten einmal wesentlich höher gewesen ist.

Einige von Büschen und Ginster fast überwucherte Pfade auf dem Portelet Common, dem westlichen Teil der Noirmont-Halbinsel, bringen uns zu einer kleinen Straße, die nach L'Ouaisne hinunterführt. *Ouaisne Bay* ist der östliche Teil der St. Brelade's Bay und mit dieser bei Ebbe verbunden. Sie endet am Felsvorsprung *La Cotte Point*, wo man 1894 in einer Höhle Mammutknochen und Schädel von Nashörnern sowie Werkzeuge fand, die man auf etwa 100 000 v. Chr. datierte. Ein weiterer bedeutender Fund brachte menschliche Zähne zutage, die aus der Zeit des Neandertalmenschen stammen.

Während der unruhigen Zeiten nach der Französischen Revolution war *St. Brelade's Bay* wie alle anderen flachen sandigen Buchten Jerseys besonders gefährdet, und daher wurden auch hier Küstenbefestigungen errichtet, von denen die beiden *Martellotürme* am besten erhalten sind. St. Brelade's Bay gehört heute zu den beliebtesten Badeständen Jerseys (Abb. 8). An einem Sommertag, wenn sich hier Hunderte von Menschen tummeln, ist es kaum vorstellbar, daß dieser Teil der Südküste erst in der zweiten Hälfte des vergangenen Jahrhunderts über die wenigen Häuser im Umkreis der alten Pfarrkirche hinauswachsen konnte, als eine Straße vom Mont Sohier hinab gebaut wurde, um das attraktive Tal zu erschließen.

Unter den vielen ausländischen Besuchern, die sich in der Folgezeit hier aufhielten, war einer der berühmtesten sicher General Georges Boulanger, der französische Kriegsminister, der sich 1889 einem drohenden Hochverratsprozeß durch die Flucht nach Jersey entzogen hatte und danach zwei Jahre hier lebte. Heute bestimmen Hotels das Bild der Straßenseite gegenüber dem Strand. Eine unbestrittene optische Aufwertung erfuhr die Bucht in den 70er Jahren durch die Anlage des *Winston Churchill Memorial Parks*. Allein der Garten wird den Besucher, der sich wenig aus Gedenkstätten macht, reich belohnen für die Mühe des kleinen Fußwegs von der Straße hierher. Ein großer Gedenkstein aus Jersey-Granit trägt ein Churchill-Relief und darunter den in den Chroniken der Kanalinseln vielzitierten Satz aus der Rede, die der Geehrte am 9. Mai 1945 anläßlich des Kriegsendes hielt: »and our dear Channel Islands are also to be freed today« (und unsere lieben Kanalinseln sollen heute auch befreit werden).

St. Brelade's Church (Abb. 8, 11) am westlichen Ende der Bucht wird häufig als älteste Kirche der Insel bezeichnet und war schon vor 1066 bekannt, wie aus einem von Herzog William unterzeichneten Dokument, das acht Kirchen von Jersey erwähnt, hervorgeht. Es läßt sich aufgrund der bekannten Quellen jedoch keine zeitliche Reihenfolge der Kirchen-gründungen festlegen. Ebensowenig können diese alten Pfarrkirchen für einen bestimmten Baustil reklamiert werden, da die meisten über 500 Jahre hinweg gebaut und umgebaut worden sind.

St. Brelade ist aus einer Kapelle hervorgegangen, die heute den Chor bildet. Es folgten die Querschiffe, das Langhaus und 1537 ein nördliches Seitenschiff. Besondere Beachtung

St. Brelade,
Pfarrkirche

verdient im Innenraum der vorreformatorische Taufstein, der zur Zeit der Reformation aus der Kirche entfernt und in das Waldgelände geworfen wurde, dessen Reste heute Kirche und Friedhof umgeben. Weiter sind die beiden Piscinae an der Südseite des Altars zu erwähnen, die aus dem letzten Viertel des 13. Jahrhunderts stammen, sowie die Kanzel aus Eichenholz mit einem eingeschnitzten Vers aus den Sprüchen Salomons. Von den buntverglasten Votivfenstern ist nicht zuletzt das für Jean Martell – den aus Jersey stammenden Gründer der Cognac-Dynastie – über der Tür des Seitenschiffes sehenswert.

Außen verdient der Wasserspeier an der Westfront ebenso Aufmerksamkeit wie die Sonnenuhr im Giebel des südlichen Querschiffes von 1837. Das Friedhofstor ist eine Stiftung von Lady Trent zum Gedenken an ihren Mann. Lord und Lady Trent sowie ihr Erbe sind in einem kleinen separaten Friedhof an der Straße nach Le Coleron begraben. Der Kirchhof wurde während der deutschen Besatzungszeit von den Militärbehörden beschlagnahmt und als Soldatenfriedhof verwendet, da hier bereits deutsche Kriegsgefangene aus dem Ersten Weltkrieg begraben lagen, die in Jersey gestorben waren. Nach dem Krieg wurden die deutschen Soldatengräber in die Normandie überführt.

Nur einige Schritte südlich der Kirche steht die kleine *Fisherman's Chapel* aus frühnormannischer Zeit. Ihr Schmuck sind Fresken aus dem 14. bzw. 15. Jahrhundert (Abb. 13), die im Ersten Weltkrieg unter Wandmalereien jüngeren Datums entdeckt und restauriert wurden. Hauptmotive sind die Verkündigung Mariens (Ostwand), Szenen aus dem Alten Testament (Südwand) und zwei Passionsszenen übereinander an der Nordwand sowie das Jüngste Gericht und die Auferstehung an der meist wenig beachteten Westwand.

Am südlichen Ende des Kirchhofs wurde vor einigen Jahren ein Pfad freigelegt, der als Perquage eine besondere Bedeutung in der normannischen Rechtsgeschichte hatte. Über ihn konnte ein Übeltäter, der vor dem Arm des Gesetzes legal in der Kirche Zuflucht gesucht hatte, nach einem Bekenntnis seiner Schuld das Land seiner Väter ohne Strafe für immer verlassen, sofern er am Ende dieses Pfades, der von der Kirche zum Meer führt, über ein Boot verfügte, das ihm den Weg ins Exil ermöglichte. Alle »alten« Pfarrkirchen Jerseys hatten einen derartigen Fluchtweg, der je nach Lage der Kirche auch sehr lang sein konnte. Die Perquages verloren mit der Reformation ihre rechtliche Bedeutung und wurden von der Krone eingezogen. Heute existieren nur noch zwei dieser alten Fluchtwege: ein Teil des ursprünglichen Weges in St. Lawrence und der von St. Brelade, der mit Abstand der kürzeste von allen war, da er lediglich über einen Treppenabgang zum Strand führt.

Gegenüber der Pfarrkirche führt die schmale Straße Mont-es-Champs nach einigen engen Kurven hinauf zum Plateau der Gemarkung La Moye. Beim Übergang in La Rue des Champs zweigt eine Stichstraße zum Mont Fiquet und zur Landzunge Grosse Tête ab, in deren Schutz sich nach Osten die romantische kleine *Beauport Bay* im halbkreisförmigen Bogen ausbreitet (Farbabb. 3). Diese Bucht, die auch von der Westseite der St. Brelade's Bay nach einer anstrengenden Kletterpartie über die unwegsamen rötlichen Granitfelsen zu erreichen ist, galt in früheren Jahren, als die Zufahrt über die Straße noch nicht ausgeschildert war, als Geheimtip, und so mancher verfehlte diesen im oberen Teil von großen runden Granitbrocken gesäumten Strand. Trotz des jetzt existierenden Wegweisers hat die Bucht ihren Charakter bewahren können: Im Gegensatz zu etlichen anderen Badebuchten der Insel haben sich keine Liegestuhlverleiher oder Fish-and-Chips-Brater hier etabliert, weil die wenigen Besucher das Geschäft nicht rentabel machen würden. Der Blick von der Klippe reicht bis in den östlichen Teil der St. Brelade's Bay und in die Ouaisne Bay. Klippenpfade auf dem mit Ginster und Brombeerhecken übersäten Vorgebirge eröffnen den Zugang zu Überresten megalithischer Grabstätten, von denen *Beauport Cromlech* die bekannteste ist.

Im Klippenrand der *Fiquet Bay* öffnet sich der 30 Meter tiefe Trichter der Fosse Vourin, die mit einer zum Meer hin offenen Höhle verbunden ist (auf Sark heißen diese Formationen »Creux«). Ihre Schönheit haben englische Truppen nach dem Krieg für immer zerstört, als sie den Trichter als »Mülleimer« für den deutschen Stacheldraht benutzten. In der Nähe befindet sich das Gefängnis La Moye, hinter dem die Ruinen eines Sichttelegraphen zu sehen sind. Die ehemaligen Steinbrüche am La Moye Point lieferten den Granit für den Bau des Thames Embankment in London. Von hier aus führen einige rauhe Klippenpfade an der Meerwasserentsalzungsanlage vorbei zur Südwestspitze von Jersey, *La Corbière*, wo auch der Corbière Walk an der früheren Endstation der Eisenbahnstrecke endet. Hier steht nahe am Klippenrand der zweite von drei deutschen *Marinepeilständen*, den Jersey Radio heute als Funkstation für den Seefunk nutzt.

Die Erde im Umkreis von mehreren 100 Metern ist durch den ständig anfallenden Flugsand aus der St. Ouen's Bay mit der Zeit unfruchtbar geworden, und die Landschaft wirkt auch durch die vielen verstreut liegenden, bizarren Felsbrocken karg und verwildert. Diesen Gesamteindruck verstärken noch die vor der Küste liegenden Felsenriffs.

Auf dem höchsten dieser kaum begehbaren Felsen steht der 1873 erbaute *Leuchtturm* (Farbabb. 1; Abb. 10), der bei Ebbe über einen in den Felsen gehauenen Weg zu erreichen ist. Vom Land ist er einige hundert Meter entfernt, und der hohe Gezeitenunterschied macht den Übergang gefährlich, wenn man sich mit der Zeit verschätzt. Immer wieder kommt es vor, daß waghalsige Besucher hier in Schwierigkeiten geraten, und eine Gedenkplatte am Weg erinnert an den Leuchtturmwärter Peter Larbalestier, der 1946 bei dem Versuch umkam, einen von der Flut abgeschnittenen Besucher zu retten. Bei schlechtem Wetter umtosen heftige Stürme diesen gänzlich ungeschützten Teil der Insel, der dann recht deprimierend wirkt. Bei guter Sicht bietet sich jedoch einer der schönsten Ausblicke der Kanalinseln, da man von hier nicht nur die gesamte Westküste bis zur Nordwestspitze der Insel übersehen kann, sondern auch einen guten Ausblick nach Guernsey hat.

St. Ouen's Bay, Grosnez Point und Plémont Point

Auf der Fahrt von Corbière nach Norden kann sich der Autofahrer kaum vorstellen, daß die bequeme Straße, die zunächst an der kleinen Bucht Petit Port auskommt, vor gut 100 Jahren mit großem Aufwand in die Felsen von Le Grouet gesprengt werden mußte, damit der Bauverkehr überhaupt einen Zugang zur Baustelle des Leuchtturms hatte. Bis dahin existierten in dieser Gegend nämlich nur einige gewundene Pfade, auf denen bestenfalls ein Fuhrwerk Platz gehabt hätte. Während der Fußgänger von Petit Port aus einen schönen Klippenweg über das Vorgebirge L'Oeillère nehmen kann, um in La Pulente, dem südlichsten Punkt der sechs Kilometer langen *St. Ouen's Bay,* auszukommen, muß der motorisierte Tourist fast bis ins Dorf St. Brelade hinein, bevor er die B 35 erreicht. Diese macht bei La Pulente auch noch einen großen Bogen, ehe sie in die Five Mile Road übergeht, die der St. Ouen's Bay fast in ihrer gesamten Länge nach Norden folgt.

Das Hinterland der Küstenlinie, die im Krieg gegen eine mögliche Invasion vollständig durch eine Panzrabwehrmauer abgesperrt wurde, ist bis zu einem Kilometer Breite flach und geringfügig höher als der Sandstrand, der in den Sommermonaten Schauplatz verschiedener Autorennen sowie idealer Tummelplatz für Strandsegler ist. Die südliche Hälfte des Hinterlandes ist eine einzige Sanddünenlandschaft mit einem Golfplatz und dem westlichen Teil des Flughafens. Nur drei Straßen durchschneiden die Dünen in östlicher Richtung auf dem Weg von der Küstenstraße hinauf zum Inselplateau.

Abseits der ersten Straße sind die Fundamente der Lagerbaracken zu erkennen, in denen im Ersten Weltkrieg deutsche Kriegsgefangene untergebracht waren. An der Abzweigung führt ein Fahrweg zur Anlegestelle *La Braye,* dem einzigen sicheren Landeplatz der gesamten Bay. Von hier kann man bei Ebbe zum rund 600 Meter weit in der Bucht gelegenen *La Rocco Tower* hinauslaufen, einem um 1795 erbauten Martelloturm. Die kleine Festung wurde im Krieg schwer beschädigt, da sie den Geschützstellungen in den Dünen als Zielscheibe diente, doch um 1970 war ein Restaurationsfonds so weit aufgefüllt, daß dieses schönste Denkmal der Militärarchitektur seiner Zeit wiederhergestellt werden konnte.

Einen Kilometer weiter nördlich, bei Le Port gegenüber der Einmündung der B 41, die auf der Nordseite des Flughafens ins Dorf St. Peter führt, landeten 1651 die Parlamentstruppen unter Admiral Blake und nahmen Jersey als letzten königstreuen Außenposten des Reiches für Cromwell und Commonwealth ein. St. Ouen's Pond, rechts von der Straße und in der Nähe der Landestelle L'Ouzière, ist der größte natürliche Süßwassersee der Kanalinseln. Seine Umgebung betreut die Société Jersiaise als Naturschutzgebiet, in dem sich die südlichste ornithologische Station der britischen Inseln befindet. Die Küstenstraße verläßt das Tiefland der Bucht bei Les Laveurs, kurz hinter dem *Lewis Tower*, der in den Karten auch als Martelloturm Nr. 1 bezeichnet ist, und führt nach L'Etacq und zum Mont Pinel hinauf auf das nördliche Plateau. In den Dünen der südlich der Straße gelegenen Gemarkung Grantez wurde 1912 ein rund fünf Meter langes jungsteinzeitliches *Ganggrab* entdeckt, das acht Skelette und etliche Grabbeigaben enthielt.

Der Weg ans nördliche Ende der St. Ouen's Bay kann nach dem Abzweigen der Küstenstraße entweder zu Fuß über den Strand oder über die am Fuß des Mont du Vallet entlangführende Straße von L'Etacq fortgesetzt werden. Der kleine Bogen, in dem die St. Ouen's Bay hinter dem Vorgebirge Etaquerel endet, ist durch Riffs vor der Küste leidlich vor westlichen Stürmen und Flutwellen sicher, so daß sich hier ein kleiner Fischerhafen etablieren konnte. An dieser Stelle beginnt die Steilküste, die sich nach Norden bis zum Grosnez Point, der nordwestlichsten Spitze Jerseys, und weiter über die gesamte Nordküste ausdehnt.

Die winzige Bucht *Le Pulec* nördlich Etaquerel ist seit Jahrhunderten ein beliebtes Ziel der Landwirte aus der Umgebung, da sich hier durch eine Laune der Natur der Seetang bei Flut in kurzer Zeit über drei Meter hoch auftürmt und daher verhältnismäßig einfach eingesammelt werden kann. Der »vraic« ist ein begehrtes Düngemittel für Felder und Gärten. 1871 wurden an dieser Stelle Bleiadern im Gestein gefunden, die sich jedoch als unwirtschaftlich herausstellten, so daß es nicht wie auf den Nachbarinseln Sark und Herm zu Versuchen kam, mit Gewalt eine industrielle Zukunft in Jersey einzuläuten. 1923 geriet Le Pulec sogar in die Schlagzeilen der internationalen Presse, als man hier einen bronzezeitlichen menschlichen Schädel fand, der fälschlich als möglicher Rivale des berühmten Java-Schädels publiziert wurde.

Von Le Pulec aus kann man der Küstenlinie, deren Hinterland unbewohntes und ödes Heideland ist, zu Fuß bis zum Grosnez Point folgen. Die erste herausragende Landmarke dieser an bizarren Felsformationen gewiß nicht armen Steilküste ist die freistehende Felsnadel *Le Pinacle* (auch *The Pinnacle),* deren Höhe von 60 Metern frühen Siedlern derart imponiert haben muß, daß sich hier vier aufeinanderfolgende Kulturen zwischen 2000 v. Chr. und etwa 200 n. Chr. niedergelassen haben, wie aus zahlreichen Funden am Fuß des Pinacle hervorging. Ebenfalls unübersehbar ist der sechsstöckige Betonturm des deutschen *Marinepeilstandes* 3, der an der äußersten Klippenkante in der Nähe des Rennplatzes Les Landes errichtet wurde. Der Weg über heidekrautbewachsene Felsen führt durch das Gelände, in dem die Batterie Moltke stand, deren Stellungen für die vier 15,5-cm-Geschütze noch gut sichtbar sind.

Schon von weitem erkennt man die Mauern des als *Grosnez Castle* bekannten mittelalterlichen Forts, das bereits im frühen 15. Jahrhundert die romantische Ruine war, die der

Besucher heute sieht. Über die Reste eines Grabens gelangt man durch ein Spitzbogen-Tor aus dem Befestigungskomplex an den Klippenrand. Ein kleiner Treppengang führt zu einem eingezäunten Leuchtfeuer hinunter, von wo sich ein guter Einblick in die Küstenformationen ergibt, deren rötliche Granitfelsen sich an vielen Stellen senkrecht aus dem Meer erheben.

Es ist unmöglich, jede der rund 300 *Höhlen* Jerseys, die sich fast alle im nördlichen Inselteil befinden, zu beschreiben, doch sollen einige hervorgehoben werden. So findet der Wanderer einen doppelten Tunnel unter Le Pinacle und unterhalb der Landzunge Rouge Nez. Eine der größten Höhlen der Insel, zwischen Rouge Nez und Grosnez Point gelegen, läßt sich jedoch nur von See her erforschen. Der Klippenweg von Grosnez Point, der nach Osten oberhalb der *Plémont Bay* (Grève au Lançon) zum nächsten Vorgebirge, Plémont Point, führt, passiert *La Cotte à la Chèvre* (Ziegenhöhle), etwa 20 Meter über dem Meeresspiegel gelegen. Die Höhle muß in der Altsteinzeit bewohnt gewesen sein, wie aus Werkzeugfunden hervorgeht, die denen von St. Brelade's Bay ähneln. Plémont Bay, die nördlichste sandige Bucht Jerseys, ist über einen langen und steilen Pfad zu erreichen, den hauptsächlich die Gäste des großen Feriendorfs im Süden des Plémont Point erklimmen.

Die Herrenhäuser von St. Ouen

Das Kirchspiel *St. Ouen,* das einen großen Teil des Nordwestens der Insel einnimmt, ist das flächenmäßig größte der zwölf parishes von Jersey. Der Name St. Ouen ist untrennbar mit dem Namen de Carteret und dem Herrensitz St. Ouen's Manor verbunden, den die Familie seit rund 850 Jahren bewohnt. Die de Carterets sind die führende Familie Jerseys, ihr Haus gilt als das angesehenste der Insel. Ihr Name stammt von der kleinen Hafenstadt an der

Wappen der Familie Malet de Carteret

43

Westküste des Cotentin. Laut Chronik des Maistre Wace sollen zwei Mitglieder der Familie, Onfroi und Maugier de Carteret, in der Schlacht bei Hastings auf der Seite des Eroberers gekämpft haben. Die Liste der öffentlichen Ämter, die Mitglieder der Familie innehatten, ist beeindruckend: In Jersey stellten die de Carterets neun Lieutenant Governors, 15 Bailiffs, neun Generalstaatsanwälte und fast 50 Richter. Noch heute steht einem Richter aus dieser Familie der erste Platz unter seinen Kollegen zu. Darüber hinaus war ein Mitglied der Familie Bailiff von Guernsey, ein Helier de Carteret erhielt 1565 von Königin Elizabeth I. die Insel Sark zu Lehen, und zwei de Carterets erhielten von König Charles II. zusammen mit einer dritten Person aus Jersey die Insel Alderney zugesprochen.

Der jeweilige Herr von St. Ouen war traditionell Befehlshaber eines Regiments der Militia, und er übernahm beim Tode eines Governors an dessen Stelle den Oberbefehl über die gesamten Truppen, die in Jersey stationiert waren. Durch Eheschließung kamen die de Carterets mit den meisten anderen führenden Familien Jerseys in Verbindung, so daß neben dem Lehen St. Ouen etliche der alten Lehen zu verschiedenen Zeiten in ihrem Besitz waren.

Vor diesem Hintergrund ist es nicht verwunderlich, daß sich Legenden von großen Heldentaten um diese Familie ranken, deren Mitglieder stets königstreu waren. Die bekannteste Überlieferung preist Philippe de Carteret zur Zeit der siebenjährigen Franzosenherrschaft in Jersey im 15. Jahrhundert. Philippe sollte von den Franzosen, die ihn im Verdacht hatten, eine Befreiungsbewegung zu organisieren, verhaftet werden, als er sich gerade zum Fischen am St. Ouen's Pond aufhielt. Er versuchte mit seinem Pferd zu entfliehen, als er in einen Hinterhalt geriet, dem er sich – so die Legende – nur durch einen Sprung über eine sieben Meter breite Schlucht entziehen konnte. Nach dieser Anstrengung brach sein Pferd tot unter ihm zusammen, und Philippe, der dieses Pferd sehr liebte, ließ es richtig begraben, damit es nicht dem Abdecker und den Hunden zum Opfer fallen konnte. Ein Bild des legendären »Black Horse« hängt in St. Ouen's Manor, und 1904 wurde auf dem Gelände des Hauses tatsächlich das Schulterblatt eines großen Pferdes gefunden, das nach Expertenmeinung einige 100 Jahre alt sein könnte, jedoch nicht mit Sicherheit als Philippes Pferd identifiziert werden konnte.

Wie die anderen Manor Houses in Jersey hat *St. Ouen's Manor* (Farbabb. 7; Abb. 12) schon in normannischer Zeit bestanden, doch auch hier ist nach vielfachem Umbau nichts mehr von dem ersten Haus festzustellen. Die ältesten Teile des heutigen Hauses gehen auf das Jahr 1483 zurück, weitere Änderungen folgten vor dem Bürgerkrieg, und nach der Restauration entstanden um 1676 die beiden Flügel und die riesige Küche, die später zu Wohnräumen umgebaut wurde. In der Halle des Mittelbaues (15. Jh.) befindet sich in der Wand, verborgen hinter der spätmittelalterlichen Täfelung, ein Spion (»ouie-chi«), durch den die Bewohner Ankömmlinge unbemerkt inspizieren konnten. Die letzten grundlegenden Änderungen nahm im 19. Jahrhundert Colonel Malet de Carteret vor, der Haus und Anwesen 1856 erbte. Er ließ die Turmhelme und die Vorhalle der Eingangstür mit ihrem neuromanischen Torbogen bauen und die Innenräume vollständig im viktorianischen Stil umgestalten. Aus dieser Zeit stammen nicht nur die großartige Halle und das meisterhaft konstruierte Treppenhaus mit Galerie, sondern auch die Möbel, von denen einige im Stil

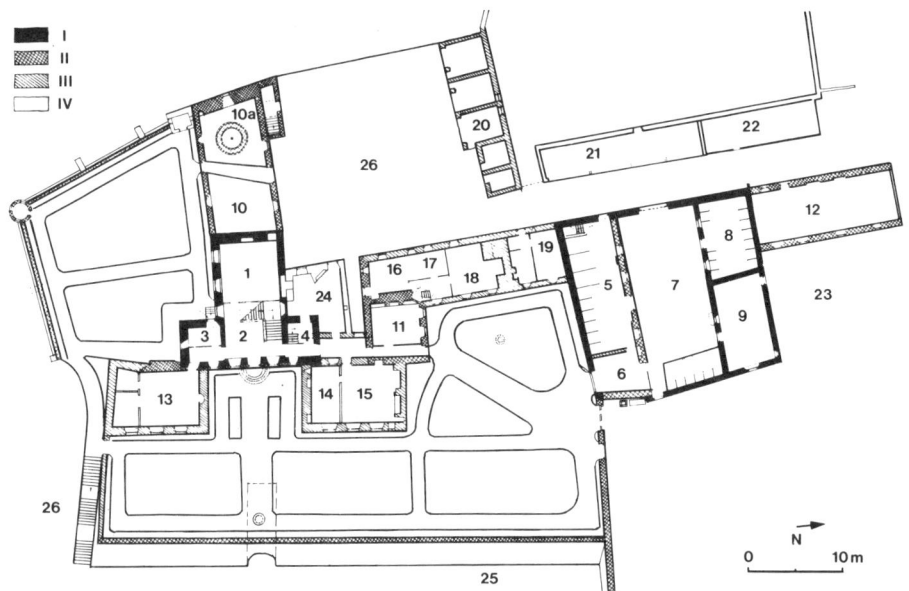

St. Ouen's Manor vor dem Umbau von 1898, Grundriß.

I mittelalterlich, mit späteren Umbauten – II frühes und mittleres 17. Jh. – III spätes 17. Jh. – IV 18. und 19. Jh.

I 1 Frühstückszimmer – 2 Halle – 3, 4 Turm – 5 Pferdestall und Kuhstall – 6 Wagenremise – 7 Hof – 8 Kuhstall – 9 Lagerraum, ehemals Kapelle

II 10, 10a Apfelwein-(Cider-)Presse – 11 Gesellschaftszimmer – 12 Karrenschuppen

III 13 Salon – 14 Wohnzimmer – 15 Speisezimmer – 16 Holzlagerraum – 17 Milchraum – 18 Backstube – 19 Cottage – 20 Schweineställe – 21 Schuppen – 22 Lagerraum – 23 Heuplatz – 24 Spülküche – 25, 26 Burggraben

früherer Jahrhunderte nachgearbeitet wurden. Unter den Porträts der Familienmitglieder ist besonders das Bild George de Carterets zu erwähnen, der unter Charles II. Gouverneur von New Jersey wurde.

Im Zweiten Weltkrieg war das Haus von deutschen Truppen belegt; in dieser Zeit fiel der Südflügel einem Feuer zum Opfer, wurde mittlerweile aber wieder restauriert. Der *Taubenturm* mußte im vergangenen Jahrhundert neu gebaut werden, da der ursprüngliche so vollständig verfallen und in Vergessenheit geraten war, daß man nicht einmal mehr seinen Standort feststellen konnte. Die *Kapelle St. Anne*, ein schlichter Bau aus Granit mit einem kleinen Glockenturm auf der westlichen Giebelseite, stammt dagegen aus dem Mittelalter und wird heute, nach verschiedenartiger Zweckentfremdung in vergangener Zeit (Scheune im 18. Jh., Metzgerei für die deutsche Garnison) wieder als Gotteshaus genutzt. Der Taufstein aus Granit, eine Schale auf einer Säule, zeigt zwei Hände, eines Mannes und einer

Frau, mit Ärmeln und Manschetten, die ein Herz halten (die Abflußöffnung). Auf dem Ärmel des Mannes ist das Wappen der Familie de Carteret abgebildet, auf dem Ärmel der Frau eine Blume mit acht Blütenblättern.

Ein Gedenkstein im Garten markiert die Stelle, an der am 17. März 1941 der 20jährige Franzose François Scornet standrechtlich erschossen wurde. Mit einer Gruppe junger Männer hatte er versucht, in einem Boot von Frankreich nach England zu fliehen; die Küste von Jersey hielten sie dabei für die Insel Wight, wo sie unter Absingen der Marseillaise an Land gingen, ohne ihren Irrtum zu bemerken. – Das große Grundstück, von dem das Herrenhaus umgeben ist, besteht im Westen aus einem Laubwald, durch den ein kleiner Fluß ein tiefes Tal gegraben hat. Dieses Tal stellt heute, etwa einen halben Kilometer westlich des herrschaftlichen Grundes, den nördlichen Arm der 1962 gebauten Talsperre, die die größte der Insel ist.

Das Lehen *Vinchelez* im nördlichen Teil des Kirchspiels St. Ouen, dessen Name von der kleinen Stadt Winchelsea im südenglischen Sussex abgeleitet ist, aus der der erste Lehnsmann stammte, stand zu verschiedenen Zeiten ebenfalls mit der Familie de Carteret in Verbindung. Zu seinen Besitzungen gehörte einige Jahrhunderte lang die Insel Brecqhou. Eine Trennung des Lehens in *Vinchelez de Bas* und *Vinchelez de Haut* wurde 1607 vollzogen, und beide Seigneurs regelten vertraglich die gemeinsame Nutzung des Friedhofs und der 1156 erbauten Kapelle St. George, die heute nicht mehr existiert und deren Altarstein sich jetzt in der St.-Anne-Kapelle von St. Ouen's Manor befindet. Die beiden Herrenhäuser – die heutigen Bauten stammen aus dem frühen 19. Jahrhundert – stehen sich an der Route de Vinchelez gegenüber, und Seigneur von Vinchelez de Bas ist heute ein Mitglied der Familie Malet de Carteret. Der Schlußstein des Torbogens an der Straße trägt Wappen und Initialen von Amice de Carteret (ADC) und die Jahreszahl 1730. Denkmäler für vergangene Generationen der Familie de Carteret befinden sich unter anderem auch in der *Pfarrkirche von St. Ouen* an der Straße Ville de l'Eglise, unweit von St. Ouen's Manor.

Occupation und Fantastic Gardens: die Kirchspiele St. Peter und St. Lawrence

Wenn man der Touristikwerbung folgt, könnte man leicht auf den Gedanken kommen, die beiden Kirchspiele wären nur wegen der erwähnten Schlagworte einen Besuch wert, wenn es auch richtig ist, daß sich hier Relikte aus der Zeit der deutschen Besetzung Jerseys konzentrieren wie in kaum einer anderen parish der Insel.

Die Grande Route de St. Ouen bringt uns in südlicher Richtung in das Dörfchen *St. Peter*, das der allgegenwärtigen Akustik des Flughafens ausgesetzt ist, von dessen östlichem Rollbahnende es nur einen halben Kilometer entfernt liegt. Dieser Errungenschaft moderner Technik mußte auch die Kirche Tribut zollen in der Form, daß auf dem Kirchturm, mit 36 Metern der höchste auf der Insel, ein rotes Positionslicht installiert wurde.

Die *Kirche* ging aus einer vor 1066 bestehenden Kapelle hervor, deren über einen Meter dicke Wände aus rohen, vom Strand aufgelesenen Steinbrocken den heutigen Chorraum bilden. Anbauten, Veränderungen und Restaurationsarbeiten wurden bis in die zweite Hälfte des 19. Jahrhunderts durchgeführt, so daß die Kirche eine kuriose Mischung verschiedener Stilarten aufweist. Älteste Teile neben dem Chor sind die beiden Lanzetten-fenster in der Westwand, die dem späten 12. Jahrhundert zugeschrieben wird. 1886 wurde die Kirche um ein nördliches Seitenschiff erweitert, das dringend benötigten Raum schaffen sollte, da sie damals auch Garnisonskirche für die in St. Peter stationierten Soldaten war. Aus vorreformatorischer Zeit ist einzig die Piscina neben dem Altar und eine weitere im Osten des südlichen Seitenschiffes, wo einmal der Altar gestanden haben muß, erhalten. Das Altarretabel aus Terrakotta stellten um 1887 die Royal Doulton Potteries in England her. Es zeigt das Letzte Abendmahl und ist mit drei Versen aus der Passionsgeschichte des Matthäus-Evangeliums unterlegt. Neben etlichen Gedenktafeln für die Familien de Carteret und Dumaresq verdient das Denkmal für Clement Le Montais aus dem 17. Jahrhundert besondere Beachtung, dessen Inschrift darauf hinweist, daß hier ein reicher Kaufmann begraben liegt. Verschiedene alte Grabsteine sind in das Außenmauerwerk der Kirche eingebaut.

Ein privat geführtes *Kriegsmuseum* in der Nähe der Kirche in einem deutschen Bunker zeigt eine große Dokumentensammlung aus den Jahren 1940 bis 1945 sowie die üblichen Waffen und Ausrüstungsgegenstände. Das von reichem Laubwald gesäumte St. Peter's

Verschiedene Torbogenformen der Jersey-Häuser. Nach einer Zeichnung von Philip Stevens, in: Joan Stevens, Old Jersey Houses, Bd. 1, Jersey 1965

Valley wurde im Krieg von mehreren großen Tunneln durchzogen, die als Munitionslager dienten; hinzu kam ein Kraftwerk sowie eine Pumpstation, die heute noch an das Wasserversorgungsnetz der Insel angeschlossen ist. Auf dem Weg zum Hauptquartier des Festungskommandanten auf dem Gelände der heutigen Erdbeerfarm *L'Aleval* liegt an der Abzweigung Mont Fallu die *Wassermühle von Quetivel* (Abb. 16), die in den 70er Jahren vom National Trust vorbildlich restauriert und als Museum zugänglich gemacht wurde. Der Besucher der Erdbeerfarm kann sich heute kaum noch ein Bild von den enormen Ausmaßen der Befestigungsanlagen im Krieg machen. Außer dem unterirdischen Bunker des Kommandanten gab es mehrere Hochbunker für verschiedene Zwecke sowie einen kleinen Stausee, der ebenfalls in einem Bunker untergebracht war. Die meisten dieser Anlagen waren nach außen als Wohnhäuser getarnt, da eine Massierung, wie sie in L'Aleval anzutreffen ist, der britischen Luftaufklärung sonst sofort aufgefallen wäre.

Einige 100 Meter weiter bietet das ehemalige *Farmhaus Greenhill* (Abb. 15) am Mont l'Ecole (heute Hotel) einen erfreulicheren Anblick. Es ist das besterhaltene Beispiel eines Bauernhauses aus dem 17. Jahrhundert, wie es in Jersey noch recht häufig anzutreffen ist. Das Besondere an Greenhill ist seine fast unverändert erhaltene rötliche Granitfassade. Ein typischer Jersey-Bogen (datiert: 1674; s. S. 47) überspannt die Eingangstür des zweistöckigen Hauses. Die neun Fensteröffnungen werden von sechs abgekanteten Steinquadern gebildet, deren Sturz einen kaum merklichen, sehr flachen Spitzbogen aufweist. An den drei Schornsteinen sieht man deutlich ausgebildete Tropfkanten, die in der Zeit, als alle Häuser Strohdächer hatten, angebaut wurden, damit das Regenwasser nicht an der Nahtstelle zwischen Stroh und Schornstein ins Haus eindringen konnte. (Der Volksmund nannte diese Tropfkanten »Hexensitze«, auf denen sich die Hexen niederlassen sollten, anstatt durch den Schornstein ins Haus zu kommen.) Das als einzige Neuerung hinzugefügte Ziegeldach kann den Gesamteindruck von diesem charakteristischen Jersey-Farmhaus nicht schmälern.

Im Norden des Kirchspiels St. Peter, am oberen Ende des St. Peter's Valley und nicht weit von der Kreuzung Carrefour à Cendre, laden die *Fantastic Gardens* während der Sommermonate als große Touristenattraktion zum Besuch ein. Auf einem Gelände von mehreren 1000 Quadratmetern entstand hier eine interessante Kombination aus subtropischer Vegetation, Wasser und (vorwiegend) ostasiatischen Kulturen entlehnten Bauelementen und Dekorationen. In kleinen, schilfgesäumten Teichen stehen thailändische Springbrunnen zwischen Agaventöpfen, während Palmen, Nadelhölzer, unterschiedlich hohes Buschwerk und exotische Blumen sowie Tempel und Torbögen einen verwirrenden Hintergrund dazu abgeben. Hölzerne Stege mit Sitzbänken und Galerien gewähren nahen Zugang, und das ganz große Erlebnis bieten diese Gardens – laut Prospekt – bei Dunkelheit, wenn große Scheinwerfer die ganze Pracht erleuchten, die 1986 um sechs Minigärten aus Spanien, Mexiko, China, Japan, Indien und Marokko erweitert wurden. Publikumswirksam wird ein Paß ausgegeben, der bei jedem »Grenzübertritt« gestempelt wird...

1 »The Hermitage«, Felsenkapelle bei Elizabeth Castle vor ST. HELIER. 12. Jh. ▷

2 ST. HELIER Halle des New Market am Halkett Place. 1882

3 Elizabeth Castle, Festung vor ST. HELIER. 1550–1601

4 ST. HELIER Der Royal Court, Gerichtsgebäude
am Royal Square. 1866

5 ST. HELIER Goldfarbene Statue des George II.
auf dem Royal Square, von John Cheere. 1751

6 John Singleton Copley, Der Tod des Majors Peirson, 6. Januar 1781. 1783. Öl auf Leinwand. The Tate
Gallery, London

7 ST. HELIER   Blumenübersäter Wagen bei der »Battle of Flowers«
8 ST. BRELADE'S BAY   Badestrand, im Hintergrund die Pfarrkirche

9   Der Hafen von ST. HELIER

10   Küstenlandschaft um den Leuchtturm bei La Corbière ▷

11 ST. BRELADE Pfarrkirche (Südseite). 12.–16. Jh
12 St. Ouen's Manor (Südseite), seit rund 850 Jahren Sitz der Familie de Carteret. 1483 Baubeginn des heutigen Herrenhauses

13   ST. BRELADE   Fresken in der Fisherman's Chapel. 14./15. Jh.

14   MILLBROOK   Gläserne Einrichtung der Kirche St. Matthew's (»Glass Church«), von René Lalique. 1935

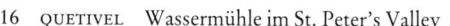

15 GREENHILL   Farmhaus (17. Jh.) mit fast unverändert erhaltener Granitfassade

16 QUETIVEL   Wassermühle im St. Peter's Valley

17 ST. LAWRENCE Pfarrkirche (Westseite). 13.–16. Jh.
18 ST. JOHN Grabsteine in der westlichen Kirchhofsmauer

19 ST. MARY Pfarrkirche (Ostseite). 14.–17. Jh.

20 BOULEY BAY

21 ST. CATHERINE'S BAY mit dem Martelloturm von Archirondel. 1793/94

22 GOREY Mont Orgueil Castle. Begonnen 1206

23 GOREY Mont Orgueil Castle, Königin-Elisa-
beth-Tor

24 Der Dolmen von FALDOUET, megalithisches
Ganggrab

25 ST. SAVIOUR Grabmal der Schauspielerin Lillie Langtry auf dem Kirchhof

26 ST. CLEMENT Fresko in der Pfarrkirche: St. Michael bekämpft den Drachen. 15. Jh.

27 ST. CLEMENT Taufstein in der Pfarrkirche. 14./15. Jh.

28 Der Taubenturm von Samarès Manor, ältester in Jersey

29 ST. LAWRENCE Die Cider-Presse der Morel Farm (1666)

30 Der Dolmen von LA HOUGUE BIE, megalithische Grabkammer. Um 2600 v. Chr.

Das Kirchspiel *St. Lawrence* grenzt östlich an St. Peter und liegt im Zentrum der Insel. In seiner südlichen Hälfte wird es durch zwei der vielen Bäche und kleineren Flüsse begrenzt, die ihm in vergangenen Jahrhunderten einigen Wohlstand bescherten, weil sich die Flußtäler gut zum Betrieb von Wassermühlen eigneten. Als die Dampfmühlen diese überflüssig machten, wurden Talsperren in den Tälern angelegt, um die Wasserversorgung für die wachsende Inselbevölkerung sicherzustellen. So erhielt allein das heute als Waterworks Valley bekannte Tal drei Stauseen: *Millbrook* (1892; der Name erinnert noch an den alten Mühlbach), *Dannemarche* (1908) und *Handois* (1929).

Die wirkliche Attraktion von St. Lawrence sind seine vielen Farmhäuser und die für eine Gemeinde seiner Größe erstaunliche Anzahl von Herrenhäusern. Die bekannteste dieser Farmen, die mittlerweile dem National Trust gehört, der sie restauriert und der Öffentlichkeit zugänglich gemacht hat, ist *Morel Farm,* im Norden des Kirchspiels an der Rue de la Fontaine St. Martin gelegen, die nach einer im Mittelalter als heilkräftig geltenden Quelle benannt ist. 1666 entstand das Gebäude auf dem Anwesen der Familie Morel. Außer den üblichen Einrichtungsgegenständen eines Farmhauses ist das in einem Seitenflügel untergebrachte »Press House« zu besichtigen, in dem die Cider-Presse (Abb. 29) steht, die bis ins vergangene Jahrhundert auf fast keiner Farm fehlte.

Eines der Herrenhäuser ist *Le Colombier,* das 1776 von der Familie Payn neben seinem im 14. Jahrhundert begonnenen Vorläufer gebaut wurde. Die Payns gehörten zu den Familien, die neben den de Carterets die meisten Richter des Royal Court stellten. Der Name des neueren Hauses erklärt sich aus dem Taubenturm (colombier) von 1669, der zum Lehen Payn gehörte. *Avranches Manor* wurde 1818 im Regency-Stil umgebaut, und *Les Saints Germains* geht auf 1694 zurück als Besitz der Eltern des Konteradmirals Sir Charles Le Hardy. Ein Altenteil wurde um 1850 angebaut, als die Farmgebäude errichtet wurden.

Die *Pfarrkirche St. Lawrence* (Abb. 17) an der Hauptstraße wird bereits 1198 urkundlich erwähnt, und ihr ältester Teil, der Turm, ist normannisches Werk. Bei größeren Umbauten im 16. Jahrhundert wurde 1524 die *Hamptonne Chapel* (die nach einem Pfarrer benannte heutige Marienkapelle) gebaut, die wegen ihres reichen spätgotischen Interieurs als schönstes Beispiel der Kirchenbaukunst Jerseys gilt. Die Köpfe zweier Frauen und eines Mannes in der nordwestlichen bzw. nordöstlichen und südöstlichen Ecke werden als Bilder Heinrichs VIII., seiner ersten Frau, Katharina von Aragon, und ihrer Tochter Mary (der später als »Bloody Mary« bekanntgewordenen Königin Mary I. oder Maria der Katholischen) gedeutet, da der Schlußstein des Gewölbes als Tudor-Rose ausgearbeitet und mit der Datumsinschrift 1524 genau die Regierungszeit Heinrichs getroffen ist. Ein weiteres Porträt, eine Groteske im nördlichen Querschiff, ist nicht mit Identifikationsproblemen belastet; vielmehr erinnert es fröhlich an die Zeit, als der Humor noch größeren Anteil an der Religionsausübung hatte.

◁ 31 LA HOUGUE BIE Doppelkapelle Notre Dame de la Clarté (12. Jh.) und Jerusalem Chapel (um 1520) auf dem Dolmen

Ein ungewöhnliches Monument ist die 1,50 m hohe Säule mit einer fragmentarischen lateinischen Inschrift. Sie könnte aus einer römischen Villa stammen, da sie aus Granit besteht, der nicht von den Kanalinseln kommt. Der Inschrift nach zu urteilen, ist sie später als Grabmal, möglicherweise für einen keltischen Mönch, verwendet worden. Eines der Buntglas-Votivfenster aus dem 19. Jahrhundert stellt Christus auf dem See Genezareth dar, ein Motiv, das auf den Kanalinseln häufig vorkommt. Auch hier sind Grabsteine in das Mauerwerk des Gebäudes eingearbeitet. Ein Grabmal aus Granit für Lawrence und Edward Hamptonne von 1664 trägt unter der Sentenz »Alles ist Staub« in griechischer Schrift eine lateinische Inschrift, die nach der Anrede (»He, Passant, ich will mit dir reden«) die edle Natur der leider Verblichenen in recht farbiger Sprache verherrlicht, die so gar nicht im Einklang mit der edlen Herkunft der Toten steht.

»Was das Tal der Könige für den Ägyptologen ist, das bedeutet St. Peter's Valley für den Erforscher der Geschichte des Zweiten Weltkrieges. Die Tunnel haben eine magnetische Anziehungskraft wegen der angeblichen Schätze, die in ihren arischen Gräbern liegen, und sie bereiten den Behörden dauernd Kopfschmerzen wegen der Aufgabe, Eindringlinge fernzuhalten und tödliche Unfälle in ihren stygischen Tiefen zu vermeiden.« Mit dieser Bildunterschrift leitet eine 1981 erschienene englische Publikation zur Geschichte der deutschen occupation ein Kapitel ein, das sich mit den *Tunnelsystemen* befaßt, die in Jersey, Guernsey und Alderney angelegt wurden und meist als Munitionsdepots dienten. Nach dem Krieg wurden einige dieser Tunnel zunächst mit deutschem Material gefüllt und danach zugemauert. Daraus erklärt sich die Legende von den »Schätzen der Nazis«, die in diesen Tunneln verborgen worden seien. Private Schatzsucher drangen immer wieder in die Tunnel ein, und es kam zu einigen Todesfällen durch Ersticken. Mittlerweile sind alle Hohlganganlagen amtlicherseits erforscht, und in vielen Fällen hätte nicht einmal der Schrottwert der angeblichen Schätze die »Expeditionskosten« eingebracht.

Eine Tunnelanlage wird heute als Champignonfarm genutzt, zwei weitere, je eine in Jersey und Guernsey, die als Krankenhäuser eingerichtet waren, sind seit den 50er Jahren als *German Underground Hospitals* zur Besichtigung freigegeben. Die meisten sind allerdings zugemauert worden. Eines dieser Hospitäler ist die Hohlganganlage 8 mit fast quadratischem Grundriß, die jedoch, anders als ihr weit größeres Gegenstück in Guernsey, nicht vollendet wurde. Die rund 100 Meter langen Stollen sind durch Quergänge miteinander verbunden, in denen die Abteilungen des Krankenhauses untergebracht werden sollten. In zweieinhalbjähriger Bauzeit wurden etwa 14 000 Tonnen Fels ans Tageslicht gebracht. Die States of Jersey haben die zugänglichen Stollen zum Museum bestimmt.

Man muß kein Historiker oder Germanist sein, um festzustellen, daß dieses Museum mit Sicherheit nicht auf den deutschen Besucher zugeschnitten ist und darüber hinaus (trotz einer 1985 zum 40. Jahrestag der Liberation erfolgten, fast £ 500 000 teuren, nahezu vollständigen Umgestaltung) mehr emotionsgeladene als historisch haltbare Information bietet. So empfängt den Besucher im Inneren des Berges ein geisterhaft beleuchteter, unvollendeter Stollen, aus dem Tonbandgeräusche von Spitzhacke und Hammer dringen, und davor verkündet ein theatralischer Text, unter diesen Zuständen hätten russische Sklaven zweieinhalb Jahre bis zum Tod durch Erschöpfung an diesem Krankenhaus gearbeitet, das ihnen sogar zum Grab geworden sei. Der Besucherstrom drängt uns vorbei an einem Krankenzimmer mit Hakenkreuzflagge und zum bedauernswerten ›Patienten‹ zurechtgemachter Puppe in verschiedene Stollen, die teils Ausstellungen, teils Fliegeralarm vom Endlosband bieten. Den Aufenthaltsraum für Offiziere machen Stahlrohrstühle der 70er Jahre wohnlich, und gegenüber einer Bildserie aus Auschwitz sind die Toten, die auf dem Fremdenfriedhof begraben liegen, mit Namen und Nationalflagge aufgeführt. Die deutschen Toten werden hier mit Schwarzweißrot gekennzeichnet, da man ihnen als Systemgegner, wie ein Mitarbeiter des Museum mitteilt, die Hakenkreuzfahne nicht zumuten könne. Eine dreiteilige Videoshow, aus Landschaftsaufnahmen und Originalclips auf Authentizität getrimmt (›Sachkundiger‹ Kommentator ist Jack Higgins, Autor des Thrillers »Der Adler ist gelandet«), läßt Occupation und Liberation Revue passieren, und den Gipfel des Nervenkitzels bietet in einem weiteren unvollendeten Stollen ein mit Ton- und Lichteffekten simulierter Strebbruch. Angesichts dieser Präsentation ist es schon erstaunlich, daß der unvermeidliche Souvenirladen außer Patronen als Schlüsselanhänger die von den States of Jersey und den States of Guernsey in Auftrag gegebene ausgezeichnete Geschichte der »German Occupation of the Channel Islands« von Charles Cruickshank vorrätig hat...

Die Nordküste von Grève de Lecq bis Bouley Bay

Dieser nördliche Teil Jerseys umfaßt die Kirchspiele St. Mary, St. John und Trinity auf dem höchsten Teil des Inselplateaus. Da in dieser Gegend steil abfallende Felsen fast durchgängig das Bild der Küstenlinie bestimmen, die nur an wenigen Stellen einen direkten Zugang zum Meer erlauben, ist die verkehrsmäßige Erschließung nicht so weit fortgeschritten wie in den anderen Kirchspielen der Insel, vornehmlich im Süden. Darüber hinaus ist dieser Teil der Insel, der fast ausschließlich landwirtschaftlich geprägt ist, am dünnsten besiedelt. Eine Hauptstraße verbindet die Dörfer St. Mary, St. John und Trinity, und von ihr zweigen einige kleinere Nebenstraßen zu den wenigen Buchten ab, die die Steilküste unterbrechen. Wenige Straßen, wie die Route du Nord, folgen der Küstenlinie für einige 100 Meter, und in vielen Fällen muß der Besucher, der sich an der Nordküste näher umsehen will, auf Stichstraßen ausweichen, wenn er nicht gleich zu Fuß über die Klippenwege gehen will, die seit Anfang 1984 die gesamte Nordküste säumen.

Grève de Lecq ist eine sandige kleine Bucht am Ende eines Laubwaldtales, durch das ein Bach fließt, der die *Moulin de Lecq* trieb, eine Mühle mit einem sieben Meter hohen Mühlrad, die heute als Gasthaus und Bar genutzt wird. Es gilt als sicher, daß die Mühle wesentlich älter ist als ihre Ersterwähnung auf einer Karte des Jahres 1783. Der 60 Meter hohe Erdhügel *Castel de Lecq* am östlichen Ende der Bucht wird für ein eisenzeitliches Fort gehalten, da er deutliche Spuren von Verteidigungsgräben aufweist, die in dieser Zeit üblich waren. Ausgrabungen sind jedoch noch nicht durchgeführt worden, so daß die genaue Bedeutung der Anlage unbestimmt ist.

Ein Klippenweg folgt der stark zerklüfteten Steilküste, die in diesem Abschnitt einige der schönsten Aussichtspunkte Jerseys hat, z. B. den *Col de la Rocque*. Viele der oft nur von See her zugänglichen Höhlen der Insel befinden sich in diesem Teil der Küste. So ist die Ile Agois, eine Felsinsel östlich der Crabbé Bay, von einem Tunnel durchzogen, und die spektakulärste Höhle, das *Devil's Hole* (Teufelsloch), das auf manchen Karten auch als Creux de la Touraille bzw. Creux de Vis bezeichnet wird, schließt sich an die östlich des Col de la Rocque gelegene Les Reuses Bay an. Ein asphaltierter Weg führt hinter einem Drehkreuz, wo man in den 60er Jahren noch Eintrittsgeld zahlen mußte, an einem moorigen Tümpel vorbei, in dem wie zur Einstimmung auf den Höllenschlund, der den Besucher erwartet, eine Statue steht – eine gelungene Kreuzung aus dem Leibhaftigen und einem antiken Meergott.

Nach einem abwärts führenden Gang um das Ende einer Landzunge herum stehen wir vor einem etwa 30 Meter tiefen Loch, das zur See hin offen ist und früher über 123 eiserne Stufen zu begehen war. Felsstürze und Korrosion haben diesen Abgang aber so unsicher gemacht, daß er für immer geschlossen wurde. Bei Flut und entsprechend starkem Nordwind preßt der Sturm das Wasser bis zum Betrachter hinauf und bietet ein sehr dramatisches Schauspiel. Bei »richtig« stehender Nachmittagssonne kann man hingegen in der Felswand gegenüber der Aussichtsplattform mit einiger Phantasie ein martialisches Gesicht erkennen. Der Ausblick von den Klippen reicht im Westen bis zum Plémont Point, und im Norden sind an einem klaren Tag die Inseln Sark und Guernsey zu sehen. Östlich des Teufelslochs setzt sich der Klippenweg fort und kommt im Mourier Valley aus, dessen kleiner Fluß – Grenze zwischen St. Mary und St. John – früher drei königliche Mühlen antrieb. Heute befindet sich kurz vor dem Absturz über die Klippe, wo der Fluß in einem ca. zehn Meter hohen Wasserfall endet, ein Staubecken, aus dem das Wasser in die Handois-Talsperre gepumpt wird.

Das Kirchspiel *St. Mary* besaß vor der Erfindung der Dampfkraft viele Wassermühlen, von denen *Gigoulande Mill*, im südlichsten Teil der parish, nicht weit von den Fantastic Gardens, eine Besonderheit darstellte, da sie mit zwei Mühlrädern übereinander ausgestattet war, die das Wasser des kleinen Baches optimal ausnutzten. Diese Mühle liegt heute in Ruinen. Sie gehörte vor mehreren 100 Jahren zu dem Anwesen, das heute *The Elms* heißt und das wohl typischste Farmhaus von St. Mary hat, obwohl das Haupthaus, zu dessen Bau Material aus einer mittelalterlichen Kapelle verwendet wurde, erst aus der Mitte des 18. Jahrhunderts stammt.

Der Name der *Pfarrkirche* an der Grande Route de Ste. Marie, *St. Mary of the Burnt Monastery* (Abb. 19), deutet auf die frühere Existenz eines Klosters, möglicherweise eines Ablegers der Abtei des St. Magloire von Sark, hin. Die Kirche war bereits 1042 bekannt, und die Liste der Pfarrer geht bis 1298 zurück, obwohl schon 1185 ein Pfarrer urkundlich erwähnt ist. Ein Teil des Gebäudes, vornehmlich die Fenster der Marienkapelle, ist normannischen Ursprungs, doch der größte Teil stammt aus den Umbauten der folgenden Jahrhunderte, das südliche Seitenschiff von 1840.

Die Kirchenglocken waren in den vergangenen beiden Jahrhunderten immer wieder Anlaß zum Streit wegen einer Sitte, die vermutlich während der französischen Herrschaft von 1461 bis 1468 eingeführt wurde: Am Weihnachtstag läuteten sie 24 Stunden lang. Da diese Beschäftigung anstrengend war, stärkten sich die jungen Männer der Gemeinde ausgiebig mit Cider, so daß die Sitte mehr und mehr zu einem Trinkgelage verkam. Einige Pfarrer versuchten deshalb, dieser Unsitte ein Ende zu setzen, da das Glockenläuten überdies den Gottesdienst unmöglich machte, doch alle Kunstgriffe, wie ausgewechselte Türschlösser oder gekappte Glockenstricke und entfernte Klöppel, verfingen nicht. Heute ist in dieser Angelegenheit längst Ruhe eingekehrt. Die Glocken werden zwar immer noch, wenn auch nur intervallweise, geläutet, und der Gottesdienst kann stattfinden; doch in den parishes St. Ouen, St. Mary und St. John, in denen das Weihnachtsläuten noch zur Tradition gehört, haben alle Gemeindemitglieder zu diesem Anlaß ungehinderten Zutritt zum Glockenturm. In St. Peter's Church startet der Pfarrer persönlich nach dem Weihnachtsgottesdienst die nächste Läuterunde, um zu demonstrieren, daß die Geistlichkeit nichts gegen die alte Sitte einzuwenden hat.

Die *Route du Nord*, die mit Sorel Point und Ronez Point die nördlichsten Punkte Jerseys und zugleich einen Teil der schönsten Klippenszenerie erschließt, wurde nach dem deutschen Einmarsch von den States of Jersey als Arbeitsbeschaffungsmaßnahme begonnen, da nach 1940, vor allem auf Grund des unterbrochenen Schiffsverkehrs nach England, einige 1000 Menschen arbeitslos waren. Die Arbeit konnte erst nach dem Krieg fertiggestellt werden, da der Abschnitt zwischen Les Mouriers und Sorel zum militärischen Sperrgebiet erklärt worden war. Heute erinnert ein Gedenkstein am Ende der Straße an die Zeit des Zweiten Weltkriegs. Eine deutliche Beeinträchtigung der Landschaft ist der große Steinbruch zwischen den beiden Landzungen, in dem der rötliche Granit gefördert wird, den man an zahlreichen Häusern der Insel wiederfindet.

Wo die Route du Nord in die Hauptstraße einmündet, liegt, an der Nordseite umgeben von einem Ladenzentrum, die *Pfarrkirche*, deren Name *St. John in-the-Oak-Wood* auf einen längst verschwundenen Eichenwald hindeutet. Ihre architektonische Besonderheit ist der 1849 errichtete Bogen am östlichen Ende des Kirchenschiffes, der doppelt so groß ist wie die übrigen Bögen; ein zuvor entfernter Pfeiler hatte den Blick auf die Kanzel von 1791 verstellt. An der westlichen Eingangstür sind die namentlich bekannten Geistlichen der Kirche (seit 1294) auf einer modernen Schieferplatte festgehalten, und eine Glasvitrine auf der südlichen Seite, rechts von der Tür, birgt Altargeräte sowie einige alte Zinngeräte. Gegenüber der Südtür steht auf einer Granitstele eine der drei Sammelbüchsen der Gemeinde, datiert 1677 und mit den Initialen und dem Wappen Abrahams de Carteret versehen, der zu dieser Zeit Lord of the Manor von St. John war. Die westliche Mauer des Kirchhofs ist aus vielen kleinen Grabsteinen zusammengesetzt und somit in ihrer Art einmalig in Jersey (Abb. 18).

Einige hundert Meter südlich der Kirche liegt der Macpela-Friedhof, der daran erinnert, daß nicht alle Emigrantenschicksale des 19. Jahrhunderts so gut ausgingen wie das Victor Hugos: Hier liegt der Burschenschafter Paul Harro-Harring begraben, der bereits 1832 auf dem Hambacher Fest als gesuchter Revolutionär verhaftet werden sollte. Er ging nach

Frankreich, in die Schweiz, und nach einem ruhelosen Wanderleben kam er nach Jersey, wo er sich 1870 das Leben nahm.

Die Umgebung des *Mont Mado* ist durch den Steinbruch gekennzeichnet, dessen rötlich schimmernder Granit seit Jahrhunderten begehrt ist. So legten beispielsweise die States of Jersey immer Wert darauf, daß von ihnen in Auftrag gegebene Gebäude aus Mont-Mado-Granit errichtet wurden. Aus dem Mont ist in der Zwischenzeit verständlicherweise ein tiefer Einschnitt geworden. Von hier führt eine kleine Straße zur Küste und gabelt sich in die Abzweigung zum kleinen *Fischerhafen* in der Bonne Nuit Bay sowie, in der Nähe des Sendemastes der Fernsehgesellschaft »Channel TV«, zu den mittlerweile gut ausgeschilderten *Wolf Caves*, die früher nur nach intensivem Kartenstudium zu finden waren. An der Bar des Restaurants oberhalb des Pfades kann man sich über den Wasserstand informieren lassen – so bietet es ein Schild an der Hausmauer an –, denn bei Flut stehen die Höhlen unter Wasser. Ein weiterer Hinweis warnt den potentiellen Höhlenforscher vor dem 100 Meter tiefen, nahezu senkrechten Abstieg: »Not for the faint-hearted« (Nicht für die Kleinmütigen).

Der Pfad ist sehr schwierig zu begehen, zudem sind Teile von Rinnsalen überschwemmt und aufgeweicht, und viele Stufen sind nur mit Riesenschritten zu schaffen. Am Ende wartet dann noch eine Kletterpartie über die von oben gar nicht so groß erscheinenden, mannshohen Felsbrocken, die im Laufe der Zeit aus der Felswand heruntergefallen sind. Da sie bei Hochwasser ebenfalls überflutet sind, hat sich eine feine Algenschicht auf vielen Brocken festgesetzt, die das Überqueren noch einmal so recht erschwert. Die zwei Höhlen befinden sich auf beiden Seiten der Schlucht. Die rechte ist etwa 20 Meter lang und steigt nach innen an, so daß sich bei entsprechendem Wasserstand ein Überdruck bildet, der das einströmende Wasser mit Gewalt nach außen preßt, unter ohrenbetäubendem Lärm und mit großen Fontänen. Die andere Höhle liegt gegenüber und ist nur durch einen mehrere Meter hohen Schlitz in der Felswand zu erkennen, hinter dem im Stockdunkeln ein wahres Labyrinth beginnt, das an einer – unsichtbaren – Seite zum Meer hin offen ist. Diese Öffnung ist jedoch nur von See her mit einem Boot zu erreichen.

Der höchste Punkt Jerseys (130 m), *Les Platons,* liegt im südlichen Teil einer kleinen Halbinsel, die im Belle Hougue Point endet. Die Straße reicht bis zum Plateau der Halbinsel und endet in der Nähe der früheren Ansiedlung »Egypt«. Felder, Weiden und sporadischer Baumbewuchs prägen diesen kaum besuchten Küstenabschnitt, der während der deutschen Besatzung als Übungsgelände und Schießplatz diente. Ein kleiner Zickzackpfad an der Ostseite führt hinunter in die von großen Steinen bedeckte *Petit Port Bay,* in der am Weihnachtstag 1943 das einzige britische Kommandounternehmen (»Hardtack 28«) gegen die größte Kanalinsel stattfand. Eine zehnköpfige Gruppe konnte sich durch die deutschen Minenfelder bis zu einem Bauernhaus durchschlagen, wo sie von den Bewohnern umfangreiche Informationen über die deutschen Befestigungsanlagen sowie über die Stimmung der Bevölkerung unter der deutschen Herrschaft erhielt.

Hier befinden wir uns bereits im Kirchspiel *Trinity*, dem drittgrößten von Jersey. Das kleine Dorf liegt an der Hauptstraße am oberen Ausgang der *Bouley Bay* (Abb. 20), zu der eine Serpentinenstraße von fast zwei Kilometer Länge hinabführt. Diese Strecke ist eine der schönsten in Jersey, da sie vom Waldgebiet des *Jardin d'Olivet* umrahmt wird, von dem einige Klippenwege zur Ostküste abzweigen. Einmal im Jahr ist sie Schauplatz des Autorennens »Bouley Bay Hill Climb«, und dann bestimmen Strohballen in den Haarnadelkurven und Absperrungen das Bild dieser Straße.

Die *Kirche* von Trinity, hervorgegangen aus einer Chapelle de la Sainte Trinité, besitzt ein großartiges Grabdenkmal für Sir Edouard de Carteret, dessen Familie lange Zeit das Lehen Trinity innehatte. Das Grabmal wird Sir Henry Cheere zugeschrieben und gilt als das prächtigste des 17. Jahrhunderts in Jersey. Es zeigt die Wappen der Familie de Carteret und der Familie von Edouards Frau. Der Überlieferung nach wurde de Carteret zufällig hier begraben. Da er in St. Ouen's Manor bei einem Verwandtenbesuch gestorben war, sollte er zunächst in der dortigen Kirche beigesetzt werden, doch auf dem Weg zum Begräbnis scheuten die Pferde, die den Wagen mit dem Sarg zogen, nach einem Donnerschlag und stürmten in ihr Heimatdorf zurück. Die Trauergemeinde folgte der wilden Jagd, und man sah diese Entwicklung als Willen des Verstorbenen an, der dann in einem eilends ausgehobenen Grab neben seiner eigenen Kirchenbank beerdigt wurde.

Gegenüber der Kirche führt eine Straße zur *States Experimental Farm*, deren Gelände von T.B.F. Davis den States of Jersey gestiftet wurde, zum Andenken an seinen im Ersten Weltkrieg gefallenen Sohn Howard, nach dem auch der Gedenkpark in St. Helier benannt ist. *Trinity Manor*, das nach dem Umbau von 1910 an ein französisches Château erinnert, ist seit Jahrhunderten Sitz der Inhaber des Lehens Trinity. Aus der Geschichte des Hauses wird berichtet, daß einer der Seigneurs bei einem Empfang auf dem französischen Festland als letzter Besucher den Saal betrat, um gebührend aufzufallen. Vom Butler nach seinem Namen gefragt, antwortete er: »Le Seigneur de la Trinité«. Der Butler versicherte sich nochmals, richtig gehört zu haben, und kündigte an, der nächste Gast sei »Le Bon Dieu« (der liebe Gott).

Auf dem Gelände von *Augrès Manor* befindet sich der *Zoologische Garten* für bedrohte Tierarten, gegründet von dem in Großbritannien populären Tierschriftsteller Gerald Durrell. Von hier erreichen wir durch ein langes bewaldetes Tal, an dessen unterem Ende eine von den Deutschen gebaute Talsperre liegt, die Ostküste und den kleinen Fischerhafen *Rozel*, der hauptsächlich von Hummerfischern angelaufen wird. Bei Ebbe ist das Hafenbekken der *Rozel Bay* fast völlig trocken und wird zum beliebten Strand, der nach drei Seiten vor dem Wind geschützt ist.

Die Ostküste von St. Martin bis St. Clement

Die Küstenstraße von Rozel nach Osten und später Süden macht einen Abstecher an das Vorgebirge *Le Couperon*, wo ein neun Meter langes megalithisches Galeriegrab, das am besten erhaltene auf den Kanalinseln, entdeckt wurde. Etwa 300 Meter abseits der Straße liegt an der Nordseite eines Waldes das Herrenhaus *Rosel Manor*, das über viele Generationen Sitz der einflußreichen Familie Lemprière war, deren Nachfahren es über die weibliche Erbfolge heute noch besitzen. Das heutige Haus, das nicht der Öffentlichkeit zugänglich ist, wurde 1770 begonnen und 1820 sowie 1880 stark verändert.

Über Les Champs führt eine Straße wieder an die Küste, wo die *St. Catherine's Bay* im Norden von der großen Hafenmole begrenzt wird, die im vergangenen Jahrhundert für den nicht zu Ende geführten Tiefseehafen gebaut wurde. Flacher Sandstrand bestimmt diesen Teil der Küste bis zum Vorland in Gorey, wo auf einem Felsen das Mont Orgueil Castle thront. Auf dem Weg passieren wir Gibraltar Point, wo eine Handelsfirma heute einen deutschen Tunnel als Lagerraum nutzt, sowie die Martellotürme von Gibraltar und Archirondel. Der *Archirondel Tower* (Abb. 21) fällt durch seine rot-weiße Färbung auf, die ihn als Seemarke für die Schiffahrt kennzeichnet. Von seiner Basis aus sollte die südliche Mole des geplanten Hafens entstehen, wie ein erster Bauabschnitt noch erkennen läßt.

Das Hinterland wechselt nun zwischen leichtem Laubwald und Feldern ab, und vor der kleinen Bucht *Anne Port* (Farbabb. 2) erinnert ein verlassener Steinbruch an die Bedeutung des Jersey-Granits. Auf einem Hügel am südlichen Ende der Bucht liegt mit dem *Dolmen von Faldouet* (Abb. 24) ein herausragendes megalithisches Ganggrab, dessen fünf Meter langer Korridor in eine zentrale Kammer führt, in der sich mehrere Steinkisten mit menschlichen Gebeinen befanden. Dahinter öffnet sich eine weitere Kammer mit einem Deckstein von über 20 Tonnen Gewicht.

An der *Petit Portelet Bay,* einem kleinen Sandstrand, biegt die Straße von der Küste ab und führt auf das Vorgebirge, auf dem das im 13. Jahrhundert begonnene *Mont Orgueil Castle* (Farbabb. 5; Abb. 22, 23) schon von weitem zu erkennen ist. Der beste Blick auf das Schloß ergibt sich von Süden über den Hafen des Dorfes *Gorey,* dessen alte Fischerhäuser in einer langen weißen Reihe unter den äußeren Schloßmauern das Hafenbecken säumen. Gorey Village war die Endstation der 1872 eröffneten *Eisenbahnlinie* der Jersey Eastern Railway,

Mont Orgueil Castle über Gorey

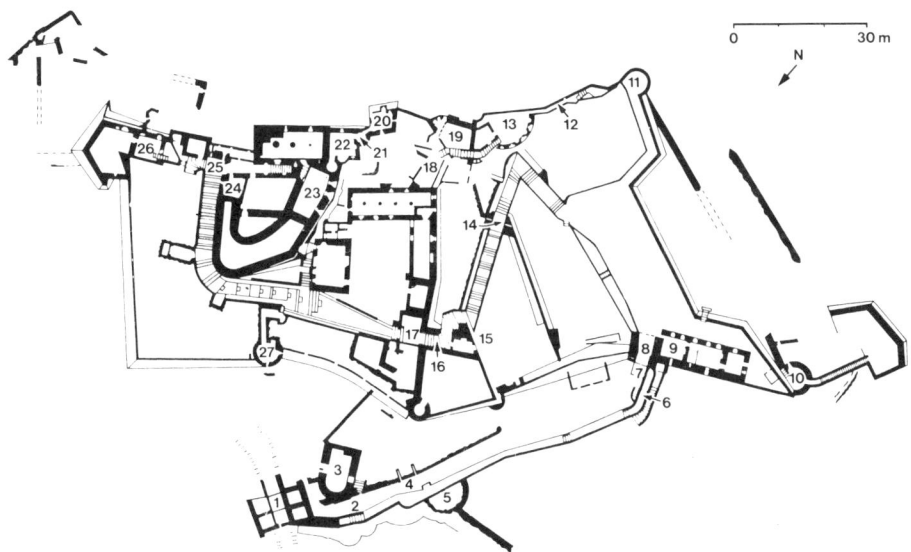

Mont Orgueil Castle, Grundriß. Nach: States of Jersey (Hg.), Mont Orgueil Castle, St. Helier/Jersey.
1 erste Zugbrücke – 2 erstes Tor – 3 Harliston-Turm – 4 Ausfallpforte – 5 Ruinen im Außenwerk –
6 Ausfallpforte – 7 zweite Zugbrücke – 8 zweites Tor – 9 Wache – 10 John-Helies-Turm – 11 Süd-
turm – 12 Wehrgang – 13 Pechnasen-Bastion – 14 drittes Tor – 15 St.-George-Turm – 16 viertes Tor:
Königin-Elizabeth-Tor – 17 Wache – 18 Kapelle – 19 Busgros-Turm – 20 Prynnes-Turm – 21 Wacht-
turm und Treppe – 22 quadratischer Bergfried – 23 Wohnräume – 24 Wache – 25 Mount-Tor –
26 Rochefort-Turm – 27 Glockenturm

bevor die Linie bis zum Hafen ausgedehnt wurde. Die Bahn, deren andere Endstation in St. Helier auf der Ostseite von Fort Regent lag, konnte sich gegen die Konkurrenz der neu ins Geschäft drängenden Autobusse nicht behaupten und stellte 1929 ihren Betrieb wieder ein. Deutsche Truppen eröffneten während des Kriegs eine eigene Bahn, die wie ihr Gegenstück auf der Westseite der Insel nach dem Krieg wieder entfernt wurde. Die *Villa Rosa* in Gorey Village war 1857 einige Wochen lang Aufenthaltsort der englischen Schriftstellerin Mary Ann Evans, besser bekannt als George Eliot.

Mont Orgueil Castle, im Sommer bei Dunkelheit angestrahlt, ist eines der beliebtesten Fotomotive in Jersey. Wegen seiner Hügellage mußte die Gesamtkonstruktion asymmetrisch ausfallen, und durch spätere Umbauten und Erweiterungen entstand ein Gebäude mit äußerst verwirrendem Grundriß. Die Anlage besteht aus einem äußeren, einem unteren und einem mittleren Burghof, dem alten und dem neuen Bergfried sowie einem nordöstlichen Außenwerk. Fast 300 Stufen führen zum höchsten Teil der Befestigungen hinauf, von wo aus man den Komplex gut überschauen kann. Der Blick nach Süden führt weit über die Royal Bay of Grouville und den gesamten Südosten von Jersey. Neben dem *Museum* mit

Mont Orgueil Castle. Vergrößerung einer Miniatur auf Richard Popinjays »Platte of Jersey«, 1563. The British Museum, London

etlichen Tableaux-Szenen aus der Geschichte des Schlosses und der Insel verdienen die *Kapelle St. Mary* und die gleichnamige Krypta sowie die *St. George's Chapel* aus dem 13. Jahrhundert Aufmerksamkeit.

Die *Royal Bay of Grouville*, auf Anordnung Königin Victorias bei ihrem Besuch von 1846 zur »königlichen« Bucht erhoben, ist mit ihrem flachen Hinterland der – im übertragenen Sinne – herausragende Teil des Kirchspiels *Grouville*, dessen Grünflächen sich von Gorey Common bis zum südöstlichen Ende Jerseys erstrecken. Der Küstenstreifen galt wegen seiner guten Zugänglichkeit vom Meer her in der Zeit zwischen der Waffenbrüderschaft Frankreichs mit den aufständischen amerikanischen Kolonien und dem Ende der Napoleonischen Kriege als am stärksten gefährdete Grenze, was zum Bau von sechs Martellotürmen und den quadratischen Forts Henry und William führte, zu denen nach dem Überfall des Baron Rullecourt 1781 noch der auf einer gezeitenbedingten Insel errichtete quadratische Seymour Tower hinzukam.

Am südlichen Ende des Golfplatzes berührt die Straße wieder die Küste und führt an der Südostspitze Jerseys vorbei an die von *St. Clement's Bay* und *La Grève d'Azette* gebildete Südküste, der viele, bei Niedrigwasser begehbare Riffs vorgelagert sind. Im Kirchspiel *St.*

Clement, dem kleinsten in Jersey, steht abseits der A 5 das Herrenhaus *Samarès Manor* (Farbabb. 6), Zentrum des Lehens Samarès. (Von hier ging ein Zweig der Familie nach Guernsey und wurde dort unter seiner Herkunftsbezeichnung [von Samarès] bekannt, woraus sich der heutige Name de Sausmarez entwickelte.) Das Lehen gehörte zu den fünf führenden in Jersey, und sein Seigneur hatte wie die Seigneurs von Rosel und Augrès die Ehrenpflicht, dem Lehnsherrn bei dessen Ankunft in Jersey ins Wasser entgegenzureiten. Das heutige Haus mit seinem großen subtropischen Garten ist im wesentlichen das Resultat der Umbauten zu Anfang unseres Jahrhunderts. Der Taubenturm (Abb. 28) – ältester in Jersey – und der Garten des Anwesens sind heute der Öffentlichkeit zugänglich.

Die *Kirche* von St. Clement ist als einzige der »alten« Pfarrkirchen nicht aus einer Kapelle, die den heutigen Chor des Gebäudes bildet, hervorgegangen. Ihr Ursprung war ein normannisches Gotteshaus, aus dem heute das Kirchenschiff besteht. Der Bau entstammt dem 15. Jahrhundert und ist vor allem wegen seiner aus dieser Zeit datierenden Wandmalereien berühmt geworden: Im Kirchenschiff erkennen wir St. Michael, der den Fuß auf den Drachen setzt (Abb. 26); im südlichen Querschiff sind zwei Hunde und zwei Pferdebeine abgebildet, eine Szene aus dem mittelalterlichen Gedicht »Die drei Lebenden und die drei Toten«, in dem drei Leichen drei Ritter vor der Nichtigkeit allen irdischen Aufwandes warnen (dieses Motiv kehrt in der Kirche von Castel in Guernsey wieder); im nördlichen Querschiff sieht man St. Margaret mit einem Drachenflügel sowie St. Barbara mit ihrem Turm. Der Taufstein (Abb. 27) aus vorreformatorischer Zeit wurde im vergangenen Jahrhundert im Kirchhof wiederentdeckt, wo er nach der Reformation vergraben worden war.

Das Kirchspiel *St. Saviour* zwischen St. Helier, St. Martin und Grouville liegt in mancherlei Hinsicht in einer besonderen geographischen Lage. Es hat als einziges nur einen minimalen Zugang zum Meer, und seine Nord-Süd-Ausdehnung ist so groß, daß es beinahe die Nordküste erreicht. Im Süden verschmilzt St. Saviour fast mit den Siedlungsgebieten der Hauptstadt, während es östlich und nördlich wie die umliegenden parishes landwirtschaftliche Prägung hat. Auf seinem Gebiet finden sich die meisten der in Jersey – im Gegensatz zu Guernsey – sonst spärlich vertretenen Gewächshäuser. In St. Saviour liegt auch die interessante und sehr pittoreske *Farm von Ponterrin,* deren mittlerweile baufällige Gebäude im Jahr 1500 errichtet wurden und einen der schönsten Jersey-Bogen der Insel haben.

Das älteste Bauwerk der Kanalinseln ist jedoch der *Dolmen von La Hougue Bie* an der Straße von St. Saviour nach Gorey. Sein Name wurde wahrscheinlich fälschlich von Hambie abgeleitet, einem Lehen in der Normandie, dessen Herr nach der Legende einen Drachen, der Jersey in Schrecken versetzte, getötet haben soll. Nach dieser Heldentat sei der Herr aber von seinem Diener umgebracht worden, der nun den Sieg für sich selbst beanspruchte. Er war sogar so dreist, zu behaupten, sein Herr habe als letzten Willen geäußert, seine Frau solle den getreuen Diener heiraten, was sie »aus Liebe zu ihrem Mann« auch tat. Der Diener redete jedoch im Schlaf, die Sache kam heraus, und die Witwe ließ den 14 Meter hohen Grabhügel in Jersey auftürmen und eine Kapelle auf dessen Spitze bauen, in der Messen für die Seele des Toten gelesen werden sollten.

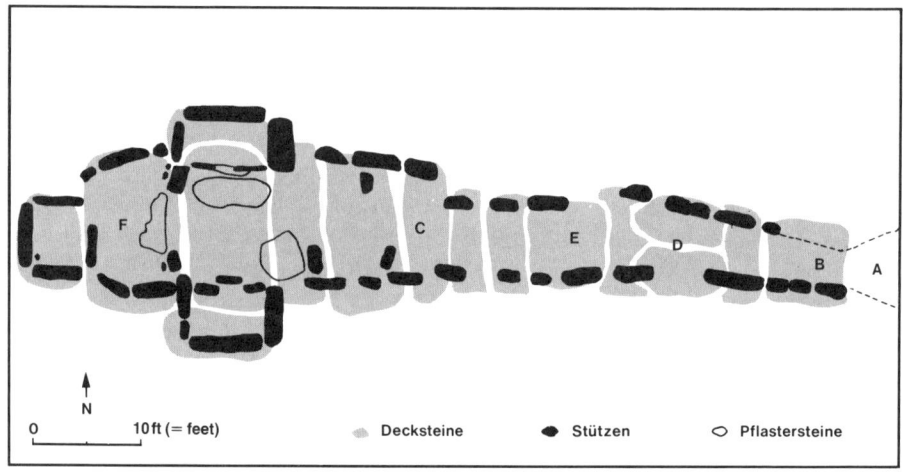

Dolmen von La Hougue Bie, megalithisches Ganggrab, Grundriß.
A–B Eingang – B–C Gang – D–E höchste Bodenfreiheit ca. 1,90 m – C–F große Kammer

Eine Kapelle aus dem 12. Jahrhundert, *Notre Dame de la Clarté,* krönt den Dolmen. An ihrer Ostseite ließ um 1520 der damalige Dekan von Jersey als Dank für eine gesund überstandene Pilgerfahrt nach Jerusalem eine zweite Kapelle anbauen, die *Jerusalem Chapel.* Beide Kapellen sind durch ein Dach miteinander verbunden und wirken daher wie ein einziges Gebäude (Abb. 31).

1759, als noch immer nichts vom Inneren des Hügels bekannt war, baute ein neuer Besitzer einen Turm auf die Kapellen, um einen guten Aussichtsplatz zu bekommen. Dieser Turm erhielt unter seinem Erben, den ein französischer Prinz adoptiert hatte, den Namen »Prinzenturm«. 1919 erwarb die Société Jersiaise den Dolmen und ließ, als eine Konzession für die Nutzung des Geländes als Vergnügungspark abgelaufen war, den Turm entfernen und mit den Ausgrabungen beginnen, die 1924 das größte *megalithische Ganggrab* Europas zutage förderten, das um 2600 v. Chr. gebaut wurde (Abb. 30). Es besteht aus insgesamt 70 Steinen, darunter 16 zum Teil riesige Decksteine. Vom Eingang bis zum Ende mißt die Anlage 22 Meter. Da außer einigen Tonscherben keine nennenswerten Gegenstände gefunden wurden, nimmt man an, daß das Grab schon in der Wikingerzeit ausgeplündert worden war. Auf dem Grundstück befinden sich heute mehrere Museen: ein *Eisenbahnmuseum* in einem alten Waggon, ein kleines, gut ausgestattetes *geologisches Museum,* eine *landwirtschaftliche Sammlung* und ein weiteres *German Occupation Museum* im Tiefbunker eines deutschen Gefechtsstandes.

Zwei weitere Gebäude aus alter Zeit im Kirchspiel St. Saviour werden heute mehr als viele andere besucht: *Longueville Manor* mit seinem Taubenturm von 1692, das heute – nach vielen Änderungen – ein Hotel ist, und die *Kirche von St. Saviour* gegenüber dem ehemaligen

Pfarrhaus, in dem 1853 dem Pfarrer Le Breton eine Tochter geboren wurde, die unter dem Namen Lillie Langtry als Schauspielerin weltberühmt werden sollte. Zu ihren Verehrern gehörte auch der Prince of Wales, der spätere König Edward VII., mit dem sie eine innige Freundschaft verband, die Anlaß zu allerlei Hofklatsch gab. Als Lillie Langtry 1929 in Monte Carlo starb, wurde sie auf ihren Wunsch auf dem Kirchhof von St. Saviour im Grab ihrer Eltern beigesetzt. Eine Marmorbüste (Abb. 25) signalisiert dem Besucher schon von weitem, wohin er seine Schritte lenken muß, wenn er das Grab der schönen »Jersey Lily« sehen will. Eine Gedenkplatte in der Marienkapelle der Kirche, von Lillie Langtrys einziger Tochter gestiftet, teilt lapidar mit, daß Lillie in dieser Gemeinde getauft, zweimal getraut und schließlich beerdigt worden sei.

Les Ecréhous und Les Minquiers

Die kleine, kaum bewohnte Inselgruppe der *Ecréhous* liegt rund zehn Kilometer nordöstlich von Jersey und gehört zum Kirchspiel St. Martin. Ihre drei Hauptinseln sind *Marmoutier*, *Maitre Ile* und *Blanche Ile*. Schon im vergangenen Jahrhundert lieferten die Fischgründe der Inseln Anlaß zum Streit zwischen England und Frankreich über die Hoheitsrechte, die 1953 einschließlich der Rechte über die Minquiers vom Internationalen Gerichtshof der britischen Krone zugesprochen wurden, während Frankreich die von ihm de facto schon seit langem besetzten Iles Chausey erhielt. Blanche Ile war im 19. Jahrhundert für 40 Jahre das selbstgewählte Exil eines Fischers aus Jersey, der hier mit Hummerfang zu Geld kam. Nach und nach bürgerte sich bei den Gelegenheitseinwohnern der Inselgruppe der Beiname »King of the Ecréhous« für diesen Philip Pinel ein, der seine Rolle sehr genoß. So sandte er Königin Victoria einen selbstgemachten dreistöckigen Korb aus Seegras, den er mit verschiedenen Fischarten gefüllt hatte. Die Königin zeigte sich unter Majestäten nicht kleinlich und schenkte Pinel eine blaue Uniformjacke. Pinel starb 1896.

Die *Minquiers* (gesprochen: Minkies) gehören zum Kirchspiel *Grouville* und liegen etwa zwischen dem südlichen Jersey und der französischen Küste. Sie bilden ein großes Riff, von dem neun Inseln bei Flut sichtbar sind. Haupt»inseln« sind *Maîtresse Ile* und *Les Maisons*. Maîtresse Ile ist die einzige bewohnbare dieser Inselgruppe, deren Gesamtoberfläche bei niedrigstem Wasserstand die Größe Jerseys übertrifft. Auf Maîtresse Ile wurde der Granit für Fort Regent gebrochen, bis die Fischer befürchteten, die Steinbrucharbeiten würden die Insel zerstören. Sie griffen zur Selbsthilfe und warfen die Werkzeuge der Arbeiter ins tiefe Wasser. Wie auf den Ecréhous steht auch auf Maîtresse Ile ein Zollhaus der States of Jersey, und alle Personen, die am Tag der Volkszählung auf Maîtresse Ile anwesend sind, gelten als Einwohner von Jersey – zumindest statistisch.

Guernsey

Mit einer Fläche von 64 Quadratkilometern ist Guernsey, die zweitgrößte der Kanalinseln, etwas mehr als halb so groß wie Jersey, und die rund 56 000 Einwohner geben der Insel die größte Bevölkerungsdichte des Archipels. Das bedeutet nun keineswegs, daß Guernsey, Hauptinsel des Bailiwick of Guernsey, übervölkert wäre. Diesen Eindruck verursachen auf der Höhe der Reisesaison schon eher die Besucher (Tagesausflügler eingeschlossen), deren Zahl sich in guten Jahren mittlerweile der 200 000-Grenze nähert, vor allem im Bereich der Inselhauptstadt *St. Peter Port.* Die Form der westlichsten Kanalinsel ähnelt einem rechtwinklig gleichschenkligen Dreieck, dessen etwa zehn Kilometer lange Schenkel fast genau von Norden nach Süden bzw. von Osten nach Westen verlaufen. Obwohl die »Hypotenuse« diagonal von Südwesten nach Nordosten ausgerichtet ist, wird sie allgemein als Westküste bezeichnet. Kleine und größere flache, sandige Buchten, durch bizarre Felsformationen und weit ins Meer hineinreichende gefährliche Riffs voneinander getrennt, prägen diesen Küstenabschnitt.

Guernsey ist im Norden niedrig und flach, steigt aber nach Süden hin allmählich zu einem über 90 Meter hohen Plateau an, das – ähnlich wie das nördliche Jersey – in einer Steilküste endet, die von vielen kleinen sandigen Buchten unterbrochen ist, von denen einige zumindest bei Niedrigwasser begehbar sind. Auf der vor den Atlantikwinden geschützten Ostseite befinden sich die beiden wichtigsten Häfen: St. Peter Port und *St. Sampson's,* das

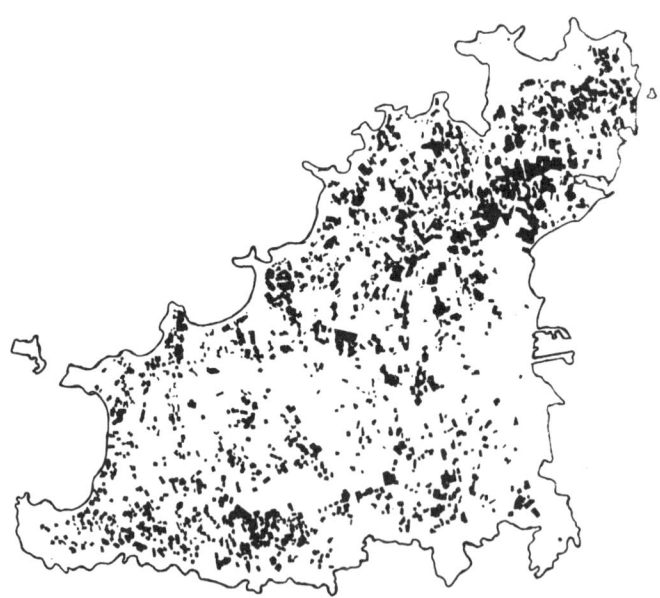

Anteil der Gewächshäuser an der Fläche der Insel Guernsey. Nach: G. W. S. Robinson, Guernsey, Newton Abbot 1977

am östlichen Ausläufer eines ehemaligen Meeresarmes liegt, der früher den heutigen Nordostteil von der übrigen Insel trennte. Die Bodenbeschaffenheit reicht von schweren Lehmböden im Süden bis zu reinem Sand im Norden. Wie auch auf den anderen Inseln des Archipels verwendet man in Guernsey für die Düngung der Felder seit Jahrhunderten Seetang (»vraic«), der nur zu gesetzlich festgelegten Zeiten geschnitten wird. Wegen seiner nach Norden und Westen abfallenden Hänge liegt Guernsey nicht so geschützt wie Jersey, und es ist den westlichen Winden weitaus stärker ausgesetzt. Deshalb erreichen auch die Sommertemperaturen nicht die Höhe der Jersey-Werte, so daß man vor allem den Tomatenanbau seit dem vergangenen Jahrhundert in Gewächshäusern betreibt, die heute zusammen mit den Treibhäusern für die Blumenzucht nahezu ein Zehntel der Inselfläche einnehmen. Mit Ausnahme des östlichen Küstenstreifens bei St. Peter Port sind sie fast gleichmäßig über die Insel verteilt. Das ganze Ausmaß dieser gläsernen Landschaft zeigt sich dem Flugreisenden besonders eindrucksvoll (Abb. 41).

Mit der Inselhauptstadt St. Peter Port und der nördlich davon gelegenen kleinen Industriestadt St. Sampson's befinden sich die beiden größten Ansiedlungen auf der Ostseite. Sie bilden zwei der zehn parishes Guernseys; die anderen sind (von Süden nach Norden): *Torteval, Forest, St. Martin's, St. Peter-in-the-Wood, St. Saviour's, St. Andrew's* (das einzige Kirchspiel, das nicht ans Meer grenzt), *Castel* (auch Câtel) und *Vale*. Wegen ihrer Lage im nördlichen Tiefland der Insel werden Vale und St. Sampson's oft auch *lower parishes* genannt, die anderen acht entsprechend *higher parishes*. Guernsey hat ein gut ausgebautes Straßennetz, das allerdings einen gravierenden Mangel aufweist, der dem Ortskundigen selbstverständlich nicht auffällt: Es gibt kaum Wegweiser, vor allem im Landesinnern, so daß der Besucher, der auf seinen Besichtigungsfahrten nicht die Linien des ausgezeichneten Busnetzes beanspruchen will, auf eine gute Landkarte angewiesen ist. Zwar geben viele Fahrzeugverleiher Prospekte mit Übersichtskarten der Insel sowie einen Stadtplan von St. Peter Port zusammen mit der obligatorischen Parkscheibe aus, doch ist die Qualität dieser Druckerzeugnisse nicht immer auch Garantie für umwegfreies Fahren. Wie in Jersey wird der Besucher, dem mehr als nur ein paar Tage zur Verfügung stehen, mit einem Fahrrad besser bedient sein als mit einem Kraftfahrzeug, da längst nicht alle interessanten Stellen der Insel, vornehmlich an der Südküste mit ihren steilen Klippen, mit Motorfahrzeugen erreicht werden können.

Zwischen Déhus und der Gegenwart

Die früheste nachgewiesene Besiedlung Guernseys wird in die Jungsteinzeit datiert, aus der mehrere Menhire und Dolmen – letztere vor allem in unmittelbarer Nähe des Meeres – erhalten sind. Das bedeutendste Ganggrab, *Le Déhus Dolmen*, wurde im äußersten Nordosten der Insel gefunden. Wie auf den anderen Kanalinseln ist auch in Guernsey kein Hinweis darauf zu finden, daß sich die Römer hier niedergelassen hätten. Die Christianisierung wird einem Heiligen mit Namen Samson oder Sampson zugeschrieben, dem im

Wappen der Insel Guernsey

Mittelalter die Kirche von *St. Sampson's* gewidmet wurde. Einige interessante Relikte dokumentieren das Feudalsystem, das 1020 mit Herzog Richard II. begann, der die Insel in zwei Lehen – die östliche und die westliche Inselhälfte – teilte. Die östliche Hälfte mit den Kirchspielen St. Sampson's, St. Andrew's, St. Peter Port, St. Martin's, Forest und Torteval fiel bereits um 1138 an den Lehnsherrn zurück und gilt seitdem als »Fief Le Roi« (königseigenes Lehen), obwohl heute einige selbständige Lehen in dieser Inselhälfte bestehen, z. B. das Lehen de Sausmarez in *St. Martin's*. Die andere Inselhälfte ging für einige Zeit an die Abtei Mont St. Michel, bevor sie dem ersten Lehnsmann, dem Viscount des Bessin, zurückgegeben wurde. Für diesen Verlust wurde Mont St. Michel durch die Belehnung mit Alderney und Sark entschädigt. Aus dem 11. Jahrhundert stammen auch die Vorläufer der heutigen Pfarrkirchen der Insel, die aber so gut wie nicht mehr erhalten sind.

Als 1204 die normannischen Festlandsbesitzungen der englischen Krone verlorengingen, mußten die Kanalinseln gegen mögliche französische Übergriffe verteidigt werden, und für Guernsey bedeutete das den Bau von *Castle Cornet* in der Bucht von St. Peter Port auf einer kleinen Felsinsel. 1244 wird erstmals ein *Chateau de Marais* an der Straße von St. Peter Port nach St. Sampson's erwähnt, das aus dem frühen 13. Jahrhundert stammt. Diesem folgte über 100 Jahre später das oberhalb des Hafens von St. Sampson's gelegene *Vale Castle*, das den damals noch als separate Insel bestehenden nordöstlichen Inselteil sowie die Durchfahrt zwischen Guernsey und dieser Insel sichern sollte. Trotz dieser Vorkehrungen konnten die Franzosen Guernsey 1339 für kurze Zeit einnehmen, und sie hielten in der Folgezeit sogar Castle Cornet für einige Monate. Während der Rosenkriege blieb Guernsey in englischer Hand. 1643 stellte sich die Insel im Bürgerkrieg auf die Seite des Parlaments, doch Castle Cornet wurde von seinem königstreuen Lieutenant Governor bis Ende 1651 gegen die Angriffe der Parlamentstruppen gehalten.

Während des amerikanischen Unabhängigkeitskrieges erhielt Guernsey eine weitere Reihe von Befestigungsanlagen, deren Bau sich bis in die napoleonische Ära hineinzog: zunächst die *Martellotürme* und verwandten kleinen *Forts*, die an den flachen Küstenstreifen und in Buchten errichtet wurden, sowie von 1782 bis 1812 das *Fort George* oberhalb von St. Peter Port. Im 19. Jahrhundert wurde die Inselfestung *Castle Cornet* durch eine Pier in das

Hafengelände von St. Peter Port einbezogen. Im Zweiten Weltkrieg bebauten deutsche Truppen vor allem die Westküste Guernseys mit starken Befestigungsanlagen, die sie zum Teil mit den schon bestehenden Martellotürmen verbanden. Wie in Jersey errichteten sie auch hier – allerdings wesentlich größere – Tunnelsysteme, die vor allem der Lagerung von Munition und Ausrüstung dienten. Eine dieser Hohlganganlagen, für kurze Zeit als Krankenhaus genutzt, ist heute als Museum *German Underground Hospital* zu besichtigen.

Die Nachkriegszeit brachte auch Guernsey gravierende Veränderungen: Sein Ruf als Steueroase auf britischem Boden wirkte in Verbindung mit dem milden Klima wie ein Magnet, der Ströme von Einwanderern ins Land zog, vor allem begüterte Pensionäre sowie Prominente wie den 1983 verstorbenen Abenteuer-Schriftsteller Desmond Bagley oder den durch sein ironisch-satirisches »Gesetz« über das Wachsen der Bürokratie berühmten Historiker Cyril Northcote Parkinson. Die Einwohnerzahl stieg von etwa 43 500 auf heute rund 56 000 an. Junge Einheimische konnten es sich bald kaum noch leisten, in der Heimat eine selbständige Existenz zu gründen, da sie die Immobilienpreise, die die Einwanderer zu zahlen imstande waren, nicht aufbringen konnten. Die States of Guernsey erkannten diese Gefahr rechtzeitig und fanden eine Formel, die die Auswärtigen zwar nicht von der Insel fernhielt – schließlich kann die Staatskasse Einnahmen aus den Taschen der Reichen und der Handelsgesellschaften gut gebrauchen –, die aber der einheimischen Bevölkerung eine Chance ließ: Sie gliederten den Immobilienmarkt in eine offene und eine eingeschränkte Abteilung. Letztere ist nur Alteingesessenen zugänglich, ihre Preise sind staatlich kontrolliert, und keines ihrer Objekte darf in die offene Abteilung überführt werden.

St. Peter Port

Kaum ein Anblick dürfte den Reisenden bei der Ankunft so sehr beeindrucken wie der Blick vom Schiff beim Einlaufen in den Hafen von *St. Peter Port.* Zur Linken liegt, lauernd wie ein Wächter, *Castle Cornet* (Farbabb. 12) vor der Hafeneinfahrt, seit dem 19. Jahrhundert zwar durch eine Mole mit dem Festland verbunden, in seiner Ausstrahlungskraft aber nicht beeinträchtigt. Im *Old Harbour,* dem heutigen Yachthafen, schaukeln die Segelboote, an rote Ballonbojen oder an Stege vertäut, und oberhalb der Kaimauer, hinter deren eisernem Geländer schon die geschäftige Küstenstraße liegt, erhebt sich wie eine Kulisse die Hauptstadt von Guernsey (Farbabb. 10; Abb. 32, 39). Vorn links, gleich auf der anderen Straßenseite, steht die *Pfarrkirche St. Peter* (Abb. 33), Town Church genannt, die bereits 1048 existierte. Rechts daneben, hinter der ersten Häuserzeile, scheinen die übrigen Häuser der kleinen Stadt übereinander, in keiner erkennbaren Anordnung gebaut zu sein, wohl aber sind sie den von hier unten unsichtbaren Einschnitten angepaßt, die den steil nach Westen aufragenden Felsen, an dessen Ostflanke St. Peter Port sich anschmiegt, unterteilen. Straßen scheint es in diesem Häusergewirr nicht zu geben. Am Horizont über den Häusern sind gerade noch die Türme des *Elizabeth College* (Abb. 34) zu erkennen sowie der *Victoria Tower,* ein mittelalterlich aussehender Turm, der ebenso wie die Statue Prinz Alberts an der

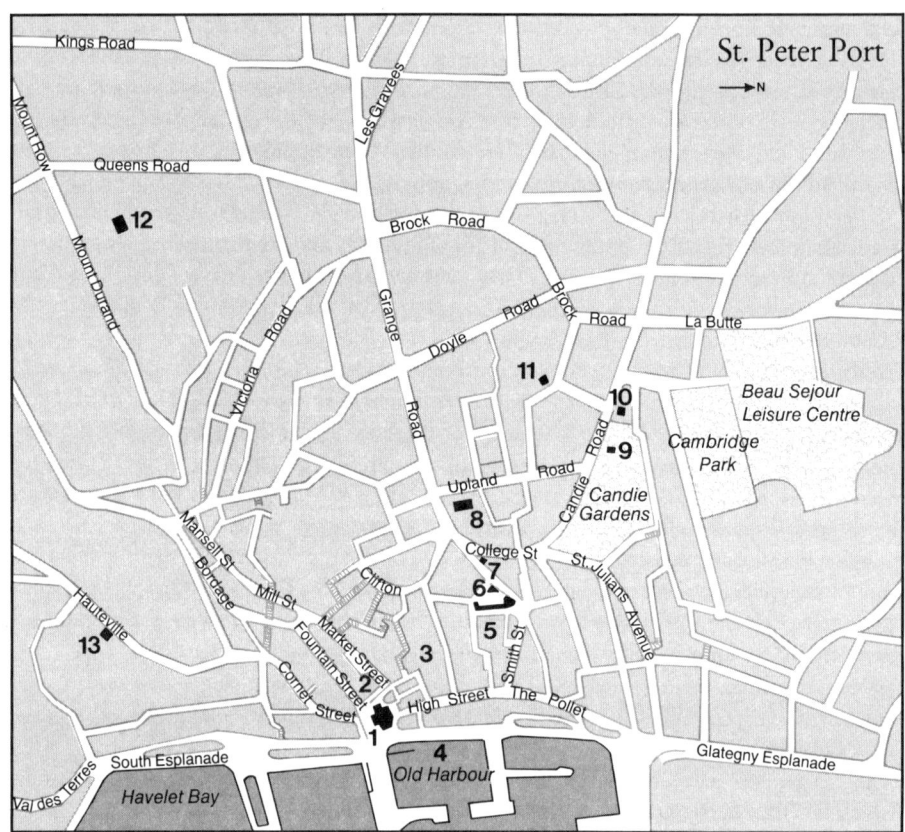

Stadtplan von St. Peter Port. 1 Town Church – 2 Markthallen – 3 Arcade – 4 Old Harbour – 5 Constable's Office – 6 Royal Court – 7 St. James Church – 8 Elizabeth College – 9 Guernsey Museum and Art Gallery – 10 Priaulx Library – 11 Victoria Tower – 12 Government House – 13 Hauteville House (Haus von Victor Hugo)

Zufahrt zur Mole 1848 zum Gedenken an den Besuch der Königin und des Prinzgemahls errichtet wurde. Die schon fast sprichwörtliche Behauptung, der Flugreisende, dem dieser Blick auf St. Peter Port zwangsläufig entgeht, betrete Guernsey nur durch den Lieferanteneingang, ist so abwegig nicht. Seit 1984 ist eine Erweiterung des Hafens im Bau.

Die *Town Church* (Abb. 33) steht meerwärts am Ende des alten Stadtkerns, der früher von besonderen Grenzmarkierungen, »Barrières de la Ville«, umgeben war, von denen noch sechs erhalten sind. Vom ursprünglich normannischen Gotteshaus ist nicht mehr viel zu sehen, da die Kirche um 1466 stark erweitert und verändert wurde. Ein massiger Vierungsturm mit zinnenverzierter Brüstung und Wasserspeiern an den vier Ecken krönt das asymmetrische Gebäude, und auf seiner bleigedeckten Spitze trägt es als Relief die gekreuzten Schlüssel des heiligen Petrus und die Jahreszahl 1721. Der Innenraum wurde im 19. Jahrhundert vollständig umgestaltet und mit Gedenkplatten und anderen Denkmälern für die Verstorbenen der führenden Familien St. Peter Ports und Guernseys ausgestattet, darunter für General Sir Isaac Brock, den »Retter Kanadas«, der im Augenblick des Sieges 1812 auf den Queenstown Heights fiel.

An der Nordseite der Kirche vorbei sind bereits die ersten Stufen zu ersteigen, von denen St. Peter Port einen unerschöpflichen Vorrat zu haben scheint. Oben beginnt mit der Market Street das *Marktviertel*, dessen älteste Gebäude die *French Halles* (Abb. 36) von 1780 sind. In der ersten Etage befindet sich in den Old Assembly Rooms, wo John Wesley 1787 predigte, die aus einer privaten Stiftung der Familien Guille und Allès 1882 hervorgegangene *Guille-Allès-Bibliothek*. Gegenüber liegen die Hauptmärkte der Stadt: der 1882 erbaute *Neue Fleischmarkt*, die *Arkaden* von 1830 (Abb. 35), der *Fischmarkt* von 1875 und der *Untere Gemüsemarkt* von 1879. Vor dieser Kulisse findet im Sommer an jedem Donnerstagnachmittag auf offener Straße der Old Guernsey Market statt, ein Nostalgiemarkt, auf dem es an bunten Ständen landwirtschaftliche Produkte, Andenken, Kleidung, Kunstgewerbliches, Getränke und vieles mehr zu kaufen gibt. Sehenswert ist – nicht weit von der Bibliothek und auf derselben Straßenseite – das »Golden Lion Inn«, eine alte Kneipe mit Erkerfenstern und einem farbenfrohen Wirtshausschild.

Von der Market Street zweigen nach rechts (Norden) einige Treppenaufgänge ab, deren Ende nicht einzusehen ist. Fast 150 Stufen, Constitution Steps und Clifton Steps, bringen den guten Kletterer nach anstrengendem Marsch in die Neustadt, Clifton genannt nach dem gleichnamigen Stadtteil von Bristol, mit ihren großzügig auf Terrassen angelegten Häusern aus der Regency-Zeit und der viktorianischen Ära. Von hier bietet sich einer der schönsten Ausblicke auf die Altstadt und die Town Church, auf den Hafen und Castle Cornet, dessen frühere Insellage jetzt recht gut zu erkennen ist, und natürlich auf die nach Osten gelegenen Inseln des Bailiwick of Guernsey: in etwa fünf Kilometern Entfernung, jenseits des Little Russel, Herm und Jethou, dahinter Sark.

Die Saumarez Street führt auf die Grange Road, an der das 1563 gegründete *Elizabeth College* (Abb. 34), eine Public School von hohem Rang, liegt. Die Schule ist nach Elizabeth I. (Abb. 65) benannt, deren Wappen über dem Haupteingang zu sehen ist. Das heutige Gebäude, 1826–1829 von John Wilson, einem Architekten, dem St. Peter Port viele seiner schönsten Häuser verdankt, im Stil der Tudor-Gotik erbaut, fällt durch seine quadratischen Ecktürme und den quadratischen Mittelturm auf, der einen Teil der Silhouette bestimmt, die man bei der Einfahrt in den Hafen sieht.

Nach Nordwesten führt die College Street zur Candie Road, der südlichen Begrenzung der *Candie Gardens,* wo neben den verschiedensten Palmenarten viele seltene Pflanzen wachsen. Die unbestrittene Attraktion der Candie Gardens sind aber die Apfelsinen- und Zitronensträucher, die an windgeschützter Stelle im Freien zur Blüte kommen und tatsächlich Früchte hervorbringen. Auf dem Gelände des früheren Candie Gardens Auditorium wurde 1978 das neue *Guernsey Museum* (Guernsey Museum and Art Gallery) eröffnet, das eine umfangreiche Sammlung zur Geschichte und Archäologie der Insel

besitzt. Der ehemalige Orchesterpavillon, gut in den Komplex integriert, dient heute als Café, und die Silhouette seiner schmiedeeisernen Konstruktion wurde zum offiziellen Wahrzeichen des Museums.

Nicht weit vom Museum stehen die *Statuen* von Königin Victoria und Victor Hugo (Abb. 38, 78), der von 1855 bis 1870 in Guernsey im Exil lebte, nachdem er sich in Jersey, seiner ersten Exilstation, durch seinen Lebenswandel (er lebte einträchtig mit Ehefrau und Freundin unter einem Dach) und sein eigenwilliges politisches Auftreten unmöglich gemacht hatte. Der Sockel der Statue trägt die Widmung, die Hugo seinem in Guernsey entstandenen Roman »Die Arbeiter des Meeres« vorangestellt hatte und die übersetzt lautet: »Dem Felsen der Gastfreundschaft und Freiheit in diesem Winkel alten normannischen Landes, wo das edle kleine Volk des Meeres auf der Insel Guernsey lebt, (die) ernst und liebenswürdig (zugleich ist).«

An das westliche Ende der Candie Gardens schließt sich die 1889 gestiftete *Priaulx Library* an, die zweite ausgezeichnete Bibliothek in St. Peter Port, ebenfalls nach ihrem Stifter benannt. Etwas weiter nördlich liegt die große offene Fläche des *Cambridge Park*, an dessen ursprünglichen Namen noch die westlich gelegene L'Hyvreuse Avenue erinnert. Nach einem Besuch des Duke of Cambridge im Jahre 1862 wurde der Park zu dessen Ehren umbenannt. Cambridge Park wird südlich von einer attraktiven Häuserzeile der georgianischen sowie der Regency-Zeit begrenzt und nördlich von dem 1976 eröffneten *Beau Sejour Leisure Centre,* das Einheimischen und Touristen Unterhaltung, Sport- und Spielmöglichkeiten bietet.

Vom östlichen Ende der Candie Road gelangt man über die St. Julian's Avenue an einem 1984 erbauten, gesichtslosen Bankenkomplex (früher St. Julian's Theatre, 1876) vorbei wieder auf die Esplanade und ans nördliche Ende der schmalen und teilweise noch gepflasterten Straße *The Pollet*. Sie ist eine der wenigen Straßen, in denen noch etwas von der Atmosphäre des vergangenen Jahrhunderts zu spüren ist, wie Elizabeth Goudge sie in ihrem Roman »Inselzauber« glorifizierend beschrieb. Das (moderne) Gasthaus »Thomas de la Rue« an der Ecke Esplanade/The Pollet erinnert durch seinen Namen und eine Büste in einer Außenwandnische an den im Kirchspiel Forest geborenen Gründer des berühmten Verlagshauses de la Rue. Auf der westlichen Straßenseite steht noch eine der alten städtischen Wasserpumpen. Das dahinter gelegene *Moore's Hotel,* ein um 1760 aus grauem Granit erbautes Haus, ist das ehemalige Stadthaus der Familie de Sausmarez von Sausmarez Manor in St. Martin's. Gegenüber befindet sich eine der sechs Grenzmarkierungen »Barrières de la Ville«, und eine weitere steht am Postgebäude in der Smith Street (Rue des Forges), die an der Einmündung Le Carrefour, wo The Pollet in die High Street übergeht, nach rechts abzweigt.

Die Häuser Nr. 17, 19, 21 in der Smith Street, oberhalb der Post, um 1840 erbaut, stellen ein harmonisches Ensemble dar. Im Haus an der Kreuzung Le Carrefour, in dessen

◁ *St. Peter Port, High Street*

Erdgeschoß eine Drogerie untergebracht ist, verlebte General Sir Isaac Brock seine Kindheit; eine Gedenkplatte an der Fassade weist darauf hin. Eine weitere berühmte Familie der Insel, Le Marchant, deren Landsitz das im Kirchspiel Castel gelegene La Haye du Puits war, hatte ihre Stadtresidenz in der engen Le Fèbvre Street, einer der drei nach rechts von der High Street abzweigenden Gassen. Das 1787 erbaute dreigeschossige Haus ist heute das Amtsgebäude des Constable der parish von St. Peter Port. Gegenüber dem Torbogen, durch den man Le Fèbvre Street von der High Street erreicht, führt einer von mehreren Treppengängen durch die Häuserzeile hinunter auf die Esplanade. Commercial Arcade, die letzte Abzweigung von der High Street vor der Town Church, wurde als Fußgängerpassage zu den Märkten geschaffen und mußte weitgehend in den Felsen hineingesprengt werden. Das Firmenzeichen über dem Juwelierladen an der Ecke hat die Form einer großen Milchkanne, wie sie in Guernsey in Gebrauch ist.

Die Südseite der Markthallen liegt an der Fountain Street, deren Häuser John Wilson 1830 entwarf. Fountain Street gabelt sich in die Straße Bordage und nach rechts in die Verlängerung der Market Street, die hier Mill Street heißt und in die Mansell Street übergeht. Diese schmalen Straßenzüge sind nicht zuletzt wegen ihrer Antiquitätengeschäfte, die sich gut in das Gesamtbild einfügen, recht attraktiv. Am westlichen Ende der Mansell Street öffnet sich der (sinnigerweise dreieckige) Trinity Square mit der 1789 erbauten *Trinity Church,* die wegen ihres Mansarddaches an ein Wohnhaus erinnern könnte – hätte man nicht 1887 den offenen Glockenturm auf der westlichen Giebelseite ergänzt. Zwei runde Buntglasfenster zeigen die Dreifaltigkeit sowie das Wappen von Guernsey. Schräg gegenüber der Kirche, am Fuß der zur Victoria Terrace führenden Treppe, findet man an der rechten Hauswand eine der sehr selten gewordenen Reklametafeln aus Emaille, die für längst vergessene Produkte aus der Zeit zwischen den Weltkriegen wirbt. In der Mitte des Trinity Square steht auf einer Verkehrsinsel neben einem kleinen Garten eine der alten städtischen Pumpen, datiert 1876, und eine Pferdetränke.

Südlich der Kirche führen zwei Straßen nach Osten in Richtung Hafen zurück. Die obere ist Bordage, auf der wir zu den Markthallen und durch eine vorher abzweigende Gasse sowie über einen Treppenabsatz in die Cornet Street gelangen, deren Häuser aus spätgeorgianischer und aus der Regency-Zeit stammen. Bordage war von der Tudor-Zeit bis 1700 der Ort, an dem Hexen und, während der fünfjährigen Regierungszeit Marias der Katholischen (»Bloody Mary«, 1553–1558), Häretiker verbrannt wurden.

Parallel zu Bordage führt Pedvin Street in die Straße Hauteville, deren berühmtester Bewohner Victor Hugo (Abb. 78) war. Das *Maison Victor Hugo,* wo er von 1855 bis 1870 lebte, wird von zwei großen Bäumen fast verdeckt. Es ist heute zu bestimmten Zeiten als Museum zugänglich, und dem Besucher werden Wohnräume, Gästezimmer und das Arbeitszimmer im Dachgeschoß, von dem man einen hervorragenden Ausblick über den Hafen von St. Peter Port und die umliegenden Inseln hat, im Originalzustand gezeigt, so daß er den Eindruck gewinnen kann, der Romancier habe das Haus kurz vorher verlassen (Abb. 37). Hier schrieb Hugo acht seiner Werke, darunter »Die Elenden« und den bereits erwähnten Roman »Die Arbeiter des Meeres«.

Castle Cornet

Die Festung auf der etwa 800 Meter vor dem Festland gelegenen Insel (Farbabb. 12; Abb. 39), seit dem 19. Jahrhundert durch die Südmole des Hafens mit St. Peter Port verbunden, diente seit ihrer Errichtung im Jahre 1206 ununterbrochen als Verteidigungsstellung, bis sie 1946, nach 740jährigem Dienst unter verschiedenen Herren, von den Engländern aufgegeben wurde. Der Bau der ersten Anlage war um 1252 abgeschlossen, doch während der französischen Besetzung im Hundertjährigen Krieg (zwischen 1338 und 1345) wurden weitere Verstärkungen errichtet, und 200 Jahre später, zur Zeit der Auseinandersetzungen zwischen Heinrich VIII. und den katholischen Festlandsmächten, wurden in elfjähriger Arbeit letzte, der damaligen militärischen Technik entsprechende Veränderungen an *Castle Cornet* vorgenommen. Im Bürgerkrieg hielt der Governor, Sir Peter Osborne, die Festung von 1643 bis 1651 für die Krone, während Guernsey selbst auf Seiten des Parlaments stand.

Castle Cornet, Grundriß. Stark umrandet ist der mittelalterliche Grundriß. Nach: Jean und John Le Patourel, Castle Cornet: Excavations, 1953, Guernsey.
1 Königliche oder Ostbatterie – 2 Salutbatterie – 3 Wachstube – 4 äußerer Burghof – 5 Stadtbastion – 6 westliche Bastion – 7 innerer Burghof – 8 Carey-Turm – 9 Bergfried – 10 Zitadelle – 11 südliche oder Wasserbatterie – 12 Magazin

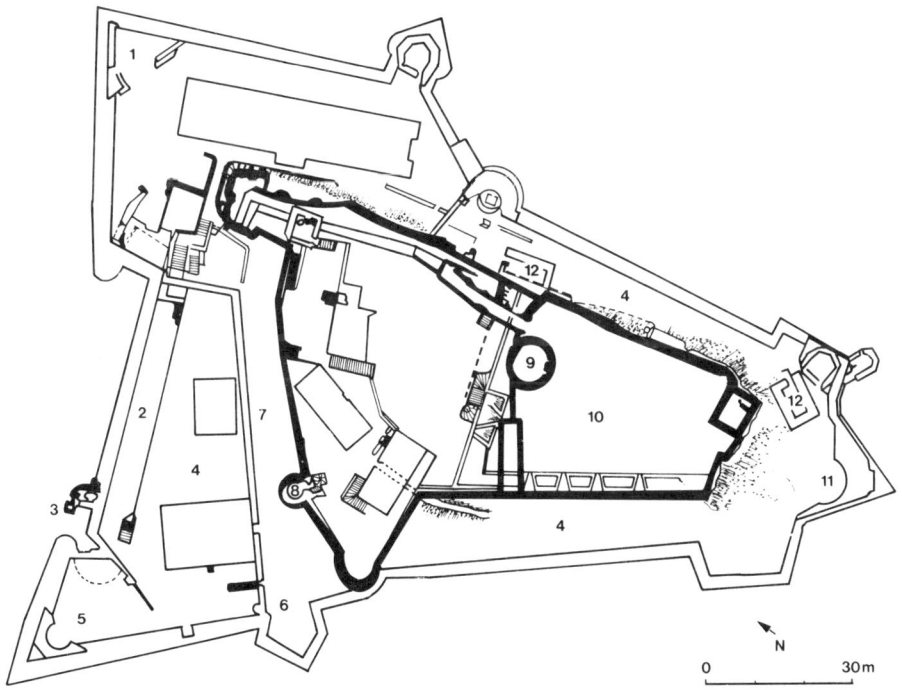

Castle Cornet war bis 1672 Sitz der jeweiligen Governors, zunächst der gesamten Kanalinseln und nach der Trennung der Bailiwicks ab 1740 der Governors von Guernsey. Ihren Residenzstatus verlor die Festung 1672, als der seit 1567 als Pulvermagazin genutzte Round Tower vom Blitz getroffen wurde und die nachfolgende Explosion einen großen Teil des Komplexes zerstörte. Erst ca. 1694 begann der Wiederaufbau mit weitreichenden Veränderungen gegenüber der ursprünglichen Anlage, so daß das heutige Castle Cornet den mittelalterlichen Bau nur noch unvollkommen widerspiegelt. Aus dieser Bauphase stammen die Zitadelle und die nördliche Stützmauer, die das um fünf Meter aufgeschüttete Erdreich, auf dem die Artilleriestellung postiert war, halten mußte. Im Zweiten Weltkrieg fügten deutsche Truppen weitere Befestigungen hinzu.

Castle Cornet, das während der Sommermonate nachts angestrahlt wird, beherbergt heute das *Museum der Guernsey Militia,* ein Schiffahrtsmuseum, eine Sammlung mit Aquarellen des einheimischen Malers Peter Le Lièvre (Abb. 49), ein German Occupation Museum sowie das Museum der Staffel 201 der Royal Air Force. Das Wappen Königin Elizabeths I. ist über dem Eingangstorbogen angebracht, und das Wappen Königin Elizabeths II. über dem Torbogen in der äußeren Ringmauer erinnert an den Besuch der Monarchin im Jahre 1957. Von der seewärts gerichteten Batterie wird in der Sommerzeit jeden Mittag ein Kanonenschuß abgefeuert – eine wiederbelebte Tradition aus vergangenen Jahrhunderten und natürlich eine touristische Attraktion.

Der Südosten und St. Martin's

Fast unmittelbar vom südlichen Stadtrand St. Peter Ports führt ein Küstenwanderweg über die von einem Martelloturm beherrschte Fermain Bay zur Südostecke der Insel und von dort aus zum westlichsten Punkt, Pleinmont Point. Der ungefähr 15 Kilometer lange Weg kann auch Gelegenheitswanderern empfohlen werden, da man ihn sich etappenweise vornehmen kann. Auf dem ersten Abschnitt nach etwa einem Kilometer, erheben sich die Wallanlagen des 1782 begonnenen *Fort George* auf einer Anhöhe über dem Stadtkern von St. Peter Port. Bei klarem Wetter reicht die Sicht über die Hauptstadt hinaus bis nach St. Sampson's und ans Nordende der Insel, während nach Osten hin Castle Cornet und die anderen Inseln des Bailiwick of Guernsey ins Blickfeld kommen. Die Bevölkerung von Guernsey, insbesondere die Einwohner von St. Peter Port, waren über den Festungsbau keineswegs begeistert, da sich ihnen der Verdacht aufdrängte, die jeweilige Garnison werde sich im Falle eines Angriffs auf die Insel dort oben verschanzen und die Hauptstadt schutzlos dem Feind preisgeben. Die einzigen Kampfhandlungen erlebte die Festung 1783, als eine Meuterei der Garnison niedergeschlagen werden mußte. Während der deutschen Besatzung wurde Fort George nach den Erfordernissen moderner Verteidigung ausgebaut, doch ein britischer Luftangriff gegen Kriegsende zerstörte den größten Teil der Festung.

Nach dem Krieg ließen die States of Guernsey die Verteidigungsstellungen innerhalb der Wälle vollständig abreißen und schufen dadurch Platz für ein Siedlungsprojekt, das reiche

Einwanderer auf die Insel ziehen sollte. Die Wälle blieben ebenso stehen wie das Eingangstor, die heutige schmale und unübersichtliche Zufahrt zu den Millionärsresidenzen. Außerhalb des Forts umgibt ein kleiner Wald den einzigen Soldatenfriedhof der Kanalinseln, auf dem noch deutsche Kriegsgräber, insgesamt 113, liegen; die Deutsche Kriegsgräberfürsorge hat die Toten, die auf den anderen Inseln begraben worden waren, in die Normandie überführt.

An der Fermain Bay vorbei gelangen wir auf die *Jerbourg-Halbinsel,* die in vorgeschichtlicher Zeit als Küstenfort gedient haben muß, wie entsprechende Wallreste vermuten lassen. Die schroffen Klippen und die stark gezackte Küstenlinie dieses südöstlichen Inselabschnittes setzen sich nun bis zum Pleinmont Point im Südwesten fort. An der Straße erinnert ein 1953 von den States of Guernsey errichteter *Obelisk* an den beliebten Generalleutnant Sir John Doyle, Lieutenant Governor von Guernsey von 1803 bis 1815, dem man an dieser Stelle 1825 schon einmal ein Denkmal gesetzt hatte. Jener Turm mit Aussichtsplattform wurde von deutschen Truppen gesprengt, weil er in der Feuerlinie der Batterie »Straßburg« lag, deren Geschützfundamente wie viele andere Stellungen in diesem Küstenabschnitt noch zu sehen sind.

Vom Klippenweg führen rund 350 Stufen (Werbebroschüren sprechen lieber von 365 Stufen) steil hinab zur einsam gelegenen *Petit Port Bay,* die bei Ebbe mit einem guten Badestrand lockt. Der Abstieg ist sehr mühselig und im unteren Teil nicht ganz ungefährlich, da ein Rinnsal die Stufen dort ständig naß hält und das unter diesen Bedingungen gut gedeihende Moos sie auch noch glatt und rutschig macht. In der Bucht läßt sich der Gneis, der an der Südküste vorherrscht, gut beobachten, da manche Felsvorsprünge nach ungefährlicher Kletterei zu begehen sind.

Im Krieg war die Petit Port Bay Schauplatz eines der frühen britischen Kommando-Unternehmen gegen die Kanalinseln. Am 14. Juli 1940 landete eine Gruppe am Strand und mußte über den anstrengenden Stufenaufstieg das Plateau erreichen. Es gelang den Eindringlingen, in der Nähe des Doyle-Denkmals eine Straßensperre zu errichten, doch auf dem Rückweg kenterte das Boot, das sie zu dem U-Boot, mit dem sie gekommen waren, bringen sollte, und die Nichtschwimmer mußten auf der Insel zurückbleiben. Nachdem diese sich einige Zeit bei sympathisierenden Insulanern hatten verbergen können, mußten sie sich ergeben und wurden in deutsche Kriegsgefangenenlager überstellt.

Von der Petit Port Bay kann man bei sehr niedrigem Wasserstand zu Fuß – manchmal kletternd – in die weiter westlich gelegene *Moulin Huet Bay* hinübergelangen, die von der Landseite wesentlich besser zu erreichen und daher bei Einheimischen und Reisenden auch viel beliebter ist. Einer der berühmtesten Besucher war Auguste Renoir, der während eines Aufenthaltes im Frühherbst 1883 am 27. September an seinen Freund, den Kunsthändler Paul Durand-Ruel schrieb: »Ich war an einem bezaubernden Strand, der von unseren gewöhnlichen normannischen Küsten völlig verschieden ist. Hier badet man zwischen den Felsen, die als Kabine dienen, denn es gibt nichts anderes: nichts Köstlicheres als dieses Gewimmel von Männern und Frauen auf diesen Klippen. Man glaubt sich vielmehr in einer Landschaft à la Watteau als in der Wirklichkeit. Ich werde also eine Quelle von reellen, gefälligen Motiven besitzen, deren ich mich bedienen kann.« Diese Motive hat Renoir in 13 größeren Ölgemälden festgehalten. Das berühmteste ist sicher »Au Bord de la Mer« (Abb. 47); doch sind die anderen hier entstandenen Bilder – wie »Frauen und Kinder am Strand von Guernsey«, »La Baie de Moulin Huet« oder die Darstellung des in der Bucht stehenden »Cradle Rock« sowie das schon früher entstandene Gemälde »Blick aufs Meer, Guernsey« (Abb. 48), um nur vier herauszugreifen – nicht minder eindrucksvoll.

Der südlichste Punkt an der Küste von St. Martin's ist *Icart Point*, der einen großartigen Blick nach Osten über Moulin Huet Bay und Petit Port Bay zum Jerbourg Point bietet und nach Westen eine Sicht bis La Moye Point erlaubt, auf den die Küstenlinie im halbkreisförmigen Bogen zuläuft. In diesem Bogen liegen vier kleine Buchten, von denen *Petit Bôt Bay* (Abb. 42) nicht zuletzt deswegen die bekannteste ist, weil sie am einfachsten zu erreichen ist, während der Abstieg zur *La Bette Bay* und zu *Le Jaonnet* nur mit Mühe und gutem Schuhwerk zu schaffen ist. Diese Buchten erfreuen sich wegen ihrer reinen Südlage und der sie nach drei Seiten schützend umgebenden steilen Felsen großer Beliebtheit bei sonnenhungrigen Badegästen.

In der Nähe der La Bette Bay öffnet sich wenige Meter über dem Strand die Höhle *Creux ès Chiens*, die man nach einer kurzen, aber schwierigen Kletterpartie über den von der See glattgewaschenen unteren Felsen erreicht. Die Anstrengung lohnt sich, denn die nicht allzugroße Höhle, die sich zunächst nicht von einem Bergwerksstollen zu unterscheiden scheint, gibt durch ihre von rötlichem Sickerwasser gefärbte und mit dichtem Seefarn bewachsene Decke einen guten Vorgeschmack auf die Höhlen der Insel Sark.

Wer von der Moulin Huet Bay den Weg zum Plateau zurückgeht, stößt nach wenigen Metern auf eine der für diesen Inselteil typischen *water lanes*, schmale Wege, die dem Lauf eines kleinen Baches folgen (und sehr feucht sind). Die water lane oberhalb der Moulin Huet Bay führt nach *Ville Amphrey*, einer kleinen Siedlung mit alten Farmhäusern, die zu den wenigen Bauwerken ihrer Art auf den Kanalinseln gehören, an denen die Modernisierungswelle vornehmlich des 20. Jahrhunderts (fast) spurlos vorübergegangen ist. *La Vieille Maison*, zwischen 1550 und 1600 erbaut, ist ein typisches Beispiel für ein zweistöckiges Langhaus der damaligen gehobenen Klasse. Über der Eingangstür weist es den auf den Kanalinseln häufigen gedrungenen Rundbogen auf, der aus einer doppelten Reihe grauer Granitsteine besteht. Zusammen mit einigen Varianten wird er vielfach als Guernsey-Bogen bezeichnet, obwohl er sich zumindest in seinen frühesten Beispielen kaum von den Jersey-Bögen (s. S. 47) unterscheidet.

Charakteristisch ist auch die Tourelle, ein Türmchen mit einer Wendeltreppe. Tourelles überragten oft das eigentliche Haus und waren so angelegt, daß man alle Seiten des Hauses von hier aus überblicken konnte, was darauf hindeutet, daß sie ursprünglich Verteidigungszwecken dienten. Diese Annahme wird noch dadurch gestützt, daß die meisten Wendeltreppen rechtsum ansteigen. Man glaubte nämlich, diese Anordnung der Treppe gebe dem oben stehenden Verteidiger im Falle eines Angriffes von unten größere Freiheit beim Gebrauch des rechten Armes (der die Waffe führt). Auf die gleiche Zeit wie La Vieille Maison wird *La Ville Amphrey* – ohne Torbogen und ohne Tourelle – datiert, während die anderen Häuser

Verschiedene Torbogenformen der Guernsey-Häuser. Nach: John McCormack, The Guernsey House, London-Chichester 1980

des attraktiven Ensembles (*La Petite Maison* und *Le Hamel*) wahrscheinlich 1625–1700 bzw. 1750–1780 (*Ville Amphrey* und *Renate*) entstanden.

St. Martin of the Bellouse auf einem kleinen Hügel an der Rue de l'Eglise ist die *Pfarrkirche von St. Martin's.* Wenn man sie von Süden her betreten will, führt der Weg vor dem Eingang zum Friedhof an einer etwa 1,50 Meter hohen Statue vorbei, einem christianisierten Menhir, der als La Grand' Mère de la Chimquière (Großmutter des Friedhofs) zur Attraktion geworden ist. Die mürrisch dreinblickende Grand' Mère wurde wahrscheinlich im 6. Jahrhundert aus der oberen Hälfte des rechteckigen Steins herausgearbeitet. Ursprung und Bedeutung der Figur liegen nach wie vor im Dunkeln, obwohl es Erklärungsversuche gibt, nach denen die Grand' Mère (ähnlich wie die irisch-keltischen »Sheila-na-gig«-Figuren) ein Fruchtbarkeitssymbol war.

Die Kirche St. Martin existierte, wie St. Peter Ports Town Church, schon im Jahre 1048. Ihre von steinernen Bögen getragene Dachkonstruktion ist mit Schiefer eingedeckt. Der asymmetrisch über dem Kirchenschiff sitzende Turm hat eine achteckige Spitze aus Granit und kleine Türmchen an den Ecken. Die Kirche besteht aus Langhaus, Chor und einem nördlichen Querschiff. Der Taufstein am Südeingang stammt als einziger in Guernsey aus vorreformatorischer Zeit, und die Kanzel trägt das Datum 1657. Bemerkenswert sind die Piscina aus Caen-Stein in der Südwand neben dem Altar und der eichene Almosenkasten mit

91

der Aufschrift »Pauvres« in einer Nische beim Südportal. Gedenksteine in der Kirche erinnern an berühmte Familien aus St. Martin's wie de Sausmarez und Andros (Seigneurs von Sausmarez Manor), Carey und Gosselin (Bailiffs von Guernsey).

Unlösbar mit der Geschichte Guernseys und des Kirchspiels St. Martin's verbunden ist der Name der Familie de Sausmarez, deren Sitz, *Sausmarez Manor* (Farbabb. 9), an der Sausmarez Road liegt, die nach St. Peter Port führt. Die Familie kam 1254 nach Guernsey, als William de Salinelles, Seigneur von Samarès in Jersey, Lehen und Herrenhaus in St. Martin's erwarb, und sie stellte bis ins 20. Jahrhundert hinein Offiziere, Diplomaten und Politiker, die die Geschichte Guernseys entscheidend mitprägten. (Ein Zweig der Familie wurde unter dem Namen Saumarez, der heute in Saumarez Park weiterlebt, bekannt.)

Sausmarez Manor, das eindrucksvollste Herrenhaus der Insel, geht in seinen ältesten Teilen auf die Mitte des 13. Jahrhunderts zurück. Als 1557 über die weibliche Erbfolge John Andros das Lehen übernahm, baute er im rechten Winkel zum ursprünglichen Gebäude, dessen Reste heute noch erhalten sind und jetzt als Schuppen für Gartengeräte dienen, ein Haus im Tudor-Stil an. Die Familie Andros blieb durch sechs Generationen im Amt des Seigneurs von St. Martin's und stellte zwei Bailiffs, von denen einer, Sir Edmond, gleichzeitig Gouverneur der Kolonie New York war. Unter seinem Nachfolger wurde das Haus im Queen-Anne-Stil um ein hölzernes Sommerhaus auf dem Dach erweitert.

1748 verkaufte der letzte Andros Haus und Lehen an einen Nachkommen der Nebenlinie Saumarez, der das schmiedeeiserne Tor errichten ließ, das den kleinen Park des Hauses von der Straße trennt. Die äußeren Pfeiler des Tores tragen das Wappentier der Familie, einen Falken mit ausgebreiteten Flügeln, und die inneren Pfeiler zeigen ein Einhorn und einen Windhund, die den Wappenschild der Familie halten. Matthew de Sausmarez, der nächste Erbe und von 1774 bis 1820 Seigneur, hinterließ das Haus seinem Bruder Thomas, der für seine große Familie – er hatte 28 Kinder – einen Umbau im Regency-Stil vornahm. Von diesem Teil des Hauses ist nicht mehr viel erhalten, da der jüngste Sohn von Thomas, General George de Sausmarez, ab 1873 über einen Umbau im viktorianischen Stil radikale Veränderungen herbeiführte.

Das herausragende Merkmal dieses jüngsten Teils der Residenz ist die großartige Eingangshalle, die den Queen-Anne-Teil mit dem Tudor-Flügel verbindet. Halle und Treppenhaus sind mit reichem Schnitzwerk unterschiedlicher Herkunft versehen: burmesische Motive und Bibelszenen aus bretonischen Kirchen. Der gegenwärtige Seigneur, der 1982 das Haus (aber nicht den Titel) an ein Mitglied einer Nebenlinie der Familie verkaufte, ließ das Gebäude nach dem Krieg gründlich restaurieren und – als wahrhaft revolutionäre Neuerung – Elektrizität einführen, deren Fehlen die Deutschen davon abgehalten hatte, Sausmarez Manor zu beschlagnahmen.

An der Straße steht neben dem Gitter des Eingangstores das alte *Court House*, dessen Obergeschoß das Erdgeschoß überragt. Es ist ein Zeichen der Feudaltradition, die in Guernsey bis auf den heutigen Tag stärker präsent ist als auf der Nachbarinsel Jersey. Ursprünglich besaßen die Seigneurs eigene Gerichtsbarkeit, die im Laufe der Zeit in Jersey erlosch, während sie in Guernsey heute noch – allerdings nur zeremoniell – ausgeübt wird.

Einmal im Jahr treffen sich die »seignorial courts« an einem traditionell festgelegten Ort, um über die Entwicklung des Lehens im vergangenen Jahr zu beraten. Manche dieser courts tagen im Freien, während das Lehen de Sausmarez das Court House benutzt. Das Ende der Zeremonie ist aber in allen Fällen gleich: Der Seigneur lädt die Sitzungsteilnehmer zum Essen ein.

Forest, St. Peter-in-the-Wood, Torteval und der Südwesten

Das Kirchspiel *Forest* grenzt im Westen an St. Martin's und ist im wesentlichen ein Landwirtschafts- und Gartenbaubezirk, dessen Zentrum die Kirche St. Margaret und die alte Farmsiedlung Le Bourg bilden. Den nördlichen Teil nimmt der 1939 fertiggestellte Flughafen ein. In den Grenzen des Forest Parish liegt auch noch das malerische kleine Dorf Le Variouf sowie ein *Menhir*, den der Besucher an der Straßenkreuzung findet: »Perron du Roi« ist in den Stein eingemeißelt, der ein Teil der verschwundenen megalithischen Steinsetzung gewesen sein könnte, die einmal als »Trépied des Nouettes« bekannt war.

Die *Pfarrkirche* an der Rue de l'Eglise ist die kleinste der alten Kirchen Guernseys. Auch sie soll schon um 1048 bestanden haben. Das Gebäude umfaßt einen Chor sowie ein nördliches und ein südliches Querschiff, über dem sich der Turm mit vier Ecktürmchen und einer achteckigen, von einem Wetterhahn gekrönten Spitze erhebt. Im nüchtern wirkenden Innenraum fällt neben dem Nordeingang ein alter eisenbeschlagener Almosenkasten auf, der aus einem Eichenstamm herausgearbeitet ist. Eine Platte an der Wand von 1786 weist darauf hin, daß es sich um eine »Boite pour les Pauvres Honteux« (Kiste für die verschämten Armen) handelt. In einer Glasvitrine erinnern einige Instrumente – eine Querpfeife, eine Piccoloflöte, zwei Querflöten und eine Klarinette – an die Zeit vor der Einführung der Orgel, als noch ein kleines Orchester in der Kirche musizierte. Eine bauliche Besonderheit ist die nördliche Eingangstür mit einem Torbogen nach Art der Bauernhäuser Guernseys. Während des Krieges war die Kirche als einzige auf der Insel auf deutschen Befehl hin geschlossen, und die Pfarrkirche von St. Peter-in-the-Wood mußte als Ersatz dienen.

Richard Heaume war ein Jahr alt, als der Krieg zu Ende ging, doch die vielen Relikte aus der Zeit, die er selbst nur vom Hörensagen kannte, müssen ihn derartig beeindruckt haben, daß er mit elf Jahren begann, Waffen und Ausrüstungsgegenstände der deutschen Truppen zu sammeln. Er hatte sogar bis Anfang der 60er Jahre verschiedentlich Gelegenheit, in den damals noch zugänglichen Hohlgängen (illegal) nach Material aus der Kriegszeit zu suchen, das er seiner Sammlung hinzufügte. Seit 1966 ist sie als *German Occupation Museum* in zwei cottages hinter der Pfarrkirche von Forest zu besichtigen, und die Channel Islands Occupation Society, zu deren Gründern Heaume gehörte, half bei der Beschaffung größerer Gegenstände, wie einer 37-Millimeter-Flak oder eines Renault-Geschützturmes, der wie zahlreiche andere als Beutestück von Frankreich auf die Kanalinseln geschafft worden war.

Die Grenze zwischen St. Peter-in-the-Wood und Forest verläuft westlich der nach Süden weisenden Landzunge La Corbière und des kleinen Fischerhafens Bon Repos. Wie schon zwischen La Moye und La Corbière kann man auch von hier den Weg an der Küste entlang zum Pleinmont Point nur verfolgen, wenn man ständig Umwege macht, da in diesem westlichen Teil der Südküste kein durchgehender Klippenweg zwischen den einzelnen Landzungen mehr existiert. Einige Passagen sind im Laufe der Jahre durch bröckelndes Gestein zu gefährlich geworden, und an manchen Stellen sind die Wege im wild wuchernden Gewirr von Stechginster, Brombeerhecken und Farnen völlig untergegangen.

Auf dem Landstreifen zwischen Küste und Pleinmont Road sind westlich Havre Bon Repos, nachdem man die Befestigungsanlagen aus napoleonischer und deutscher Zeit passiert hat, bis zum Pleinmont Point kaum Häuser anzutreffen. Dieses Stück Land wirkt heute noch so verlassen wie zu der Zeit, als es Teilschauplatz von Victor Hugos Roman »Die Arbeiter des Meeres« war.

Weiter westlich liegt die kleine Bucht *Creux Mahie*, die – wie dieser Teil der Insel überhaupt – auch in der Hochsaison kaum besucht ist. Creux Mahie besitzt die größte Höhle Guernseys, die rund 60 Meter tief in den Felsen hineinführt, durchschnittlich 14 Meter breit und maximal 18 Meter hoch ist. Der Boden ist brüchig und uneben, die gewölbte Decke unregelmäßig. Der Abstieg zur Höhle auf dem geröllbedeckten Pfad ist recht schwierig, und man hat den kleinen Eingang schnell übersehen. Im dunklen Innern kommt man ohne Licht nicht aus. Vorsicht, denn die Wände der Höhle sind mit einer dicken Rußschicht überzogen, die noch aus der Zeit stammt, als Fischer große Feuer in der Höhle entzündeten, um ihren Kollegen auf See Zeichen zu geben.

Auf der westlichen Seite des Strandes befindet sich ein *Souffleur Cave* (Flüsterkeller), dessen Decke höher ist als der Eingang. Das hereinrauschende Wasser erzeugt einen starken Überdruck, der es mit großer Geschwindigkeit und unter erheblicher Geräuschentwicklung wieder nach draußen preßt, wobei je nach Wasserstand, Windrichtung und Windstärke riesige Fontänen entstehen können. Der Flüsterkeller im Creux Mahie erfüllt seine Funktion am besten bei halbhohem Wasserstand.

Der Weg nach Westen wird ab hier wesentlich besser (und belebter), und man kann nun fast an der Klippe entlang zur nächsten Anhöhe, Mont Hérault, weitergehen, vorbei an der Landzunge Les Tielles, die von unzähligen Seevögeln bevölkert ist, deren Geschrei Hunderte von Metern weit reicht. Von hier bietet sich bei klarer Sicht ein Ausblick bis zu den Roches Douvres, auf denen Gilliatt, der Held des Romans »Die Arbeiter des Meeres«, wochenlang allein damit beschäftigt war, die Maschine eines auf diesem gefährlichen Riff gestrandeten Schiffes zu retten. Unterhalb des Mont Hérault liegt die kaum zugängliche kleine *Baie de la Forge*, deren besonders lautstarker *Souffleur Cave* möglicherweise für den Namen der Bucht (Forge = Schmiede) gesorgt hat.

Vom Mont Hérault führen Pfade auf die Halbinsel *Pleinmont*, die südwestlichste Landausdehnung von Guernsey, die wegen ihrer attraktiven Küstenlinie und ihres Niederholzbewuchses ein beliebtes Ausflugsziel ist. Allein sieben Buslinien steuern die Haltestelle am Imperial Hotel in der Nähe des kleinen Fischerhafens Portelet an. Eine Stichstraße führt bis zum *Pleinmont Point*, von dem aus einige Wege ins Zentrum der Halbinsel abzweigen, wo vereinzelte Häuser stehen. Am Ende der Straße, abseits vom Weg und nicht weit von den

Klippen, finden wir *La Table des Pions,* einen flachen runden, von einem Graben umgebenen Turfhügel. Er war der Wendepunkt der (bis 1837) traditionell alle drei Jahre im Juni durchgeführten »Chevauchée de St. Michel«, bei der die Mitglieder des nach dem Royal Court wichtigsten Gerichts der Insel, des Court of the Priory of St. Michel of the Vale, zu Pferde die öffentlichen Straßen und Wege inspizierten und im Bedarfsfalle Anliegern die Auflage erteilten, von ihren Grundstücken überhängendes Buschwerk oder Geäst zurück-zuschneiden. Die Notablen wurden, je nach Rang, von einem oder zwei Knechten zu Fuß (Pions) begleitet, die an den offiziellen Raststätten an besonders für sie vorgesehenen Stellen ihre Erfrischungen zu sich nahmen: Die Pions saßen auf dem Gras mit den Füßen im Graben, und der Turfhügel in der Mitte diente ihnen als Tisch. 1966 wurde die »Chevau-chée«, früher die aufwendigste und farbenprächtigste Traditionsveranstaltung der Kanalin-seln, anläßlich des 900jährigen Bestehens der Verbindung zwischen den Inseln und der englischen Krone noch einmal zeremonienhaft durchgeführt, und der Tisch der Pions wurde zu diesem Zweck restauriert.

Die *Kirche* von *Torteval* an der Rue de la Belle, *St. Philip* (früher St. Mary the Virgin), ist die einzige der »alten« Pfarrkirchen, deren jetziges Gebäude – nach völliger Zerstörung des alten – aus dem 19. Jahrhundert stammt. John Wilson, der uns in St. Peter Port schon begegnet ist, war der Architekt des 1816 in grauem Granit erbauten Gotteshauses, das einen ungewöhnlichen runden Turm besitzt. Im sehr schlichten Innenraum sind noch die Öllampen erhalten, mit denen die Kirche vor Einführung der Elektrizität erleuchtet wurde. Am westlichen Ende des Kirchhofs steht ein Kriegerdenkmal aus Granit, und am östlichen Ende wurde 1977 anläßlich des Silbernen Thronjubiläums Königin Elizabeths II. ein Vogelreservat eingerichtet. Zu Torteval gehört auch das einzige noch erhaltene *Taubenhaus* Guernseys, das auf den ersten Blick wie ein Martelloturm aussieht. Es war im Besitz der Seigneurs des Lehens au Cannely und wurde vor einigen Jahren restauriert.

Der Name des Nachbarkirchspiels *St. Peter-in-the-Wood* deutet (wie der von Forest) darauf hin, daß diese Gegend früher einmal stark bewaldet gewesen sein muß. Die Gemeinde erstreckt sich von den Höhen des südlichen Inselplateaus bis an die Westküste, und ihrer abschüssigen Lage trug man sogar in der baulichen Gestaltung der *Pfarrkirche* Rechnung, die von Torteval Church nur ungefähr eineinhalb Kilometer entfernt ist: Auf einem Hanggrundstück gelegen, weist sie im Innenraum einen Niveauunterschied von über einem Meter auf, gut erkennbar an den achteckigen Pfeilern, die von Osten nach Westen an Höhe zunehmen. Zwei der ursprünglichen 57 Öllampen sind noch erhalten, und im Chorraum befinden sich Tafeln mit den Zehn Geboten, dem Vaterunser und dem Glaubensbekenntnis in französischer Sprache. An der Außenwand südlich des Kirchturms fällt ein Wasserspeier auf, der die Form eines Hundekopfes mit sehr langen Ohren hat. Zwei interessante Grabsteine auf dem Kirchhof (Pfarrer John Perchard sowie Thomas de Lisle) aus dem 17. Jahrhundert gelten als die ältesten in Guernsey.

Zwischen »Muschelkirche« und deutschen Tunneln: die Kirchspiele St. Andrew's und St. Saviour's

In keinem Prospekt von Guernsey fehlt der Hinweis auf zwei Bauwerke des 20. Jahrhunderts, die in jedem Jahr Tausende von Besuchern ins Inselzentrum, nach *St. Andrew's* locken: die *»Little Chapel«* von Les Vauxbelets und das *German Underground Hospital*. Der Weg von St. Peter Port führt über Mont Durand und Mont Row am *»Bailiff's Cross«* vorbei, das an ein schlimmes Ereignis aus dem Jahre 1302 erinnert: Einer der Mönche des kleinen Inselklosters von Lihou war ermordet worden, und eine königliche Kommission wurde zur Untersuchung des Falles auf die vor der Westküste von Guernsey gelegene Insel

*St. Andrew's,
Pfarrkirche*

entsandt. Als der Mörder zu fliehen versuchte, wurde er von einem seiner Verfolger, Renouf Gautier, getötet, der daraufhin unter Mordanklage gestellt wurde, jedoch fliehen konnte und nach einiger Zeit vom König begnadigt wurde. Ein gewisser Gautier de la Salle, in einigen Chroniken als Bailiff bezeichnet, ignorierte die Begnadigung und ließ Renouf im Castle Cornet foltern und töten. De la Salle wurde zum Tode verurteilt und soll der Überlieferung nach auf dem Weg zum Galgen an dieser Stelle seine letzte Beichte abgelegt haben.

An der rechten Straßenseite kommt die *Pfarrkirche* in Sicht. Ihre Lage in einer kleinen baumbestandenen Senke trug ihr bereits zur Zeit der ersten Normannenherzöge, die sie der Abtei von Marmoutiers zu Lehen gaben, den heutigen Namen ein: *St. Andrew of the Sloping Orchard* (St. Andreas vom abschüssigen Obstgarten). Das Innere der aus rötlichem Granit

32 ST. PETER PORT Blick über den alten Hafen auf die Stadt ▷

33 ST. PETER PORT Town Church. Um 1466

34 ST. PETER PORT Elizabeth College, im Stil der Tudor-Gotik erbaut von John Wilson. 1826–29

35 ST. PETER PORT »Arkaden«. 1830
37 ST. PETER PORT »Fernöstliches Zimmer«
im Maison Victor Hugo

36 ST. PETER PORT »French Halles«. 1780
38 ST. PETER PORT Victor-Hugo-Denkmal in den
Candie Gardens, von J. Boucher. 1914

39 ST. PETER PORT Luftaufnahme von Stadt, Hafen und Castle Cornet (im Vordergrund)

40 Der Hafen von ST. SAMPSON'S

41 Gewächshäuser im Bereich der Westküste
42 PETIT BOT BAY mit Martelloturm. Um 1785

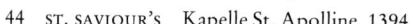

43 CASTEL   Herrenhaus La Haye du Puits. Um 1585 und 18. Jh.

44 ST. SAVIOUR'S   Kapelle St. Apolline. 1394

45 CASTEL Herrenhaus Saumarez Park, von William Le Marchant. 1721

46 ST. SAMPSON'S Pfarrkirche (Ostseite). Frühes 12. Jh.

47 Auguste Renoir, Au Bord de la Mer. 1883. Öl auf Leinwand. The Metropolitan Museum of Art, New York. Bequest of Mrs. H. O. Havemeyer, 1929. The H. O. Havemeyer Collection

54   LES CASQUETS   Felseninseln westlich von Alderney

55   LIHOU   Felsenbad »Venus' Bath«

56 SARK Kornmühle. 1571

57 SARK Taubenhaus des Seigneurs. 1730

58 SARK La Coupée, der Verbindungsweg
zwischen Great Sark und Little Sark

59 HERM Kapelle St. Tugual

60   SARK   La Seigneurie, Residenz des Seigneurs der Insel seit 1730. Begonnen 1565

61   SARK   Le Creux Harbour. 1588

erbauten Kirche wurde im ausgehenden 18. Jahrhundert zu seinem Nachteil restauriert. Das geschnitzte Altarretabel aus Eichenholz stammt von 1909.

Von den zahlreichen *Farmhäusern* aus der Zeit zwischen 1450 und 1750 sind etliche noch weitgehend unverfälscht erhalten. Z. B. *La Contrée de l'Eglise,* in unmittelbarer Nähe der Kirche, wurde in der zweiten Hälfte des 16. Jahrhunderts mit einer Tourelle gebaut, deren Stufen links herum ansteigen. Eine Inschrift über der Tür weist auf einen Umbau hin: »PLLC 1746« (Pierre Le Lacheur). *Les Bailleuls Cottage* wird auf das späte 15. Jahrhundert datiert und besitzt noch seine ursprüngliche Fassade. Ähnlich wie die Kirche folgt das Haus in seiner baulichen Anlage dem Hang, auf dem es steht, und der Niveauunterschied beträgt von rechts nach links fast einen Meter.

Hinter der Kirche biegt die Vassalerie Road nach links ab. Während des letzten Krieges sprengten hier deutsche Truppen eine Hohlganganlage in den Felsen eines Hügels, die mit insgesamt zwei Kilometern Tunnellänge die größte auf den Kanalinseln ist und heute als *German Underground Hospital* zur Besichtigung offensteht (s. S. 114). Anders als sein Gegenstück in Jersey konnte dieses Tunnelsystem fast vollendet werden, und es diente nach der alliierten Invasion einige Wochen lang als Lazarett für deutsche Soldaten. Der Bau der Anlage, deren andere Hälfte als Munitionslager geplant war, dauerte dreieinhalb Jahre, über 60 000 Tonnen Fels mußten gebrochen werden. Eine von der Nachkriegspropaganda in Umlauf gesetzte Legende, wonach die über 20 Opfer, die beim Bau ums Leben gekommen waren, in die Wände einbetoniert worden seien, entbehrt jeglicher Grundlage, denn die Toten wurden in der benachbarten Gemarkung Les Vauxbelets begraben und 1961 in die Normandie überführt.

Gegen den Rummelplatz des Underground Hospital in Jersey muß die Hohlganganlage in der Vassalerie Road wie ein Gruselkabinett wirken. In den fast leeren, nur schwach erleuchteten Stollen herrscht aufgrund ihrer Anordnung – zwei parallel verlaufende Stollen sind durch mehrere Quergänge miteinander verbunden – eine seltsame Akustik, die noch durch die immense Feuchtigkeit – in den Sommermonaten ist reichlich Tropfwasser vorhanden – verstärkt wird. Unter diesen Umständen ist die Gruppe von Wachsfiguren, mit Werkzeug und Lore zu einer Arbeiterkolonne zusammengestellt, die in einem unvollendeten Seitengang plötzlich im Halbdunkel vor dem Betrachter auftaucht, sicher nichts für schreckhafte Naturen ...

Les Vauxbelets an der Bouillon Road geht im Kern auf das im 17. Jahrhundert erbaute Herrenhaus gleichen Namens zurück. 1904 erwarben französische Mönche vom Orden der Brüder von den Christlichen Schulen das Haus und bauten es in mehreren Phasen zu dem umfangreichen, unförmigen Gebäudekomplex um, den es heute darstellt. Der Orden war 1680 von einem Jean Baptiste de la Salle mit dem Ziel gegründet worden, Knaben im Geiste absoluter Nächstenliebe zu erziehen. Als gegen Ende des 19. Jahrhunderts in Frankreich konfessionelle Schulen verboten wurden, suchten die religiösen Orden neue Betätigungsfelder, und im Falle Guernseys entstand in Les Vauxbelets eine Bildungseinrichtung, die ab 1914 Klassen für einheimische Jungen und französische Sekundarstufenschüler sowie landwirtschaftliche Fachklassen und eine Lehrerbildungsakademie unterhielt. Heute sind in

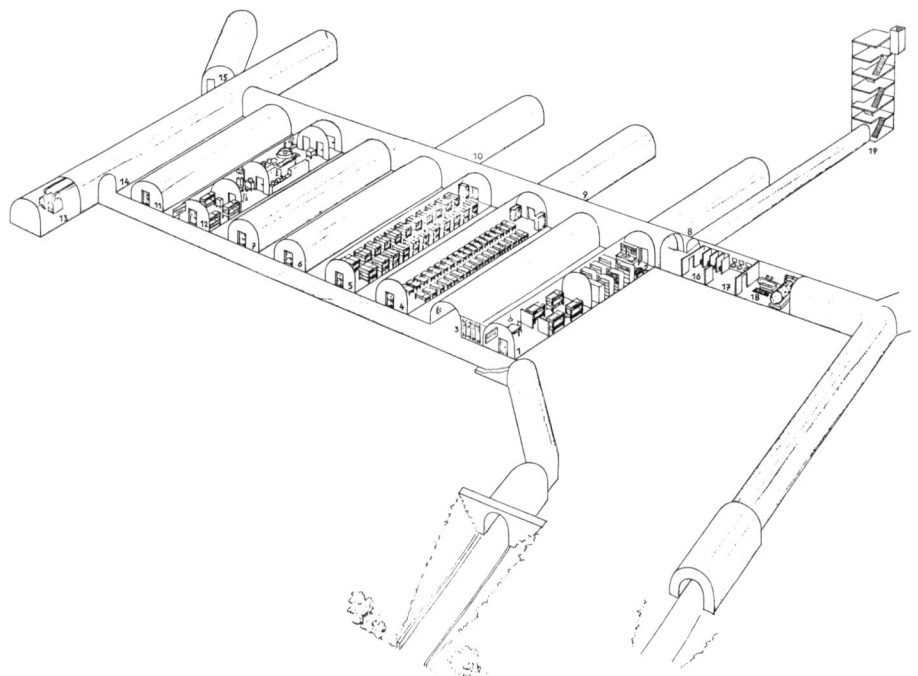

*St. Andrew's, German Underground Hospital. Nach: Winston G. Ramsey, The War in the Channel
Islands – Then and Now, London 1981.*
*1 Anmeldung und Wache – 2 Apotheke – 3 Durchgang – 4–11 Krankenräume – 12 Operationsraum –
13 Heizung – 14 Gerätekammer – 15 Apothekenlager – 16 Aborte – 17 Waschraum – 18 Bad –
19 Notausgang*

dem Gebäude Teile der örtlichen Grundschule und eine internationale Sprachschule
untergebracht. Die kleine Farm unterhalb des College, wie sich die Einrichtung nennt, ist
das Hauptquartier der Mönche, die im Geist ihres Gründers weiterwirken.

Einer dieser Mönche, Bruder Déodat, schuf 1923–1925, nach zwei erfolglosen Anläufen,
an der Zufahrt von der Straße zur Farm eine Miniaturkirche – eine besondere Attraktion
Guernseys. »*The Little Chapel*« (Farbabb. 13), so der volkstümliche Name, ist ein etwa fünf
mal vier Meter großes Betongebäude, das von einem etwa drei Meter hohen Kirchturm
überragt wird und aus Längsschiff und einem Chor besteht, von dem eine Treppe zu den
beiden Krypten hinunterführt. Architektonisches Vorbild waren dem Mönch die Grotte
und Kirche von Lourdes. Das Hauptaugenmerk aber richtet sich nicht auf die winzigen
Ausmaße der Baudetails, sondern auf die unzähligen bunten Glas- und Porzellanscherben
und Muscheln, mit denen die Kirche innen wie außen bedeckt ist.

Das Werk des Bruders Déodat hat sogar in unserer Zeit Nachahmer gefunden: Als vor einigen Jahren die Stufen, die vom Weg zur Kapelle hinaufführen, einem Akt des Vandalismus zum Opfer fielen, erklärte sich die Porzellanmanufaktur Wedgwood bereit, für Ersatz zu sorgen, und sie stiftete Scherben echten Wedgwood-Porzellans in den Traditionsfarben der Firma. So steht es nach bewährter PR-Manier auf einer Widmungstafel, die in die Treppe eingelassen ist und natürlich auch aus Wedgwood-Porzellan besteht – ebenfalls in Traditionsfarbe, aber nicht aus Scherben.

Am Flughafen vorbei, dessen Gelände sich die Kirchspiele St. Andrew's und St. Saviour's mit Forest teilen, führt die Straße bergab und in einigen Windungen nach *St. Saviour's*, einem stark ländlich geprägten Bezirk, in dem Farmen und Gewächshäuser das Bild bestimmen. Das Terrain dieses Kirchspiels fällt von Südosten nach Nordwesten zum Meer hin ab, und von verschiedenen Punkten aus ergibt sich ein schöner Ausblick auf die westlich gelegenen Buchten Perelle Bay und Vazon Bay. Auf den saftigen Weiden grasen die berühmten Guernsey-Kühe, die wie ihre Artgenossen aus Jersey einer strengen Zuchtkontrolle unterworfen sind. Ein »Herd Book« hält seit 1882 die Entwicklung der Rinderzucht fest. Es werden zwar Kühe exportiert, doch eine Guernsey-Kuh, die einmal die Insel verlassen hat, darf nicht mehr zurückkehren. Wie in Jersey ist der Fettgehalt der Kuhmilch hier besonders hoch, und der »Guernsey Cream Tea«, ein meist nachmittags angebotenes Gedeck aus Tee, Scones, Marmelade und Guernsey-Sahne, ist eine sehr beliebte Spezialität.

St. Saviour's hat in anderer Hinsicht besondere Bedeutung für das gesamte Inselleben: Die *Talsperre* am Mont Saint, oberhalb der Perelle Bay, ist die einzige Anlage ihrer Art in Guernsey, dessen Wasserversorgung, anders als auf den anderen Inseln, sehr problematisch ist, weil außer dieser einen »Quelle« keine nennenswerten nutzbaren Süßwasservorkommen existieren. Die vielen kleinen Quellen und Bäche an der Südküste sind wegen ihrer Lage nicht aufzustauen, obwohl das Wasser aus einer dieser Quellen in die Talsperre gepumpt wird, um die Wassermenge dort zu erhöhen. In trockenen Jahren kann es geschehen, daß die Vorräte der Talsperre so stark abnehmen, daß Hotels, Pensionen und Privathaushalten das Wasser stundenweise abgesperrt werden muß. Für den Notfall besteht zwar eine Meerwasseraufbereitungsanlage, deren Betrieb aber unverhältnismäßig teuer ist. Die Talsperre wurde landschaftlich reizvoll in ihre Umgebung eingepaßt, und ihr Gelände ist ein Paradies für Vögel und für den Anglerverein, der das exklusive Recht hat, das Gewässer mit Forellen zu besetzen und natürlich auch nach ihnen zu angeln.

An einer Haarnadelkurve der Straße, die von der Talsperre aufs Plateau führt, steht die *Kirche St. Saviour*, der größte Sakralbau außerhalb St. Peter Ports. Ihr Westturm – mit Brüstung und Zinnen – diente während des Krieges als Aussichtsposten. Dies war jedoch nicht die erste militärische Nutzung des Kirchengeländes; denn 1826 hatte man im Kirchhof einen 24-Pfünder als Alarmsignal aufgestellt. Am Osteingang des Kirchhofs steht ein *Menhir* mit einem eingemeißelten Kreuz auf jeder Seite. Unter mehreren sehenswerten Grabsteinen fällt ein jüngerer Stein auf, der als Inschrift nur die Worte »Ma Mère« trägt.

Die Ansiedlung *Sous l'Eglise* ist das ursprüngliche Dorf St. Saviour's, dessen Zentrum sich in späterer Zeit nach Westen zum Meer hin verlagert hat. Vom Kirchhof führt ein kleiner

Weg dorthin, und die steinerne Bank am Anfang des Stufenganges war einst Sitzungsort des Gerichts des (heute der Krone gehörenden) Lehens Jean du Gaillard. *La Vieille Sous l'Eglise*, ein Haus aus der zweiten Hälfte des 16. Jahrhunderts, hat sein ursprüngliches Aussehen bewahrt. Seine Taubenschläge am Haus waren für Taubenhalter verbindlich; nur der Seigneur durfte einen Taubenturm bauen. Eine Tourelle und ein flacher Bogen aus rotem Granit über der Eingangstür sind besondere Merkmale dieses Wohnhauses, das das attraktivste in einer kleinen Gruppe alter Farmhäuser ist.

Sous l'Eglise – im wahrsten Sinne des Wortes: unter der Kirche betätigten sich die Bautrupps der Organisation Todt während der deutschen Besetzung, als sie den »Hohlgang 12« bauten, ein Tunnelsystem von der Größe des Underground Hospital in Jersey, das als Munitionsdepot dienen sollte (seit 1985 der Öffentlichkeit zugänglich). Die wohl größte militärische Angriffsstellung der Kanalinseln war die »Batterie Mirus«, die teilweise auf dem Gelände der heutigen *Les Rouvets Tropical Gardens* liegt. Diese Gärten sind wie die *Strawberry Farm* in der Nähe mit ihren »hängenden Erdbeeren« eine besondere botanische Sehenswürdigkeit: Hier gedeihen Bananenstauden, Ananas, Zitrusfrüchte, Kaffee-, Tee- und Zuckerpflanzen, Baumwoll- und Reispflanzen. Die vier Geschütze vom Kaliber 30,5 Zentimeter stammen von dem russischen Schlachtschiff »Zar Alexander III«, das nach dem Ersten Weltkrieg in französische Hände fiel und 1935 in Tunesien abgewrackt wurde. Die zwölf je 48 Tonnen schweren Geschütze blieben erhalten und sollten im Finnisch-Russischen Krieg den Finnen übergeben werden. Von den drei Transportschiffen, die je vier der Waffen geladen hatten, wurde eines bei der Besetzung Norwegens von deutschen Truppen aufgebracht, und die Geschütze kamen nach Bergen, von wo sie schließlich, nach Reparaturarbeiten bei Krupp, nach Guernsey verschifft und in den gigantischen Befestigungskomplex eingebracht wurden, an den noch die umfangreichen Fundamente der Stellungen erinnern, in denen die Geschütze, die über 60 Kilometer weit reichten, um 360 Grad drehbar verankert waren.

Eine einzigartige Sehenswürdigkeit in Guernsey ist die kleine *Kapelle St. Apolline* (Abb. 44), auch als Notre Dame de la Perelle bekannt, an der Grande Rue in *Perelle*. Sie ist die einzige erhaltene mittelalterliche Kapelle auf der Insel und darüber hinaus als einzige auf den britischen Inseln St. Apolline gewidmet, die in Großbritannien als Patronin der Zahnärzte gilt. 1394 erhielt Nicolas Henry von König Richard II. die Erlaubnis, an dieser Stelle ein Gotteshaus zu bauen und eine Stiftung zu errichten, von der ein Geistlicher zu unterhalten sei, der jeden Tag – in alle Ewigkeit – zur Rettung des Seelenheils von Henry und seiner Frau eine Messe zu lesen habe. Ein Fresko an der Südwand des schlichten Innenraums stellt das Letzte Abendmahl dar.

Die »Grandes Maisons« von Castel

Genau westlich von St. Peter Port und nördlich von St. Andrew's und St. Saviour's, über die Cobo Road in wenigen Minuten von der Hauptstadt zu erreichen, erstreckt sich das flächenmäßig größte Kirchspiel von Guernsey, *Castel* (auch *Câtel*). Hier kontrastieren Landschaft und Architektur am stärksten. Im höher gelegenen Inland liegen viele Farmen, die großen Herrenhäuser von Saumarez Park, La Haye du Puits und St. George sowie die reizvollen Täler von Talbot, Fauxquets und Moulin de Haut, während weiter unten die Hauptstraße Les Grands Moulins durch das malerische Dörfchen King's Mills führt, dessen Erscheinungsbild die Granitmauern und die eckigen oder runden Torbögen der alten Farmhäuser bestimmen. In Küstennähe stehen heute Bungalowsiedlungen, wo früher Marsch und Ödland war. Im ganzen Kirchspiel trifft man darüber hinaus die Gewächshäuser der Tomatenzüchter an.

An der Kreuzung der Straßen Les Rohais de Haut und La Rue du Presbytère, wenige Meter westlich der Grenze zwischen St. Andrew's und Castel, steht auf einer Anhöhe die *Pfarrkirche St. Mary of Castel.* Man nimmt an, daß an dieser Stelle vor 1155, dem Zeitpunkt der ersten urkundlichen Erwähnung der Kirche, einmal ein Schloß oder Kastell gestanden hat, woraus sich der Name des Kirchspiels erklärt. Das Gebäude besteht aus einem Langhaus, einem nördlichen Seitenschiff und einer Kapelle, die sich nördlich an den Chor anschließt und heute als Sakristei dient. Über eine Holztreppe gelangt man vom Innenraum in den Turm, der sich über dem Seitenschiff erhebt und eine achteckige Spitze sowie Türmchen an den vier Ecken aufweist. Schmuckstücke der Kirche sind die Wandgemälde aus dem 13. Jahrhundert, die sich über zwölf Meter von der Nordwand der Sakristei bis auf die Ostwand der Kirche erstrecken. Das erste Bild zeigt einen Baum mit sieben Ästen, drei berittene Edelleute, von denen jeder einen Falken trägt, sowie drei Leichen in verschiedenen Stadien der Verwesung. Das zweite Bild, auf einer Gewölberippe, stellt einen Mann in schwarzer Kutte dar, der einen Weinkrug und einen Abendmahlskelch hält und über dessen Hals eine Axt liegt. Das dritte Bild zeigt das Letzte Abendmahl mit Christus und den Aposteln an einem gedeckten Tisch, vor welchem ein Diener mit einem Gefäß steht, in dem ein Fisch liegt. Die langhaarige Frau neben dem Diener wird für Maria Magdalena gehalten. Ein Menhir im Kirchhof hat wie die Grand' Mère de la Chimquière in St. Martin's Menschengestalt. Der steinerne Sitz vor dieser Figur ist der ehemalige Tagungsort des »Court of the Manor of St. Michel«. Zum Kirchhof gehört auch das Grabmal für den Admiral Lord de Saumarez sowie eine Grotte und ein Gartentrog aus rötlichem (Cobo-) Granit (16. oder 17. Jh.). Zwei Gesichter auf dem Trog sollen Sonne und Mond darstellen.

Saumarez Park an der Saumarez Road ist nach der Familie benannt, die 1783 durch Heirat in den Besitz des 1721 von William Le Marchant im französischen Chateau-Stil erbauten

Signet des Guernsey Folk Museum,
Saumarez Park

117

Herrenhauses kam (Abb. 45). Der dritte Lord Saumarez, einst Botschafter in Japan, ließ das Haus erweitern, die Gärten verschönern und von japanischen Fachleuten eine Pagode bauen, die die deutsche Besatzung im Krieg abriß. Als der Lord 1938 starb, erwarben die States of Guernsey das Anwesen und überließen das Haus dem Johanniter-Orden, der es heute als Altersheim nutzt. Die alten Stallungen wurden dem National Trust von Guernsey zur Verfügung gestellt, der hier in Verbindung mit der Société Guernesiaise, der Historischen Gesellschaft Guernseys, das *Guernsey Folk Museum* einrichtete, das einen lebendigen Einblick in das Leben der Landbevölkerung früherer Zeiten vermittelt. Eine komplett ausgestattete Farmhausküche ist ebenso vorhanden wie ein Schuppen mit einer Cider-Presse oder eine reichhaltige Sammlung alter landwirtschaftlicher Geräte. Im August finden auf dem Parkgelände die traditionelle *Landwirtschaftsschau* und die farbenprächtige *»Battle of Flowers«* statt, die im Gegensatz zu ihrem Pendant in Jersey nicht als Umzug auf der Straße durchgeführt wird. Im nahegelegenen Friquet Flower Centre kann man sich auf die »Blumenschlacht« einstimmen lassen.

Das *Herrenhaus St. George,* an der gleichnamigen Straße inmitten eines »englischen« Parks gelegen, wurde 1581 begonnen, wie die älteste auf einem Profanbau in Guernsey erhaltene Datumsinschrift auf dem typischen Guernsey-Bogen über dem Eingang des älteren Flügels bezeugt. Das Haus erhielt 1787 seine heutige Front, wurde jedoch 1824 noch einmal leicht verändert. Von der zum Anwesen gehörenden mittelalterlichen Kapelle sind nur noch einige Steine übriggeblieben. Ein altes Häuschen am Eingangstor, das früher eine Pförtnerloge gewesen sein könnte, dient heute als Sitzungsraum des »Court of Fief le Comte«, eines der wenigen noch bestehenden Gerichte der alten Lehen.

Eines der interessantesten Herrenhäuser Guernseys, zwischen St. George und Saumarez Park hinter hohen Mauern dem Blick des Passanten entzogen und in einem großartigen Park mit sehr altem Baumbestand gelegen, ist *La Haye du Puits* (Abb. 43). Das erste an dieser Stelle erbaute Wohnhaus war im 15. Jahrhundert der Familiensitz der Henrys, deren Ahnherr die Kapelle St. Apolline gestiftet hatte. Der Kern des jetzigen Hauses mit seiner achteckigen Tourelle, die das Gebäude deutlich überragt, geht auf das 16. Jahrhundert zurück. Später erwarb die Familie Le Marchant das Anwesen und behielt es bis zum Bau der Residenz Saumarez Park als Hauptwohnsitz. Die Le Marchants ließen im 18. Jahrhundert mehrere Umbauten vornehmen. Unter anderem wurde der Eingang verlegt, und zwei Ecken des Hauptflügels erhielten um 1750 vorspringende Türmchen von unterschiedlicher Größe, die dem Gebäude den Charakter eines kleinen Schlosses verleihen. Auch nachdem die Familie das Haus aufgegeben hatte, blieb La Haye du Puits bis heute in privater Hand und kann nicht besichtigt werden.

Zwei der vielen sehenswerten Häuser außerhalb des Dorfes *King's Mills* sollen ihres Alters wegen besonders erwähnt werden: *Old Cobo Farmhouse* mit Eichenträgern und linksgewendelter Tourelle geht ebenso wie *Cobo Farmhouse* auf das späte 15. Jahrhundert zurück. In King's Mills selbst sind fast zehn Häuser schon im 15. Jahrhundert urkundlich erwähnt, und etliche von ihnen haben noch die Fassade, die sie in ihrer ursprünglichen Bauphase erhielten, sowie Tourelles. Nicht weit vom Dorf entfernt befindet sich in der Seitenstraße

Rue du Douit das *Guernsey Tomato Centre*, in dem sich der Besucher über alle Aspekte des Tomatenanbaues, einem der wichtigsten Wirtschaftsfaktoren Guernseys, informieren kann. Darüber hinaus überrascht das Tomato Centre mit Ausstellungen über Blumenzucht und Weinbau; und so schön es auch ist, im Tropical Tea Garden unter Palmen und anderen exotischen Gewächsen einen »Guernsey Cream Tea« oder den an Ort und Stelle hergestellten Tomatenwein (»Aztecato«) zu genießen – der Name Tomato Centre läßt ein solch vielfältiges Angebot wirklich nicht erwarten.

Die lower parishes: Vale und St. Sampson's

Die beiden Kirchspiele werden allein schon deshalb häufig zusammen genannt, weil sie von 1607 bis 1859 miteinander vereinigt waren und weil seit der Trennung jeweils ein Teil ihres Gebietes als Enklave im Nachbarkirchspiel liegt. So ist *St. Sampson's* im Westen durch den kleineren Teil von *Vale* getrennt, dessen größerer Landanteil nördlich von St. Sampson's das Terrain der einstigen Insel Clos du Valle einnimmt, die 1806 durch die Eindeichung und weitgehende Urbarmachung des Meeresarmes Braye du Valle Bestandteil der Insel Guernsey wurde. Die Grenze zwischen beiden parishes verläuft genau entlang dieses früheren Wasserweges, von dem im Westen noch ein kleiner See, Vale Pond, und im Osten der zwischen 1839 und 1898 angelegte Hafen von St. Sampson's zu erkennen sind.

Das Gelände beider Kirchspiele ist gleichmäßig flach, hier findet sich die größte Ballung der Gewächshausanlagen (Abb. 41). Im vergangenen Jahrhundert bestimmten vor allem Steinbrüche das Bild dieses Inselabschnittes, sie führten zu stärkerer industrieller Nutzung als anderswo in Guernsey. Der *Hafen* von St. Sampson's (Abb. 40) ist im wesentlichen für den Abtransport der Steine gebaut worden, und die zwangsläufig folgenden Werften, die heute nur noch Reparaturarbeiten ausführen, zeugen davon, daß die Insulaner sich neu entstehenden wirtschaftlichen Situationen schnell und effizient anzupassen verstanden. Heute hat der Steinbruchbetrieb nur noch Randbedeutung, und etliche der verlassenen Steinbrüche wurden nach und nach als Mülldeponien, andere als experimentelle Austernzuchtfarm (Noirmont Quarry) oder als Yachthafen (Beaucette) genutzt. Die Bevölkerungszahlen der beiden Gemeinden übertreffen die der anderen parishes, St. Peter Port ausgenommen.

Auf einem kleinen Hügel nördlich des Braye du Valle steht die *Pfarrkirche St. Michael of the Vale* in beherrschender Position (Abb. 50). Ein schlichter Grabstein an der Südostecke zeigt ein großes eingemeißeltes Kreuz, er wird auf das 7. bis 8. Jahrhundert datiert. Der Chor ist der interessanteste Teil der Kirche. Das Kreuzgewölbe ist durch eine Senkung des Gebäudes stark eingefallen. In der Erzengelkapelle nördlich des Chors trägt ein Gedenkstein die lateinische Aufforderung: »Orate pro anima Galfridi«. Galfrid war vermutlich einer der Geistlichen von St. Michael of the Vale, und die Tatsache, daß dieser »papistische« Stein überlebt hat, ist an sich schon erstaunlich. Eine weitere Rarität befindet sich im Fußboden zwischen der Erzengelkapelle und dem Seitenschiff: ein Stein, in den einmal ein Brass (eine

Messing-Grabplatte mit den Figuren eines Mannes und einer Frau, dazu ein Schild) eingelassen war. Einzigartig ist dieser Stein insofern, als in keiner anderen Kirche der Kanalinseln Brasse, die es in England in großer Zahl gibt, anzutreffen sind.

Die östliche Begrenzung der Grand-Havre-Bucht, des westlichen Endes der früheren Durchfahrt zwischen Guernsey und Clos du Valle, wird von einer kleinen Halbinsel gebildet, deren Ende die felsige Landzunge Chouet ist. In diesem verlassenen und unwirtlichen Gebiet, das früher einige Steinbrüche aufwies, ragt einer der größten deutschen *Marinepeilstände* der Kanalinseln wie ein Aussichtsturm empor. Der Turm steht am Rand eines Steinbruchs am Meer, in dessen Nähe eine zwischeneiszeitliche Strandterrasse nachgewiesen wurde. Neben anderen Befestigungen wurde auch der Marinepeilstand 5 gebaut, der die Mühle von Vale als Basis erhielt. Nach dem Krieg versuchten die States of Guernsey erfolglos, den Aufbau zu entfernen, um die Mühle zu restaurieren.

Die östlich der kleinen Halbinsel gelegene flache und sandige *L'Ancresse Bay* erstreckt sich fast über die gesamte Nordseite der ehemaligen Insel Clos du Valle. Die Bucht und ihr Hinterland, L'Ancresse Common, wo der Golfplatz liegt, sind das Naherholungsgebiet der Stadtbevölkerung von St. Peter Port. Hier sind noch einige Martellotürme erhalten

Dolmen von Le Déhus, megalithisches Ganggrab, Grundriß. Nach: T. D. Kendrick, The Archaeology of the Channel Islands, London 1928.
1 Anordnung der Decksteine – 2 Anordnung der Stützen in einer Höhe von 90 cm über dem Boden – 3 Gesicht auf der Innenseite des zweiten Decksteins (vergrößerter Maßstab)

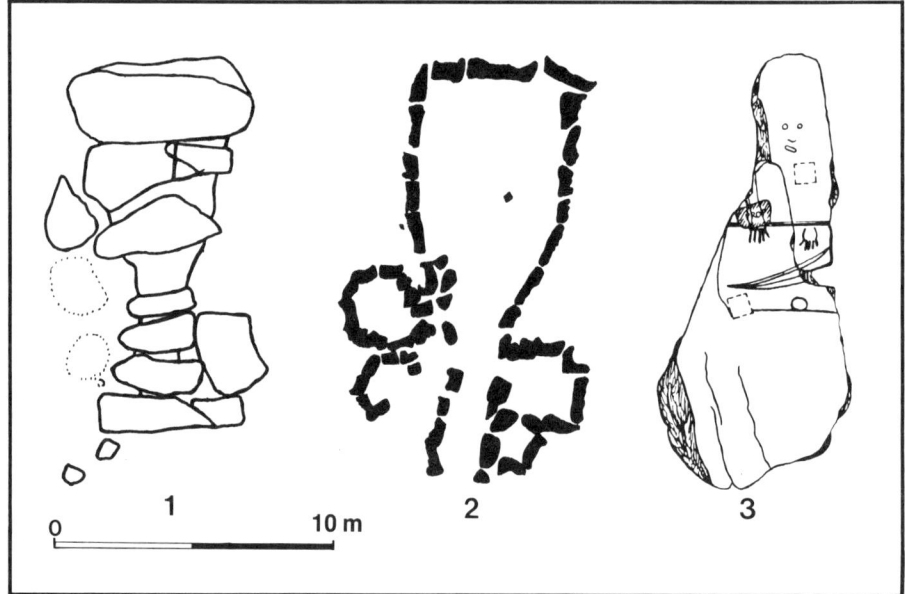

(Farbabb. 11). Auf dem Golfplatz kann man deutsche Maschinengewehrstellungen entdecken. Der ganze nordöstliche Zipfel der Halbinsel ist von Fußwegen durchzogen, von denen viele zu den älteren und neueren Resten der Militärarchitektur führen. In der Nähe von *Fort Doyle* wurde ein Steinbruch, der in unmittelbarer Strandnähe lag, nach seiner Ausbeutung zur See hin aufgesprengt, er beherbergt heute die Liegeplätze des Beaucette Yacht Club.

Einen halben Kilometer nördlich des kleinen Fischerhafens *Bordeaux* findet man (bei irreführender Beschilderung) mit einigem Glück einen der beiden gut erhaltenen Dolmen Guernseys, *Le Déhus*, ein megalithisches Ganggrab, dessen Hauptkammer etwa zehn Meter von seinem Eingang entfernt ist. Je zwei kleinere runde Kammern befinden sich in der Nähe des Eingangs auf beiden Seiten der Passage. Die Innenhöhe von rund einem Meter reicht gerade aus, um sich in der Kammer umzusehen, jedoch nicht, um die Unterseite des zweiten Decksteins zu betrachten: Man muß sich schon auf den Rücken legen, um das menschliche Gesicht und die Hände zu sehen, die die schmale Seite des Steins zieren. Von einer Hand schauen nur die Finger unter der Stütze hervor, die den Deckstein mitträgt.

Auf dem Weg zu der Ruine des Vale Castle sehen wir beim Hafen Bordeaux ein interessantes Ensemble von drei Häusern, die um 1600 entstanden: *Bordeaux Haven* und *Bordeaux House*, das wie das mittlere *Armorel* eine rechteckige Tourelle aufweist. Von der Befestigung *Vale Castle* aus dem 14. Jahrhundert, die die Insel Clos du Valle sicherte, steht nur noch die Ringmauer mit einem gigantischen Torbogen zur Hafenstadt St. Sampson's hin. Die Festung liegt auf einer kleinen Anhöhe, die einen guten Ausblick auf den nördlichen Teil von Guernsey sowie nach Osten hin auf die Inseln Herm und Jethou, bei klarer Sicht sogar bis Alderney, gewährt. Einige deutsche Bunker in diesem Komplex sind mittlerweile von Farnen und Brombeerhecken überwuchert, so daß sie nicht mehr allzu stark auffallen. Die *Pfarrkirche St. Sampson* (Abb. 46) in der New Road nahe des südlichen Hafenkais ist vor allem wegen ihrer Gedenkplatten im Inneren sowie der Buntglas-Votivfenster von Interesse. Eine unwahrscheinliche Geschichte erzählt die Gedenkplatte für Thomas Falla: Er starb 1799 bei der Belagerung von Seringapatam in Indien an einer Wunde, die durch eine 26pfündige Kanonenkugel hervorgerufen worden war, welche, zwischen seinen Schenkelknochen steckend, erst nach seinem Tode entdeckt wurde. Besondere Fassadenmerkmale sind die Giebelstufen in der Mauerkrone des Westgiebels und in der westlichen Wand der Nordkapelle sowie die Sonnenuhr im Giebel an der südlichen Langhausecke. *Anneville Manor* zwischen L'Islet und Pleinheaume mit seiner Kapelle und dem kleinen Gerichtsgebäude des Lehens Anneville, nicht der Öffentlichkeit zugänglich, war das Wohnhaus von Cyril Northcote Parkinson, des Erfinders des Bürokratie-»Gesetzes«.

Die Westküste von Baie de Port Grat bis Rocquaine Bay

Die flachen sandigen Buchten der Westküste sind teilweise durch weit ins Meer hineinreichende felsige Landzungen, die eine ständige Gefahr für die Schiffahrt darstellen, voneinander getrennt. Portinfer und Port Soif nordöstlich der Grandes Rocques, zu Castel gehörend, sind kleine, relativ geschützte Buchten, während die südwestlich gelegenen Buchten Saline Bay und Cobo Bay ebenso wie die nahezu halbkreisförmige Vazon Bay und die kleinere Perelle Bay die volle Gewalt westlicher Stürme zu spüren bekommen. An der Spitze der Halbinsel zwischen Cobo Bay und Vazon Bay steht ein deutscher Bunker, der in die Anlage des *Martelloturms Fort Houmet* hineingebaut wurde. Martellotürme finden sich auch in den anderen Buchten, die fast durchgängig mit Panzerabwehrmauern befestigt sind. Die herausragenden Anlagen bis zur Halbinsel L'Erée, dem Endpunkt der deutschen Eisenbahnlinie, die entlang der Westküste und durch das Braye du Valle nach St. Sampson's führte, sind *Fort Richmond* und *Fort Saumarez*, das durch einen Marinepeilstand in seiner Höhe mehr als verdoppelt wurde.

In der Nähe des Fort Saumarez befindet sich der gut erhaltene Dolmen *Le Creux ès Faies*, das zweite megalithische Ganggrab Guernseys. Am Rande des Parkplatzes unterhalb Fort Saumarez erinnert ein Gedenkstein an den Schiffbruch des Frachters »Prosperity«, der hier 1975 im Sturm auf die Klippen geriet und dessen gesamte Besatzung bei dem Unglück ums Leben kam.

Von dieser Stelle aus kann man bei Ebbe über einen kleinen holprigen Damm zur etwas über einen halben Kilometer langen Insel *Lihou* hinübergehen, auf der außer dem Wohnhaus des Besitzers der Insel die verfallenen Ruinen einer mittelalterlichen *Priorei* zu sehen sind. Die Priorei »Our Lady of Lihou«, vor der Guernseys Fischer jahrhundertelang im Vorüberfahren zu Ehren der Muttergottes ihre Toppsegel senkten, ist in einer Bulle des einzigen englischen Papstes, Adrian IV., von 1155 als eine der Besitzungen des Klosters Mont St. Michel erwähnt. Als »Marie Tape-Tout« taucht sie in dem Roman »Der grüne Delphin« von Elizabeth Goudge auf. Hier trug sich 1302 die Mordgeschichte zu, an deren unrühmliche Fortsetzung das »Bailiff's Cross« zwischen St. Peter Port und St. Andrew's erinnert.

Nicht nur der große Rock-Pool auf der Westseite der Insel (*Venus' Bath;* Abb. 55) ist wieder einen Besuch wert, seit der Schriftsteller Robin Borwick 1984 Lihou erwarb. Besucher können außer Borwicks vielen Tieren eine exquisite Sammlung von Puppenhäusern besichtigen. Seit 1986 werden auch Ferienwohnungen auf der kleinen Insel angeboten. Die kleine östliche Bucht von Lihou trägt den Beinamen »Torrey Canyon Bay«, weil sie von den Auswirkungen der Ölpest, die die Kanalinseln nach dem Schiffbruch des Tankers »Torrey Canyon« vor der Küste Cornwalls 1967 lange Zeit bedrohte, am härtesten betroffen war.

Zwischen Lihou und dem südwestlichsten Punkt Guernseys, der Halbinsel Pleinmont, liegt *Rocquaine Bay,* mit einer Länge von etwa zwei Kilometern die größte Bucht der Westküste. In ihrem südlichen Teil verbindet ein kleiner Damm die Inselfestung *Fort Grey* mit dem Festland von Guernsey. In dieser Anlage, die aus einem Turm und einer Ringmauer besteht – wegen ihres Aussehens »Tasse und Untertasse« genannt –, ist seit einigen Jahren ein gut ausgestattetes *Schiffahrtsmuseum* untergebracht. In früherer Zeit, so geht die Überlieferung, soll diese als Chateau de Rocquaine bekannte Festung Tummelplatz der Hexen von Guernsey gewesen sein, die sich im Gegensatz zu den Fischern an der Existenz der von hier gut sichtbaren Priorei auf Lihou störten und mit geballten Fäusten geschrien haben sollen: »Stürze hinab, Maria von Lihou!«

Den letzten Außenposten von Guernsey, das auf einem winzigen Felsen erbaute *Hanois Lighthouse,* ließ die Küstenwachtbehörde Trinity House zwischen 1860 und 1862 errichten, da immer wieder Schiffbrüche größeren Ausmaßes in diesem Bereich vorkamen: 1807 sank die Fregatte »Boreas« im Sturm und verlor 154 Mann ihrer Besatzung, und zwischen 1835 und 1862 endeten 97 Schiffe in den Klippen. Vor diesem Hintergrund wird das Wort des Dichters Swinburne verständlich, der bei seinem Besuch im Jahre 1882 über Guernsey schrieb: »Die See mit ihren Landzungen wie auf den Hebriden und ihren kleinen Buchten wie in Cornwall hat sich hier selbst übertroffen, obwohl gerade dieser Teil des Kanals unter allen Weltmeeren die Krone und Blüte des Glanzes und der Schönheit darstellt wie auch der Bedrohung – denn er ist der gefährlichste von allen.«

Alderney

Napoleon sprach von Alderney als dem »Schild Englands«, David Ansted nannte es in seinem 1862 erschienenen Reisebericht »Ehrenbreitstein des Kanals«, und die amtliche Fremdenverkehrswerbung von heute lädt auf »die großartige kleine Kanalinsel« (»The great little Channel Island«) ein, die der Naturkundler und Schriftsteller R. M. Lockley als »groß genug zum Herumlaufen und klein genug zum Liebgewinnen« bezeichnete. Tatsächlich ist Alderney, französisch *Aurigny,* mit seiner Länge von knapp sechs und seiner Breite von etwas mehr als zwei Kilometern sowie mit seinen rund 2000 Einwohnern die kleinste der drei »großen« Kanalinseln. Die Achse von Südwesten nach Nordosten ausgerichtet, ist Alderney die nördlichste der (bewohnten) Inseln des Archipels, ungefähr auf der Höhe des Kap La Hague, der Nordwestspitze des Cotentin. Mit nicht einmal 15 Kilometern Entfernung vom Festland liegt Alderney von allen Kanalinseln Frankreich am nächsten, woraus sich die besondere militärische Bedeutung der Insel erklärt, der England in den vergangenen beiden Jahrhunderten durch den Bau so zahlreicher Befestigungsanlagen Rechnung trug, daß die beiden eingangs zitierten Beinamen durchaus angemessen erscheinen. Keine der anderen Inseln besaß zu Beginn des 20. Jahrhunderts so viele militärische Bauwerke wie Alderney, und keine andere bekam während des Zweiten Weltkriegs von der deutschen Besatzung so viele dazu. Alderney hatte als einzige Kanalinsel Konzentrationslager, und es wurde als letzte von den deutschen Truppen – am 16. Mai 1945 – aufgegeben.

Alderney steigt ähnlich wie Guernsey in Nord-Süd-Richtung an, von Meeresspiegelhöhe bis auf 90 Meter. An der gesamten Südküste und der Westküste dominieren steil ins Meer abstürzende Felsen, die nur an wenigen Stellen Zugang zum Meer erlauben. Der südliche und südwestliche Teil Alderneys weist kaum Höhenunterschiede auf, hier findet sich der größte Teil der landwirtschaftlich genutzten Flächen der Insel, die den winzigen Flughafen, 1935 als erster des Archipels eröffnet, umgeben. Die »Hauptstadt« *St. Anne* liegt anders als St. Helier und St. Peter Port nicht am Meer, sondern fast im Zentrum der Insel.

Für den Personenverkehr hat der Flugplatz größere Bedeutung als der Hafen in der Braye Bay, der scherzhaft als Lieferanteneingang Alderneys bezeichnet wird. Die Flugverbindungen von Aurigny Airways nach Jersey, Guernsey, Frankreich und zur englischen Südküste sind weitaus zahlreicher als die Ankünfte und Abfahrten von Tragflügelbooten und Schiffen. Schon bei ruhiger See wird der Schiffsverkehr durch die starken Strömungen in »The Swinge«, dem nordwestlichen Küstengewässer, und »The Race of Alderney«, das die Insel von Frankreich trennt, erheblich beeinträchtigt, wie bereits Inglis bei seinem Besuch der Kanalinseln vor über 150 Jahren feststellte: »Es ist sicher sehr wahr, daß Alderney schwer zu erreichen ist. Man sitzt oft wochenlang fest wegen der Schwierigkeit und Gefährlichkeit seiner Küstengewässer (...), und die Dampfschiffe, die zwischen England und den anderen Kanalinseln verkehren, sind ungern bereit, Alderney anzulaufen. Es ist sogar gelegentlich vorgekommen, daß Reisende entgegen der Zusage des Kapitäns nach England oder zu den anderen Inseln gefahren worden sind – da sich die Landung in Alderney als unmöglich herausgestellt habe.« Auch die 1847 begonnene, 700 Meter lange Mole hat die Situation des Hafens, den Inglis als »weit entfernt von sicher und bequem« beschrieb, nicht wesentlich verbessern können: Bei schwerer See jagt der Nordwind riesige Brecher über die Mauer und schleudert große Felsbrocken gegen ihre Fundamente, so daß ständig Reparaturarbeiten anfallen.

Von der prähistorischen »Nekropolis« zur modernen Demokratie

Der bekannten Vorliebe, die seefahrende Megalithvölker für Inseln hegten, muß die geographische Lage Alderneys, vor allem seine Nähe zum Cotentin, entgegengekommen sein. Diesen Schluß legt zumindest die für Alderneys Größe ansehnliche Anzahl von Dolmen, Steinkisten, Menhiren und Steinkreisen nahe, die im wesentlichen im Gebiet des Longy (auch Longis) Common, des flachen Hinterlandes der östlichen Longy Bay, anzutreffen sind. Da in fast allen diesen Stätten menschliche Gebeine (in einem Fall sogar ein vollständiges Skelett) sowie vereinzelt Bronzedolche und Tonscherben gefunden wurden, liegt die Vermutung nahe, daß Alderney in vorgeschichtlicher Zeit eine bedeutende Begräbnisstätte war. Damit ist jedoch nur der lückenhafte Kenntnisstand des vergangenen Jahrhunderts wiedergegeben, da beim Bau der viktorianischen Festungen nahezu alle megalithischen Stätten zerstört und in vielen Fällen als Baumaterial verwendet wurden. Der Altertumsforscher-Familie Lukis aus Guernsey, die Vermessungen durchführte, Zeichnungen anfertigte und Gegenstände sicherstellte, ist es zu danken, daß dieser Abschnitt der Geschichte Alderneys nicht spurlos verschwand. Eine kleine Sammlung im Guernsey

Museum and Art Gallery in St. Peter Port vermittelt dem Betrachter wenigstens den Schatten eines Eindrucks von dieser Epoche.

Im Jahr 1042 rückt die Insel nachweisbar ins Blickfeld der Geschichte, als Herzog Wilhelm (der spätere Eroberer) sie dem Abt von Mont St. Michel gibt als Ausgleich für den Verlust von Ländereien in Guernsey. 1057 erhält der Bischof von Coutances die Insel, und Mont St. Michel wird durch das Land um Noirmont in Jersey entschädigt. Für die nächsten 300 Jahre bleibt Alderney je zur Hälfte im Besitz des Herzogs und des Bischofs von Coutances, zu dessen Diözese die Kanalinseln bis zur Reformation gehören. Im Gegensatz zu den anderen Inseln des Archipels stand Alderney nie unter der Feudalherrschaft eines Seigneurs, sondern wurde zu verschiedenen Zeiten – aus welchen Gründen, ist nicht bekannt – unterschiedlich regiert bzw. verwaltet. Es gab jedoch einen königlichen Gerichtshof, in dem sich sechs Richter unter einem »Prévôt« um die Durchführung der Gesetze bemühten.

Im 14. Jahrhundert wurde Alderney von der Krone an Privatpersonen verpachtet, und in dieser und der folgenden Zeit wanderten viele Einwohner Guernseys auf die nördliche Nachbarinsel aus. Namen wie Ollivier, Le Cocq und Simon, heute noch in Alderney zu hören, belegen dies. Im 15. Jahrhundert wurden Einwanderer aus der Normandie in Alderney ansässig. Davon zeugen Familiennamen wie Bott, Herivel oder Gaudion, die wie einige der Namen aus Guernsey teilweise auch als Straßennamen vorkommen.

In der Zeit Heinrichs VIII. erhielt Alderney als Schutz gegen die Franzosen die Festung Les Murs de Haut, den Vorläufer des viktorianischen *Fort Essex*, oberhalb der Longy Bay, wo damals der einzige Hafen der Insel lag, dessen Landesteg bei Ebbe noch (schwach) zu erkennen ist. Im Scheitelpunkt der Longy Bay wurde die Garnison *Les Murs de Bas* (heute unter ihrem Spitznamen »The Nunnery« bekannt) errichtet. Nach Heinrichs Tod und unter dem Protektor Somerset wurden Garnison und Wehranlage vernachlässigt, was den Franzosen die Möglichkeit gab, sich in Alderney für einige Zeit festzusetzen wie in Sark. Beim Regierungsantritt Elizabeths I. (1558) wurde die Insel an eine Familie Chamberlain verpachtet, deren Oberhaupt zu diesem Zeitpunkt Governor von Guernsey war. Die Chamberlains blieben Governors of Alderney bis zum Bürgerkrieg 1643 – mit achtjähriger Unterbrechung, während der der Earl of Essex in Abwesenheit »regierte«. Nach ihm wurde das Fort oberhalb der Longy Bay benannt.

Im Bürgerkrieg war Alderney in der Gewalt der Parlamentstruppen, und nach dem Ende der Cromwell-Herrschaft verlieh Charles II. 1660 dem Royalisten Sir George de Carteret aus Jersey die Würde eines erblichen Governors. Carteret starb 1682, und die Governors-Würde wurde an die Familie Andros, Royalisten aus Guernsey, verkauft, deren Erben, John Le Mesurier und fünf Generationen nach ihm, ein autokratisches Regiment in Alderney führten, das die Bewohner der Insel schließlich so sehr gegen die erblichen Herren aufbrachte, daß sich John Le Mesurier 1825 gezwungen sah, sein Patent an die britische Regierung zu verkaufen, die Alderney fortan dem Lieutenant Governor von Guernsey unterstellte. Die wichtigste Figur in der inneren Verwaltung wurde nun der »Judge«, der gleichzeitig Vorsitzender des Gerichts und der gesetzgebenden Versammlung (»States«) war und von der Krone ernannt wurde, folglich kein Einheimischer sein mußte. Diese Regelung blieb bis nach dem Ende des Zweiten Weltkriegs bestehen.

Im Krieg waren die Bewohner Alderneys vor der Ankunft der deutschen Truppen (am 2. Juli 1940) evakuiert worden, so daß die Besatzung Arbeitskräfte für Bautätigkeiten und landwirtschaftliche Aufgaben aus Guernsey heranziehen mußte, bevor die Brigaden des Reichsarbeitsdienstes und danach die ersten Zwangsarbeiter, die vornehmlich aus Osteuropa, aber auch aus Frankreich und Spanien stammten, von der Organisation Todt für den Ausbau des umfangreichen deutschen Befestigungsnetzes nach Alderney gebracht wurden. Die Arbeiter lebten in vier Lagern (»Borkum«, »Helgoland«, »Norderney« und »Sylt«, das eine Außenstelle des Konzentrationslagers Neuengamme war), weshalb die englische antideutsche Nachkriegspropaganda Alderney den Beinamen »The Belsen of the Channel Islands« anhängte.

Die deutschen Geschützstellungen in Alderney kamen – ironischerweise – erst nach der alliierten Landung in der Normandie zu gelegentlichem Einsatz, als sie wegen ihrer Nähe zum französischen Festland bestens geeignet waren, die amerikanischen Nachschubbewegungen auf dem Contentin zu stören. Nach Kriegsende kehrten die Bewohner Alderneys, unterstützt durch die »Alderney Resettlement«-Abteilung des britischen Innenministeriums, nach und nach auf ihre Insel zurück, so schnell es die Transportsituation erlaubte. Zusammen mit den Rückwanderern kam auch eine nicht unbedeutende Zahl von Einwanderern aus dem Mutterland selbst, die in Alderney bessere Startmöglichkeiten sahen.

Die Unzufriedenheit der Bevölkerung Alderneys mit ihrer Verfassung – angespornt nicht zuletzt durch die umstrittene Person des 1938 ernannten und nach Kriegsende in sein Amt zurückgekehrten »Judge« F. G. French – flackerte nach der kriegsbedingten Pause wieder auf, und als die britische Regierung auf eine Verfassungsreform drängte, traf sie keine große Opposition in Alderney an. Die Reform wurde 1949 rechtskräftig, und Alderney hat seitdem eine gesetzgebende Versammlung (wie deren Vorgängerin »States« genannt) mit nur noch neun (vorher 17) Mitgliedern und einem gewählten Präsidenten. Das Amt des »Judge« wurde abgeschafft, und an der Spitze des Gerichts steht nun ein Vorsitzender. Die Beschlüsse der »States«, die über bestimmte Grenzen hinausgehen, bedürfen der Zustimmung der States of Guernsey, in denen Alderney durch zwei eigene Abgeordnete vertreten ist. Mit dieser neuen Verfassung hat Alderney als einzige Kanalinsel einen Präsidenten sowie die fortschrittlichste Form der Demokratie im ganzen Archipel.

Die »Hauptstadt« St. Anne

»Town« sagen die Einwohner von Alderney mit familiärem Unterton, wenn sie von *St. Anne* reden, dem Ort mit den meisten Einwohnern der Insel, wo Behörden, Schule, Krankenhaus, Museum und Bibliothek ihren Sitz haben. »Hauptstadt« wäre allerdings eine Übertreibung; denn St. Anne ist klein: Die längste Aneinanderreihung der kopfsteingepflasterten Straßen und Plätze von La Trigale am südwestlichen Ortseingang bis zur Route de Braye im Nordosten beträgt so eben einen Kilometer. Wer eilig ist, kann alle Straßen von St. Anne in einer Stunde ablaufen. Die Bewohner kennen einander, und dem Besucher, der sich lange genug (diese Definition ist sicher, saisonbedingt, unterschiedlich interpretierbar) hier aufhält, kann es passieren, daß er plötzlich beim Erwerb einer Postkarte oder eines Glases Bier mit Namen angesprochen und in die gerade bestehende Gesprächsrunde einbezogen wird wie ein Bekannter. Wer sich als Fremder auf den Kanalinseln niederlassen möchte, dem bieten sich hier die besten Möglichkeiten, zumal der Immobilienkauf nicht den strengen Bestimmungen unterworfen ist, die auf den anderen Inseln herrschen.

»Town« liegt zum größten Teil auf dem südwestlichen Inselplateau mit etwa 80 Metern Höhe. Nach Norden hin senkt sich das Stadtgebiet merklich auf gut 60 Meter ab. Die Straße vom Flughafen zur Stadt, Le Grand Val, wird zu La Trigale, in der wenige Meter vor der Einmündung in den Marais Square ein unscheinbares Haus zu Unrecht oft übersehen wird: das einzige Haus in Alderney, das einen wuchtigen Rundbogen über der Eingangstür hat, wie er in Jersey und Guernsey (in leicht unterschiedlicher Form) seit dem 17. Jahrhundert zum Markenzeichen geworden ist. Der *Marais Square* liegt in einer der ältesten Gegenden der Stadt. Hier wurde früher der Rindermarkt abgehalten, an den lediglich die große Viehtränke erinnert, die heute trocken liegt und nur noch am Neujahrsmorgen zu Ehren kommt, wenn die Feuerwehr ihre traditionelle Wasserschlacht in Szene setzt. Das *Marais Hotel*, gegenüber der Tränke, nimmt für sich in Anspruch, die älteste Kneipe in Alderney zu sein (was möglich ist), und weist auf demselben Wirtshausschild an der Hauswand darauf hin, daß auf dem Square »die legendäre Alderney-Kuh«-Rasse verkauft worden sei (was nicht stimmt, da die »Alderneys« eigentlich »Guernseys« waren).

Marais Square geht in Le Huret über, von dem einige Seitengassen, »venelles«, abzweigen, die, wie *Venelle Simon*, mit ihren individuell gestalteten Häuschen äußerst pittoresk wirken. Le Huret gabelt sich nach links in den *Royal Connaught Square* und nach rechts in die High Street. 1905 besuchte der Duke of Connaught die Insel, um hier ein Denkmal für die Gefallenen des Burenkrieges zu enthüllen, und zu seinen Ehren wurde der damalige St. Anne's Square umbenannt. Der Platz wird durch die heutige *Island Hall* dominiert, das ehemalige Regierungsgebäude, das vom Governor John Le Mesurier 1763 erbaut wurde. Später diente das Haus als Konvent für Nonnen, heute ist unter anderem die exzellente Inselbibliothek hier untergebracht. Gegenüber, in Les Mouriaux, steht die elegante Residenz *Mouriaux House* (heute Hotel), die der Sohn des Governors, Peter Le Mesurier, 1779 errichtete und in der ab 1949 der erste Präsident Alderneys, Sidney P. Herivel, wohnte. Auf der gegenüberliegenden Straßenseite erinnert ein *Wasserturm* aus Stahlbeton an die Zeit der deutschen Besatzung, die in Alderney die zentrale Wasserversorgung (wie auch die zentrale Stromversorgung) einführte. Von hier aus sind es nur wenige Schritte zur Straße St. Martin's, der Verlängerung von Hauteville. Das Haus *Les Chevaliers* ist ein typisches Beispiel für die Bauernhäuser, aus denen St. Anne bis zum vergangenen Jahrhundert fast ausschließlich bestand, was Inglis zu der Bemerkung veranlaßte, »die Stadt ist eher eine Ansammlung von Bauernhäusern als eine Stadt«.

Die High Street zweigt fast rechtwinklig in östlicher Richtung von Le Huret ab, und auf der linken Seite steht, inmitten eines alten Friedhofs, der *Turm* der alten St. Anne's Church, die um 1767 erbaut wurde. Im ehemaligen Schulhaus nebenan ist heute das *Alderney Society's Museum* mit interessanten kleinen Sammlungen zur Archäologie, Geologie und Geschichte der Insel untergebracht. Auf dem Torbogen ist noch die Inschrift erhalten, mit der sich der Gründer verewigte: »Ecole Publique batie et fondée par Jean le Mesurier Ecuyer Gouverneur de cette Isle A. D. 1790«. *Coronation Inn* auf der High Street stellt auf seinem Wirtshausschild die Krönung Elizabeths II. dar mit der Unterschrift »Duke of Normandy, Queen of Britain«, ein deutlicher Hinweis auf die lange Tradition der Kanalinseln als Besitzungen eines Herzogs der Normandie und nicht etwa eines englischen Königs, möge er nun heißen, wie er wolle. Sehenswert ist die Fassade eines weiteren Gasthauses an der High Street, über die nach Norden abzweigende Victoria Street hinaus: *Campania,* mit Initialen der Erbauer und Datum 1743.

Victoria Street (Farbabb. 14) hieß bis zum Besuch der Monarchin Rue de Groznez. Sie ist die schmale Hauptdurchgangsstraße des Stadtzentrums und deshalb Einbahnstraße. In der *Queen Elizabeth II Street* (ehemals Rue des Heritiers und später New Street) stammen die meisten Gebäude aus der Zeit zwischen 1840 und 1860. Der Blickfang dieser Straße ist zweifellos das *Gerichtsgebäude* von 1850, in dem auch die States of Alderney tagen, mit dem Wappen Alderneys und der (möglichen) römischen Bezeichnung für die Insel: »Riduna«. Gegenüber, in einer kleinen baumbestandenen Mulde, steht das einzige Bauwerk, das Sir George Gilbert Scott (Erbauer der Hamburger Nikolaikirche) auf den Kanalinseln schuf: die (neue) *Kirche St. Anne* (Farbabb. 15; Abb. 51), von Pfarrer John Le Mesurier, Sohn des letzten erblichen Governors, zum Gedenken an seine Eltern gestiftet. Zwischen 1847 und 1850 im normannischen Übergangsstil aus Alderney-Sandstein und Caen-Stein erbaut, geriet die Kirche schon zu einem rechten Mesurier-Schrein durch die Messingtafeln, aus denen die Geschichte dieser Familie hervorgeht. Die Wände der Apsis gewinnen durch zweisprachig aufgebrachte Abschriften des Glaubensbekenntnisses und des Vaterunser das Interesse des Betrachters. Der Weg von der Kirche zurück zur Victoria Street führt durch ein Gedächtnisportal für Prinzgemahl Albert von Sachsen-Coburg-Gotha.

An der Ollivier Street, der Querstraße gegenüber, befand sich früher das Arsenal der Bürgerwehr der Insel. Vor der kurzen Querstraße Les Rocquettes, die Victoria Street mit Le Val und Route de Braye verbindet, liegt auf der rechten Seite Alderneys Kriegerdenkmal im kleinen *Garden of Remembrance. Val des Portes,* in der Nähe dieser Verbindungsstraße, ist das herrschaftliche Haus, in dem Judge French residierte. Nördlich von diesem Komplex erreichen wir die grasbewachsene Plattform Les Butes, die einen sehr schönen Ausblick auf den tiefer gelegenen nördlichen Teil Alderneys und die Nachbarinseln Burhou, Ortac und Les Casquets gewährt sowie, bei Sturm und hoher See, eine einmalige Tribüne für die Beobachtung des Küstengewässers »The Swinge« darstellt.

Les Butes ist eine historische Versammlungsstätte, Truppenparaden wurden hier abgehalten, und heute finden in der ersten Augustwoche einige Veranstaltungen der *Alderney Week* hier statt. Alderney Week beginnt samstags und dauert bis zum Sonntag der nächsten

Woche. Einheimische wie Besucher nehmen an den ernsthaften und weniger ernsthaften Wettbewerben, Umzügen, Miß-Wahlen, Mutproben und anderen Programmpunkten gleichermaßen gern teil. Den Abschluß bildet der große Fackelzug der Kinder von der Island Hall über High Street und Victoria Street bis Les Butes, wo mit den Fackeln ein großes Feuer entzündet wird. Eine Versammlung besonderer Art an dieser Stelle, die »Schlacht auf den Butes«, wird den Bewohnern von Alderney wohl für immer unvergessen bleiben: Nach der Rückkehr der Bevölkerung aus der Evakuierung ließ der unbeliebte Judge French die aus den Häusern der Inseln sichergestellten Möbel hier aufstellen, und die Einwohner konnten auf das Signal einer Trillerpfeife hin losstürmen und alle Einrichtungsgegenstände für sich beanspruchen, die sie im Gedränge mit der Hand hatten berühren können.

Viktorianische Forts und andere Befestigungen

Eine Umrundung Alderneys zu Lande, zu der die etwa 20 Kilometer Küstenwege, deren geringerer Teil auf (mit dem Auto) befahrbare Straßen entfällt, einladen, ist nahezu zwangsläufig eine Wanderung oder Radtour auf den Spuren eines Militärarchitekten, der zur Zeit seiner Tätigkeit in Alderney am Anfang seiner Karriere stand und daher noch ziemlich unbekannt war: Hauptmann (später Generalleutnant und Sir) F. W. D. Jervois, Erbauer der 14 *Küstenforts,* die die Insel vor allem an leicht zugänglichen Stellen schützen sollten. Als potentiellen Feind hatte die Regierung Ihrer Majestät, Königin Victoria, wieder einmal Frankreich ausgemacht, das in den 40er Jahren begonnen hatte, Hafen und Verteidigungsanlagen in Cherbourg zu beachtlicher Größe und Stärke auszubauen, wodurch die Kanalinseln, ganz besonders Alderney, direkt bedroht waren.

Der Erbauer der Forts muß bei seiner Aufgabe freie Hand gehabt und seiner Phantasie freien Lauf gelassen haben: Manche der Anlagen weisen mittelalterlich wirkende Verzierungen auf, wie Pechnasen, Zinnen oder Gräben, die mehr in die Zeit der ersten Elizabeth als in die Victorias gepaßt hätten. Zudem legte Jervois Wert auf die Verwendung besten Qualitätssteins in den verschiedensten Farbabstufungen zur Verbesserung des äußeren Erscheinungsbildes seiner Bauten. Ein Nutzeffekt dieses Vorgehens liegt zumindest darin, daß einige der Forts wegen der fast perfekten Übereinstimmung von Baumaterial und Hintergrund von See her nicht ohne weiteres als Befestigungsanlagen zu erkennen sind. Die Bautätigkeit begann 1847 und war um 1855 im wesentlichen abgeschlossen. Ironie der Geschichte: Zu diesem Zeitpunkt waren England und Frankreich miteinander verbündet – im Krimkrieg gegen Rußland!

Während sich die viktorianischen Festungsbauer auf den flachen Ost- und Nordteil von Alderney beschränkten, machten sich die Erbauer des Atlantikwalles auch über den westlichen und südlichen Teil der Insel her – schließlich lagen fast 100 Jahre zwischen den beiden Bau-Booms, und die militärischen Erfordernisse hatten sich ja wohl geändert. So bleibt es nicht aus, daß uns fast auf Schritt und Tritt unseres Rundganges um Alderney englische oder deutsche Befestigungsanlagen oder Angriffsstellungen begegnen, die hin und wieder zum Erforschen locken, wobei jedoch im Falle der Relikte aus dem Zweiten Weltkrieg Vorsicht geboten ist. Bei militärischen Übungen, die in der Nachkriegszeit durchgeführt wurden, sind manche Innenräume von Bunkern oder Geschützstellungen zu Sprengstoffexperimenten benutzt worden, so daß verschiedene Anlagen, von denen kaum eine sachgerecht gesichert ist, von akuter Einsturzgefahr bedroht sind.

Die High Street von St. Anne wird am östlichen Ortsausgang zur Longy Road (oder Rue de Longis), die stetig bis zur Longy Bay hin abfällt. Nach einigen 100 Metern liegen links an der Straße, fast versteckt hinter efeubewachsenen Mauern, einige kleine Friedhöfe, die nicht mehr (wie der ehemalige Fremdenfriedhof St. Michael) oder kaum noch (wie der Katholische Friedhof) benutzt werden. Hier wurden während des Krieges auch die Deutschen beerdigt, die in Alderney gestorben waren. Deren Gräber wurden nach dem Krieg von der Deutschen Kriegsgräberfürsorge in die Normandie verlegt. Gegenüber den Friedhöfen führt ein Fahrweg am ehemaligen deutschen Militärkrankenhaus und an den Resten des Arbeitslagers »Borkum« vorbei zur Küste.

Vom Klippenweg aus lassen sich in der östlich gelegenen La Tchue Bay bizarre Felsformationen aus rotem und grünem Alderney-Sandstein erkennen, der den Ostteil der Insel bestimmt. Die Attraktion dieses Küstenabschnittes sind zweifellos die *Hanging Rocks* unterhalb Essex Hill; zu erreichen sind, nachdem man sechs deutsche Flakstellungen hinter sich gelassen hat, zwei felsige »Auswüchse« von einigen Metern Höhe, der größere oberhalb des kleineren, die stark zum Meer hin geneigt sind. Der Sage nach sollen die Bewohner von Guernsey mit Hilfe des Höllenfürsten versucht haben, Alderney in ihren Besitz zu ziehen – an einem Seil, das um die Hanging Rocks geschlungen wurde. Eine andere Überlieferung erklärt den Spitznamen für den kleineren Felsen (»Madame Robilliard's Nose«) mit der Tat einer Hexe, die die Nase einer äußerst neugierigen Frau Robilliard in den Felsen verwandelt haben soll, um die Dame zum Schweigen zu bringen.

Fort Essex oberhalb der Longy Bay diente bis zur Jahrhundertwende als Militärhospital und ist mittlerweile zu Eigentumswohnungen umgebaut worden und nennt sich hochtrabend Essex Castle. Eine holperige Straße führt zur Bucht hinunter und trifft bei den Ruinen der »Nunnery« wieder auf die Küstenstraße, die dem Bogen der Longy Bay im Schatten der von den deutschen Truppen errichteten, 500 Meter langen Panzerabwehrmauer folgt. Links von dieser Straße wurden russische Zwangsarbeiter beerdigt, die im Dienst der Organisation Todt umgekommen waren. Von einer Lücke in der Panzermauer führt ein kleiner Damm zur Ile de Raz, deren 1854 erbaute Festung heute ebenfalls als Privatwohnung dient.

Fort Houmet Herbé (1854), *Fort Quèsnard* (1853) und *Fort Les Homeaux Florains* (1854), heute zum Teil nur noch Ruinen, waren die Wächter an und vor der Ostspitze Alderneys, an der die Strömungen von »The Race of Alderney« und »The Swinge« aufeinandertreffen, wodurch dieser Küstenstreifen noch schwieriger zu erreichen ist, als es durch die zahlreichen Riffs vor der Küste (z. B. die Brinchetais Rocks bei Fort Houmet Herbé) ohnehin der Fall ist. Die Entscheidung des englischen Kriegsministers, diese Forts bauen zu lassen, ist daher recht verwunderlich. Wie gefährlich für die Schiffahrt, die in dieser Gegend seit jeher schwere Verluste hat hinnehmen müssen, gerade diese östlichen Küstengewässer sind, zeigt das Scheitern des 6000-Tonnen-Frachters »Liverpool« im Februar 1902 vor Fort Les Homeaux Florains. Die »Liverpool« wurde Alderneys berühmtestes Wrack, nicht zuletzt wegen der vielen Güter und Einrichtungsgegenstände, die offiziell (und vor allem inoffiziell von der Bevölkerung) geborgen wurden. Das Schiff wurde zum Schauobjekt für Besichtigungsfahrten von Guernsey aus, konnte aber am Ende nicht mehr flottgemacht werden und wurde für £ 250 einer Bergungsfirma zum Abbruch überlassen. Nach einigen weiteren Schiffbrüchen in unmittelbarer Nähe ließ die Küstenwachtbehörde Trinity House im Jahre 1912 am Ufer vor Fort Les Homeaux Florains den 36 Meter hohen Leuchtturm *Mannez Lighthouse* bauen, der eine Reichweite von rund 28 Kilometern (und zwei enorme Nebelhörner) hat.

Südwestlich des Leuchtturms, auf der anderen Seite der Straße, liegt die Anhöhe Mannez Garenne, deren östliche und nördliche Abhänge die Steinbrüche einnehmen, aus denen die große Mole des Braye Harbour im Norden der Insel instandgehalten wird. Hier beginnt die Eisenbahnstrecke, die einzige der Kanalinseln, die bis zum Ende der Mole ungefähr vier Kilometer lang ist und die zum Transport der Steine dient. Mannez Garenne weist viele deutsche Anlagen auf, von denen der dreistöckige *Marinepeilstand* an der oberen Steinbruchkante nicht zu übersehen ist. Wenige Meter östlich liegt *Fort Corblets,* 1852 zum Schutz der sandigen Corblets Bay erbaut und nach dem Krieg zu einem Privathaus umgestaltet. Den westlichen Ausgang der Corblets Bay und zugleich das östliche Ende der malerischen Saye Bay (eines der beliebtesten Badestrände von Alderney) sicherte das optisch attraktive *Fort »Château à L'Etoc«* an der nördlichen Spitze der Insel, ein Jahr nach Fort Corblets gebaut und heute als Eigentumswohnungen genutzt.

Die wichtigste Anlage des viktorianischen Befestigungsgürtels war zweifellos *Fort Touraille* auf dem fast 60 Meter hohen Mont Touraille oberhalb der westlich gelegenen Braye Bay. Diese Artilleriestellung, die gleichzeitig die größte in Alderney war, diente der Sicherung des Hafens und wurde nach dem Tod des Prinzgemahls in *Fort Albert* umbenannt. Den eindrucksvollsten Zugang hat man von der Straße aus, und auf dem Wege von der Saye Bay sieht man das Ehrenmal für die in Alderney ums Leben gekommenen Fremdarbeiter mit Gedenkplatten in polnischer, russischer, hebräischer, französischer und spanischer Sprache. Fort Albert wurde von den deutschen Truppen zur »Batterie Elsaß« ausgebaut, nach dem Krieg jedoch von der britischen Armee geschleift, so daß nur noch die mächtigen Außenmauern vorhanden sind, von denen man einen hervorragenden Ausblick auf den Hafen von Braye und die nördlichen Stadtteile von St. Anne hat.

Im etwa einen Kilometer langen Bogen erstreckt sich Braye Bay unterhalb des Nordhanges der Cotils du Val bis zum kleinen Hafen. Fast am Ende der Bucht liegen die Häuser von *Newtown,* das in der Zeit der viktorianischen Festungsprojekte als Vorort von St. Anne entstand, heute aber zunehmend durch Neubauten bestimmt wird, die in starkem Kontrast stehen zum Erscheinungsbild des Zentrums der »Hauptstadt«. Der grasbewachsene Streifen zwischen Straße und Strand ist in den letzten Jahren mit Palmen bepflanzt worden, die den monotonen Anblick etwas mildern. Die kleine Ansiedlung *Braye* selbst besteht im wesentlichen aus zwei Häuserzeilen beiderseits der kleinen Rue de Braye, der Fortsetzung der Route de Braye jenseits der Küstenstraße und gegenüber dem winzigen Bahnhofsgebäude, der einzigen Haltestelle der Eisenbahn auf ihrem Weg von den Steinbrüchen zur Mole.

Den ursprünglichen *Innenhafen* laufen hauptsächlich Fischerboote an, wie man schon aus den herumliegenden Netzen, Körben und sonstigen Ausrüstungsgegenständen ersehen kann. Der »große« Schiffsverkehr wird an der zweistöckigen Mole abgewickelt, die im Zuge der Befestigungsanlagen zur Sicherung des Hafens geplant war und größere englische Flottenteile decken sollte. Sie war ursprünglich auf eine Länge von einem Kilometer konzipiert, doch zerstörten schwere Seen das letzte Drittel der Mole, deren Fundamente aber nicht beseitigt wurden, so daß sie bei Ebbe heute noch zu einer Gefahr für einlaufende Schiffe werden können.

Das 1847–1852 erbaute *Fort Groznez,* das nach Osten den Zugang zur Mole und nach Westen die kleine Crabby Bay decken sollte, dient heute als Depot für die ständig erforderlichen Reparaturarbeiten, die den riesigen Wellenbrecher zu einer teuren Einrichtung werden lassen. Zwischen *Fort Doyle* und *Fort Tourgis* (beide von 1855) erstreckt sich Saline Bay mit ihrem flachen Hinterland fast einen Kilometer weit nach Westen. Zur Sicherung dieses Abschnitts wurde auf halbem Wege zwischen den beiden Festungen noch im selben Jahr *Fort Platte Saline* gebaut, das heute Bestandteil einer Baustoffproduktionsanlage ist – zu Lasten der Umgebung, die landeinwärts, jenseits der Route de Picaterre, durch die Ruinen des Lagers »Helgoland« schon genug verunziert ist.

Hinter Fort Tourgis beginnt in südlicher Richtung die Steilküste, die bis zum südwestlichsten Punkt von Alderney nur von zwei Tälern durchbrochen wird. In der Nähe des Forts liegt, von Stechginster umgeben, eine zwei Meter lange *Steinkiste,* deren zwei Stützen einen dreieckigen Deckstein tragen. Da John Lukis bei den Ausgrabungsarbeiten keinerlei Reste von Knochen oder Grabbeigaben finden konnte, muß angenommen werden, daß diese besterhaltene megalithische Stätte Alderneys schon in früheren Jahrhunderten bekannt war.

Als Verbindung von Fort Tourgis zur Inselfestung *Fort Clonque* (Abb. 52), 1853 erbaut und über einen Damm zu erreichen, gibt es zwar noch einen abenteuerlichen Fahrweg (den die Mieter des heute vom Landmark Trust als Feriendomizil angebotenen Komplexes in ihr Herz schließen dürften!), doch nach dessen Ende muß der Rundgang um die Insel auf den Klippenwegen fortgesetzt werden. Auf dem Plateau Giffoine kommt man auf dem Weg zwischen Hannaine Bay und der Trois Vaux Bay durch die riesige Anlage der »*Batterie Anne*«, die das größte zusammenhängende Befestigungssystem Alderneys ausmacht. Von den Klippen aus sind die etwa 300 Meter vor der Küste liegenden *Garden Rocks* oder *Les Etacs* zu sehen, auf denen seit 1940 Baßtölpel in solchen Mengen nisten, daß die Felsen von weitem ganz weiß aussehen, und nicht nur von den Vögeln selbst, deren Lärm auch bei Gegenwind unüberhörbar ist.

Das Vallée des Trois Vaux (Tal der drei Täler) macht einen Umweg nötig, da es von einem kleinen Bach durchschnitten wird, der schlecht zu überqueren ist. Der Weg durch das Haupttal führt zur sandigen Trois Vaux Bay, ist jedoch im letzten Teil wegen des bröckelnden Gesteins sehr unsicher, so daß die Bucht kaum von Fußgängern, eher schon vom Meer aus besucht wird. An der Landspitze Tête de Judemarre beginnt die Südküste Alderneys mit den spektakulärsten Felsformationen der ganzen Insel. Besonders die schwer zugängliche *Telegraph Bay* (Abb. 53), südwestlich des Flugplatzes, in deren Nähe das Konzentrationslager »Sylt« stand, ist einen Besuch wert. Der Weg führt teilweise über einige 100 Stufen auf den bei Ebbe freiliegenden Sandstrand und bietet einen ständig wechselnden Blick auf die gezackten Porphyrfelsen *The Sisters* und andere Formationen vor der Küste. Der östliche Teil des Strandes, zu dem sich nur wenige Besucher bemühen, liegt höher als der Aufgang zum Plateau, so daß der Rückweg bei Flut abgeschnitten werden kann.

Die Südküste wird von mehreren kleinen Tälern durchzogen, von denen einige sogar einen (schwierigen) Zugang zu abgeschiedenen Buchten ermöglichen. Die steilen Felsen in diesem Küstenabschnitt sind ein Paradies für Seevögel. Wir entdecken hier Tordalken, Papageientaucher, Eissturmvögel und Krähenscharben in großer Zahl. Südlich am Flughafen vorbei führt der Weg zum romantisch gelegenen Val du Sud mit seinem Wasserfall und danach zwischen Feldern und Klippen zum ehemaligen Steinbruch Cachalière, dessen um die Jahrhundertwende gebaute Verladepier über einen serpentinenartigen Weg zu erreichen ist. Die Pier ist halb verfallen, weil sie kurz nach ihrer Fertigstellung wegen zu gefährlicher Navigationsverhältnisse wieder aufgegeben werden mußte.

Bei Ebbe sind die vor der Küste liegenden Felsen um den *Etac de la Quoire* zu Fuß zu erreichen sowie die weiter östlich gelegene Bluestones Bay, ein Steinstrand mit kobaltblauen, vom Meer glattgeschliffenen Steinen, den Einheimische hin und wieder aufsuchen. Oberhalb der Bucht bringt uns der Klippenweg auf den Fahrweg Vue de l'Etac, der nach einem knappen Kilometer das östliche Ende der High Street von St. Anne, den Ausgangspunkt des Rundgangs, erreicht.

Wer zufällig am ersten Sonntag im Mai hier ist, der kann den *»Milk-a-Punch Sunday«* mitfeiern, an dem es in jedem Gasthaus einen Punsch aus Milch, Rum und Eiern gratis gibt – allerdings nur ein Glas pro Person. Dies ist die moderne Version einer alten Sitte, die es den Leuten seinerzeit erlaubte, Nachbars Kuh zu melken und aus Nachbars Hühnerstall ein Ei zu holen, um damit – in Verbindung mit einem ordentlichen Schuß Rum – einen Punsch herzustellen, der an diesem ersten Sonntag im Mai für angemessene Stimmung sorgen konnte.

Burhou

Viele Höhlen in den südlichen Steilfelsen Alderneys lassen sich auf einer kleinen Schiffstour erkunden, die von der Hafenmole aus die Insel in etwa zwei Stunden im Uhrzeigersinn umrundet. Dabei wird auch kurz auf der nordwestlich von Alderney, jenseits von »The

Swinge« gelegenen Insel *Burhou* (Farbabb. 16) Station gemacht. Die Insel ist rund einen Kilometer lang, etwa 350 Meter breit und an ihrer höchsten Stelle 25 Meter hoch. Burhou, die einzige unbewohnte Kanalinsel, ist die ideale Brutstätte für *Seevögel* wie Sturmvogel, Krähenscharbe, Tordalk und Papageientaucher, der in vielen der unzähligen Kaninchenlöcher, mit denen die Insel übersät ist, nistet. Wenn sich das Boot vorsichtig der kleinen Anlegestelle im Süden nähert, lassen sich gerade die Papageientaucher gut beobachten, die in Ufernähe auf dem Wasser schaukelnd fast einen Teppich zu bilden scheinen.

Die Inseloberfläche ist von Turf bedeckt, der an verschiedenen Stellen von bizarren Formationen des Alderney-Sandstone durchbrochen ist, in denen einige Beobachtungsposten für Ornithologen eingerichtet sind. Für die Dauer ihres Aufenthaltes können sich die Forscher in einer primitiven Hütte einquartieren, die die States of Alderney vornehmlich für gestrandete Seeleute unterhalten. Wer einige Tage hier verbringen will, der muß außer Lebensmitteln auch Trinkwasser mitführen, da die Insel keine Quelle hat.

Les Casquets

Ein Seigneur aus Jersey, so geht die Legende, hat die *Casquets* (Abb. 54), eine kleine Gruppe gefährlicher Riffs, acht Kilometer westlich von Alderney, geschaffen, als er feststellte, daß seine Frau mit einem reichen Bürger aus Alderney davongelaufen war: Er nahm seinen Helm ab und warf ihn hinter den Ausreißern her, und aus der Kopfbedeckung wurden die Casquets, die seit 1785 durch Leuchtfeuer gesichert sind, da über Jahrhunderte hinweg zahlreiche Schiffbrüche in ihren Gewässern Tausende von Menschenleben gefordert hatten. An das berühmte »White Ship«, das hier im Jahre 1120 mit Prinz William, dem einzigen Sohn König Heinrichs I. an Bord untergegangen sein soll, erinnert der Casquets-Felsen »White Ship«. Swinburne beschreibt die Atmosphäre dieser Riffs in seinem Gedicht »The Casquets«, das die Geschichte der Tochter eines Leuchtturmwärters erzählt, der hier 18 Jahre lang mit seiner Familie gelebt hatte. Nach einem Besuch in St. Anne sei sie reumütig auf ihre Klippen zurückgekehrt, da ihr die Stadt zu betriebsam war.

Während des Krieges hielten deutsche Truppen den Leuchtturm als strategisch wichtigen Punkt besetzt, und am 2. September 1942 gelang den Briten das spektakulärste Kommando-Unternehmen gegen die Kanalinseln, als sie in der »Operation Dryad« die siebenköpfige Besatzung der Casquets überwältigten und als Kriegsgefangene mitnahmen. Heute gibt es auf den Casquets einen Hubschrauberlandeplatz, so daß die Leuchtturmwärter nicht mehr für Monate isoliert sein müssen, wie es in der Vergangenheit infolge schlechten Wetters und unruhiger See oft genug vorkam.

Ein Besuch der Inseln ist übrigens nur mit Erlaubnis der Küstenwachbehörde Trinity House möglich.

Ortac und das Renonquet-Riff

Der Felsen *Ortac* liegt rund sechs Kilometer westlich von Alderney, ist etwa zehn Morgen groß, 25 Meter hoch und ähnelt in der Form einem Heuhaufen. Wie auf den Garden Rocks vor Alderney haben sich auch hier Hunderte von Baßtölpelpaaren niedergelassen, die nach und nach die Lummen und Dreizehenmöwen verdrängen. Baßtölpel sind auf der Rückseite der Penny-Münze des Bailiwick of Guernsey abgebildet.

Das *Renonquet-Riff* liegt nördlich von Burhou und ist etwa einen Kilometer lang. Es steigt von Westen nach Osten flach an, und seine westliche Hälfte ist bei Flut von Wasser bedeckt. Dadurch ist das Riff ebenfalls sehr gefährlich für die Schiffahrt, und die britische Marine verlor hier 1901 bei einem Manöver den Zerstörer »Viper«, dessen Wrack heute die große Attraktion für Sporttaucher ist.

Sark und Brecqhou

Vom Clifton Hill in St. Peter Port aus meint man bei klarer Sicht, *Sark,* den »Augapfel der Inseln« (Swinburne), beinahe greifen zu können. Die dennoch rund 15 Kilometer lange, einstündige Überfahrt auf dem Motorschiffchen »Sark Trader«, dessen Stapellauf lange vor der Erfindung des Stabilisators stattgefunden haben muß, kann bei unruhiger See ebenso zu einem wahrhaft unvergeßlichen Erlebnis werden wie der »Ritt« auf der »fast launch«, dem Schnellboot, das die Strecke in 40 Minuten bewältigt. Auch der magenstarke Seetourist hat dann alle Hände voll damit zu tun, sich festzuhalten: An die Benutzung des Feldstechers oder einer Kamera ist nicht zu denken, und die *Gouliot-Höhlen* zwischen Sark und der 73 Meter entfernten Insel *Brecqhou* oder die *Boutique-Höhlen* an der Nordwestspitze der Insel, von Victor Hugo (»Die Arbeiter des Meeres«) so trefflich beschrieben, haben sich einmal mehr den Blicken der Besucher entzogen.

Wer dann endlich mit weichen Knien von den schwankenden Bootsplanken auf die feste Pier der Anlegestelle *La Maseline* oder des südlich davon gelegenen, 1588 gebauten winzigen *Creux Harbour* (Farbabb. 18; Abb. 61) gelangt ist und nach Durchqueren des Tunnels, durch den allein Sark nun zu erreichen ist, feststellt, daß noch ein knapper Kilometer steil auf etwa 90 Meter ansteigenden Weges bis zum Dorf zurückzulegen ist, der verschnauft gern vor der Gedenkplatte, die 1965 zum 400jährigen Bestehen des »Fief Haubert«, einer Art reichsunmittelbaren Lehens, enthüllt wurde. Zum Trost sei gesagt, daß seit einigen Jahren nicht nur das Gepäck der Besucher, sondern auch Passagiere mit einem traktorgezogenen Karren vom Hafen zum Dorf befördert werden – man muß nur einen der wenigen Plätze ergattern...

Die »Faerie Queene« gibt ein Lehen

Mit dem Tod Heinrichs VIII., des starken Mannes auf dem englischen Thron, begann für die Kanalinseln nach langen Jahren relativen Friedens wieder eine unruhige Zeit, da sich die Franzosen, Heinrichs liebste Feinde, die politische Situation zunutze machten und die Inseln mit beachtlicher Ausdauer attackierten. Sark und Alderney konnten sie jeweils für längere Zeiträume einnehmen, doch gelang es ihnen nicht, auf Dauer hier Fuß zu fassen. In die bunte Reihe zeitweiliger Besitzer von Sark geriet unfreiwillig auch Kaiser Karl V., als es 1553 dem mit einem kaiserlichen Kaperbrief ausgestatteten flämischen Korsaren Adrian Crole glückte, die Insel den Franzosen abzujagen.

Als Elizabeth I. (Abb. 65) 1558 den englischen Thron bestieg, war sie zwar Besitzerin der Insel, doch die Feindseligkeiten hatten Sark entvölkert, so daß die Gefahr einer erneuten französischen Invasion weiterhin bestand. 1565 gab sie kurzerhand die ganze Insel dem Seigneur von St. Ouen in Jersey, Helier de Carteret, zum erblichen Lehen mit der Auflage, 40 wehrfähige Männer mit ihren Familien in Sark anzusiedeln und mit ihnen im Kriegsfall die Verteidigung zu übernehmen. Die einzige weitere Bedingung war das Verbot der Veräußerung des Lehens oder dessen Vererbung außerhalb Helier de Carterets Familie ohne königliche Zustimmung.

Dafür und gegen eine jährliche Zahlung von (umgerechnet auf heutige Verhältnisse) rund 20 DM erhielt der neue Lehnsmann fast uneingeschränkte Rechte, von denen noch in unserer Zeit einige wesentliche bestehen: Le treizième, die Haupteinnahmequelle, beschert dem Seigneur den dreizehnten Teil des Kaufpreises bei Immobiliengeschäften, die von den Inselbewohnern wiederum nur mit Zustimmung (congé) des Seigneurs abgeschlossen werden dürfen; poulage (ein lebendes Huhn pro Schornstein und Jahr) wird heute ebenso in Geld abgegolten wie der Zehnte der jährlichen Ernte, dîme, ursprünglich jede zehnte Korngarbe. Weiterhin bestehen noch Mahlrechte des Seigneurs sowie Steuern auf Lämmer und Wolle. Darüber hinaus besitzt der Seigneur die Hoheitsrechte der Dreimeilenzone um Sark, er darf als einziger Bewohner der Insel Tauben und Hündinnen halten, und wenn einer

Siegel von Königin Elizabeth I.

136

Wappen der Insel Sark

der Besitzer der von Helier de Carteret verteilten ursprünglichen 40 Parzellen (tenements) ohne Erben stirbt, fallen die Ländereien an den Seigneur zurück. Diese Hochform des Lehens – »Fief Haubert« –, die in unserem Jahrhundert reichlich anachronistisch wirkt, hat zu der verbreiteten, aber irrigen Meinung geführt, Sark sei die letzte absolute Monarchie Europas.

Finanzielle Schwierigkeiten veranlaßten die de Carterets trotz königlichen Verbots 1730 zum Verkauf der Insel an die Familie Le Pelley, die wiederum keinen anderen Ausweg sah, als das Lehen an die Tochter ihres Hauptgläubigers zu veräußern. Ein Ur-Ur-Urenkel dieser Marie Collings ist der heutige Seigneur von Sark.

Als Bestandteil des Bailiwick of Guernsey hat Sark dennoch sein eigenes Parlament (Chief Pleas), das Verordnungen für die Insel beschließen kann. Mitglieder sind die Inhaber der tenements sowie zwölf Abgeordnete (Deputies), die seit dem 1922 beschlossenen und 1951 erneuerten Reformgesetz von der Bevölkerung gewählt werden. Durch diese Reform erhielten die Einwohner Sarks, die keine tenements besitzen, die Möglichkeit parlamentarischer Repräsentation. Der Seigneur hat einen Sitz (und für jedes ihm gehörende tenement eine Stimme) im Parlament, und er gibt traditionell als erster seine Stimme ab. Er kann überstimmt werden, hat aber die Möglichkeit des aufschiebenden Vetos. Seine eigentliche Macht liegt in dem Recht, ohne Anhörung des Chief Pleas die vier ranghöchsten Amtsträger der Insel zu bestimmen, die lediglich vom Lieutenant-Governor von Guernsey bestätigt werden müssen: den Seneschal, Parlamentsvorsitzender und oberste juristische Instanz; den Greffier, dessen Amt als Gerichts- und Parlamentssekretär heute üblicherweise mit dem des Treasurer, des Kämmerers, zusammengelegt wird; den Prévôt, der salopp als Erfüllungsgehilfe des Gerichts bezeichnet werden kann, da es zu seinen Aufgaben gehört, in Sark Inhaftierte zu verpflegen und schwerere Gesetzesbrecher den Behörden in Guernsey zu überstellen.

Seine Rechte als gesetzgebende Versammlung nimmt Chief Pleas heute noch sehr genau, wie die Tatsache beweisen mag, daß es immer noch keine Motorfahrzeuge für die Personenbeförderung in Sark gibt. Als vor dem Zweiten Weltkrieg ein Arzt sein Auto mitbrachte, hatte Sark seine »cause célèbre«: Das Parlament nahm sich der Sache an und entschied, der Arzt könne sein Kraftfahrzeug benutzen – wenn es von einem Pferd gezogen würde. Ein Zugeständnis an moderne Zeiten ist daher die Zulassung von elektrisch betriebenen Krankenfahrstühlen sowie von Traktoren für Landwirtschaft und Gütertransport. Diese Traktoren nehmen – wie bereits gesagt – seit einigen Jahren den Besucher vom Hafen aus mit, doch am Ortseingang ist es aus mit dem motorisierten Fahren: Ab hier ist der Tourist auf Pferdekutschen oder Fahrräder, die tageweise gemietet werden können, angewiesen, wenn er nicht zu Fuß gehen will oder kann.

Ein Tag in Sark

– das dürfte für die meisten Besucher der Kanalinseln das Limit sein, obwohl es Hotels und Ferienwohnungen für diejenigen gibt, die länger bleiben wollen, um die rund fünf Kilometer lange Insel, die an ihrer breitesten Stelle etwa zwei Kilometer mißt, näher zu erkunden. Bedingt durch ihre eigenartige Form, hat sie 67 Kilometer Küstenlinie, und aus diesen dürren statistischen Angaben mag hervorgehen, daß man sich bei einem Tagesaufenthalt auf einige besondere Punkte beschränken muß, wenn man nicht ohnehin den Tag lediglich in einer der abgeschiedenen Buchten am Strand verbringen will, falls Gezeitenstand und Wetter dies erlauben.

Sark – das sind eigentlich zwei verschiedene Inseln (*Great Sark* und *Little Sark*), die nur durch einen knapp 100 Meter langen und 80 Meter hohen Isthmus, über den deutsche Kriegsgefangene 1945 einen drei Meter breiten Fahrweg bauten, miteinander verbunden sind. Vor Bestehen dieses Weges sollen die Schulkinder bei heftigem Wind diese Passage auf Händen und Füßen bewältigt haben. Das Plateau von Great Sark ist nahezu ganz flach und steigt bis auf 109 Meter Höhe an.

Das Dorf

Nachdem die Gedenkplatte am Hafen passiert ist, erfordert Amont du Creux oder Harbour Hill, so der heute geläufige Name der Straße zum Dorf und aufs Plateau, die Aufmerksamkeit des Besuchers – und seine Energie, wenn er keinen Platz im Traktorbus bekommen hat. Die Straße windet sich durch ein stark bewaldetes Tal, wo Himmelsschlüssel, wilde Hyazinthen und Pfennigkraut im Überfluß wachsen, an Steinbruch und Kraftwerk vorbei zur Kreuzung La Collinette, wo man sich mit einem fahrbaren Untersatz – Fahrrad oder Kutsche – versorgen kann.

Jenseits der Querstraße Rue Lucas geht Harbour Hill in The Avenue über, die frühere Privatzufahrt zu Helier de Carterets Residenz *Le Manoir,* in der die Seigneurs bis 1730 ihren Sitz hatten, der dann in die heutige Seigneurie verlegt wurde. An die Bäume der Avenue erinnert nur noch der Name: Sie wurden während der deutschen Besetzung verheizt. Dafür säumen heute zahlreiche Geschäfte die Allee, in denen man Verpflegung für den Tag, aber auch steuerfrei Kosmetika, optische Geräte, Spirituosen und Tabakwaren kaufen kann.

An der Abzweigung zur Straße Chasse Marais kommen wir an der Post vorbei, wo auch der einzige Briefkasten von Sark steht, der im Winter mit dem Hinweis dekoriert wird »Post leaves one hour before boat sails«. Auf der anderen Seite, neben der Grundschule und gegenüber dem ehemaligen Herrenhaus, steht das 1856 erbaute *Inselgefängnis*, an seinem wuchtigen Tonnengewölbe leicht zu erkennen. Das Gefängnis hat Platz für zwei Personen, wird jedoch selten belegt, da Kriminalität in der kleinen Inselgemeinschaft mit ihren knapp 600 Einwohnern kein aktuelles Problem ist.

Etwas weiter nördlich, an der Chasse Marais, befinden sich Pfarrhaus, »Senior School« (in der das Inselparlament tagt), Gemeinschaftshaus und die *Pfarrkirche St. Peter,* die 1820 unter dem Seigneur Pierre Le Pelley auf einem von ihm gestifteten Grundstück im gotischen Stil erbaut wurde. Rund 60 Jahre später erhielt die Kirche noch einen Choranbau, und der Turm wurde erhöht. Die Kirche kostete £ 1000, die der Seigneur zum Teil durch den Verkauf von Kirchenbänken an die Inhaber der tenements aufbrachte, die dadurch heute noch ihre eigene Bank in der Kirche haben. Im Innenraum befinden sich Gedenkplatten für Helier de Carteret und Pierre Le Pelley sowie (moderne) Glasfenster mit Darstellungen des hl. Johannes und St. Magloires, der im 6. Jahrhundert auf der Insel ein Kloster gegründet hatte.

Wer der Avenue weiter nach Westen folgt, gelangt in wenigen Minuten an den höchsten Punkt von Sark. Hier steht die alte *Windmühle* (Abb. 56) von 1571, die heute als Andenkenladen dient. An dieser Stelle hat man die Hälfte der größten Ost-West-Ausdehnung von Sark bereits überschritten, und an der nächsten Kreuzung muß entschieden werden, wie es weitergehen soll: Der nördliche, der westliche und der südliche Teil der Insel sind von hier aus am schnellsten zu erreichen, doch sollte man den Gezeitenstand berücksichtigen, von dem einige Besichtigungen abhängig sind.

La Seigneurie und der Norden

Wer nicht den Ehrgeiz hat, das (nicht asphaltierte) Straßennetz von Sark in seiner vollen Länge von rund zwölf Kilometern auszunutzen, der kann sich auf dem Weg nach Norden die Mühle schenken und von der Avenue vor dem ehemaligen Herrenhaus der Chasse Marais folgen, die nach der nächsten Kreuzung zur Grande Rue de l'Eperquerie wird. An dieser Straße, etwa einen Kilometer nördlich des Dorfes, liegt *La Seigneurie* (Abb. vordere Umschlag-Innenklappe; Abb. 60, 62), seit 1730, als die Familie Le Pelley Sark erwarb, Sitz des Seigneurs. Das Gebäude steht an der Stelle, an der St. Magloire im 6. Jahrhundert sein Kloster gebaut hatte, und die ältesten Teile sind von 1565. Spätere Generationen haben das Haus durch Anbauten und Umbauten immer wieder verändert, so daß von der ursprünglichen »Perronerie« nicht mehr viel zu sehen ist.

Als letzten großen Anbau ließ der damalige Seigneur 1854 einen Seitenflügel und den markanten Turm errichten, der allerdings keine glückliche Einheit mit dem Haus bildet, und legte den von hohen Mauern umgebenen Garten an, der unter der 1974 verstorbenen legendären Dame of Sark, Sibyl Hathaway, sein exotisches Gepräge erhielt. La Dame war eine begeisterte Gärtnerin, die von ihren weltweiten Vortragsreisen, auf denen sie ihre Insel vorstellte, Sämereien und lebende Pflanzen mitbrachte, die dank des milden Klimas auch angingen. Sehenswert sind hinter dem Haus das herrschaftliche *Taubenhaus* (Abb. 57) des Seigneurs sowie eine der sechs *bronzenen Kanonen,* die Königin Elizabeth ihrem Lehnsmann Helier de Carteret 1572 für seine Verdienste um Sark schenkte.

Ein deutsches Geschütz aus dem Zweiten Weltkrieg rostet einige Meter weiter vor sich hin, und in der Mauer gegenüber verwittern die Gedenkplatten, die Dame Sibyl Hathaway für ihre Hündinnen errichten ließ. Das schmiedeeiserne Eingangstor zum Grundstück der Seigneurie, das sich mittwochs und freitags den Besuchern des Gartens öffnet, erhielt La Dame 1929 als Hochzeitsgeschenk von ihren Untertanen. Wohl nach diesem Vorbild schenkten die Bewohner von Sark dem Seigneur Michael Beaumont 1981 zur Silberhochzeit ein Tor für den Südosteingang zum Garten.

Der Bach im Garten der Seigneurie, der auf seinem Weg ins Meer einen Fischteich (ursprünglich drei) speist, wurde von den Mönchen St. Magloires für den Betrieb einer Mühle genutzt, die der unterhalb gelegenen Bucht, Port du Moulin, welche über einen kleinen Pfad zu erreichen ist, den Namen gab. Wenn man beim Abstieg den Bach überquert hat, sieht man eine steinerne, in die Felswand gebaute Plattform, von der aus sich der zur Düngung der Felder verwendete Seetang besser vom Strand heraufziehen läßt. Der Seigneur William T. Collings, der Erbauer des Turms der Seigneurie, ließ neben dieser Plattform einen rechteckigen Tunnel in den Felsen brechen, der ähnlichen Zwecken dienen sollte und heute als »*Window in theRock*« zu den großen Touristenattraktionen Sarks zählt.

Port du Moulin ist eine der interessantesten Buchten für den Kurzzeitbesucher von Sark, nicht zuletzt deswegen, weil sie unabhängig vom Gezeitenstand und ohne allzu große Anstrengung (anders als manche andere Bucht!) zu erreichen ist. Bei Ebbe lockt von hier aus ein Weg in die südlich gelegene *Pegane Bay* sowie durch ein Felsentor zu den Granitfelsen *Les Autelets* (»Altäre«) und in die nördlich gelegene *Saignie Bay* mit ihren roten Klippen, einem schönen Felsentor und fünf Höhlen, deren eine innen an eine gotische Kirche erinnert. Bei derartigen Ausflügen ist unbedingt auf den Gezeitenstand zu achten, um vor möglicherweise lebensgefährlichen Überraschungen sicher zu sein.

Ein paar 100 Meter nördlich der Seigneurie senkt sich die Straße merklich und führt hinter der letzten der gras- und dickichtüberwucherten Grenzmauern, von denen viele Felder Sarks umgeben sind, im sanften Bogen auf die freie Fläche des *Eperquerie Common,* wo sich La Grande Rue in mehrere kleine Klippenpfade verflüchtigt. Dieses Gemeindeland, im Frühjahr von Himmelsschlüsseln und wilden Hyazinthen bedeckt und im Sommer von blühendem Heidekraut violett gefärbt, war in den frühen Jahren des Lehens Trockenplatz für Aale und andere Fische, und die Bürgerwehr hatte hier ihren Exerzierplatz. Ein halbrunder Turm in der Nähe der Nordspitze der Insel ist der letzte Rest der ehemaligen Schießanlagen.

Unterhalb des Turms erkennt man von einem kleinen Isthmus aus einen Kamin in der südlichen Felswand, durch den die *Boutique-Höhlen* landseitig zu begehen sind. Wenn diese

Höhlen jemals, wie Name und Überlieferung signalisieren und wie es in John Oxenhams »Carette of Sark« zu lesen ist, als Lagerplatz von Schmuggelgut gedient haben, dann kann es nur in diesem Kamin gewesen sein. Bei Flut stehen nämlich zumindest die »Fußböden« der Boutique-Höhlen unter Wasser, das durch vier Eingänge vom Meer her eindringt. Schwarze und weiße Steine und vereinzelte kleine Tümpel, die man in der Dunkelheit trotz mitgeführter Taschenlampe oft zuerst mit den Füßen bemerkt, bedecken den größten Teil des Bodens in diesem weitverzweigten Labyrinth. Die Wände sind kahl und nicht wie in den Gouliot-Höhlen voll reicher Vegetation.

Auf dem Rückweg nach Süden kommen wir oberhalb der auf der Ostseite gelegenen Anlegestelle *Eperquerie Landing* vorbei, wo Helier de Carteret mit seinen Getreuen erstmals Sark betrat. Zwei Kanonen beiderseits des Klippenweges deuten den Weg zur Landestelle an, an der heute hin und wieder Segelboote Schutz vor westlichen Stürmen suchen. Ein steiler Klippenpfad führt etwas weiter südlich zur malerisch-dramatischen *Les Fontaines Bay*, die bei Flut zum Schwimmen geeignet ist. Elfengrotte nannte William Toplis, ein einheimischer Maler, der vom Ende des 19. Jahrhunderts bis in die 40er Jahre die Naturschönheiten Sarks auf Aquarellblock und Leinwand festhielt, den freistehenden doppelten Felsenbogen am Nordausgang dieser Bucht.

Zurück auf dem Plateau, nehmen wir die links von der Grande Rue de l'Eperquerie abzweigende Rue des Camps, die auf die nach Süden ins Dorf zurückführende Rue du Fort trifft. An der Kreuzung folgen wir der Rue Pot in östlicher Richtung und gelangen in eine kleine Siedlung zweistöckiger Häuser, die im 18. Jahrhundert im Jersey-Stil erbaut wurden. Ein schönes Beispiel ist *Ville Farm House*, hinter dem ein Fußweg zur Bucht *Grève de la Ville* abzweigt. Kristallklares Wasser an diesem Steinstrand lädt zum Schwimmen und Tauchen ein, und bei Ebbe kann man durch den Felsenbogen »Seagull's Chapel« zu einem Gewirr kleinerer Kamine und Höhlen vorstoßen. Der *Leuchtturm* auf der östlich von Grève de la Ville gelegenen Landzunge Pointe Robert wurde 1912 erbaut. Er ist über 165 abwärts führende Stufen zu erreichen und ermöglicht einen guten Ausblick auf den Hafen La Maseline und die vor der Steilküste liegenden Felsgruppen Grande Moie und Petite Moie.

Zwischen The Avenue und La Coupée

Derrible Bay und besonders *Dixcart Bay*, durch die Halbinsel Hog's Back (»Schweinebuk-kel«) im Südosten von Great Sark voneinander getrennt, sind wegen ihrer reinen Südlage, ihrer guten Zugänglichkeit und der sie umgebenden spektakulären Felsformationen und Höhlen vor allem bei den Tagesbesuchern am beliebtesten. Die Inselverwaltung hat dem Rechnung getragen, indem sie an der Kreuzung La Collinette einen Wegweiser aufgestellt hat, für Sark zumindest nichts Alltägliches. Kurz hinter der Schmiede muß man die Straße verlassen, um über einen steilen, aber ungefährlichen Zickzackpfad zur Derrible Bay zu gelangen. Die rund 200 Meter breite Bucht kann bei Ebbe betreten werden, und unter den fast senkrecht abfallenden Klippen an der Nordseite locken zwei Höhleneingänge dazu,

La Coupée, die Verbindung zwischen Great Sark und Little Sark

Sarks schönsten Creux zu erforschen. Creux bedeutet eigentlich »Loch« und bezeichnet, je nach Blickrichtung, eine Höhle mit offener Decke oder einen Kamin mit Öffnung zum Meer hin. *Creux Derrible* ist 60 Meter tief mit einem oberen Öffnungsdurchmesser von 25 Metern. Bei Flut kann, wer den Nerv dazu hat, von der (ungesicherten!) oberen Kante des Kamins zusehen und vor allem zuhören, wie die tobenden Wellen Sand und Steine gegen die Wände schleudern.

Ein gut begehbarer Weg führt uns nach Süden auf den »Schweinebuckel«, an dessen Ende eine Kanone neben einer Plattform steht, die einmal eine französische Befestigungsanlage trug. Von diesem Punkt gibt es den besten Ausblick auf die Ostküste von Little Sark, an manchen Tagen sind sogar die sandigen Buchten an der Nordküste von Jersey zu erkennen. Am 3. Oktober 1942 ging ein britisches Kommando (»Operation Basalt«) an der Südspitze des *Hog's Back* an Land, schaffte den gefährlichen Aufstieg trotz Dunkelheit und deutscher Minen und überrumpelte einen Posten, der im Dixcart Hotel einquartiert war. Von der fünfköpfigen Besatzung wurden vier Soldaten getötet, während der fünfte als Gefangener den Angreifern folgen mußte.

Der Klippenweg vom Hog's Back nach Norden trifft auf einen Hohlweg, der ins Dixcart-Tal hinunterführt, vorbei an der Petit Dixcart Farm mit ihrer seit langem stillgelegten Cider-Presse. Das Tal ist stark bewaldet und wird von einem kleinen Bach durchzogen, der sich in einem Wasserfall auf den oberen Strand der *Dixcart Bay* ergießt. Die Bucht wird von einem vorspringenden Felsen, durchbrochen von einem großen natürlichen Tunnel, in zwei ungleiche Teile geteilt. Bei Ebbe ist der Weg durch das Felsentor frei, und begehbar ist auch der größere Teil der mit zahllosen Steinen und Felsbrocken bedeckten Bucht. Verdeckt von einem hohen, freistehenden Felsen am westlichen Ende liegt der Eingang zu einer der längsten Höhlen von Sark, die 114 Meter weit in den Berg hineinführt zu einer runden Kammer.

Den Rückweg aus der Dixcart Bay nehmen die wenigsten Besucher über den sehr steilen Klippenpfad, der vom Weg durch das Dixcart-Tal nach links abzweigt und den Wanderer in kurzer Zeit am oberen Rand der Bucht entlang zurück aufs Plateau und letztlich zum Isthmus La Coupée bringt, wenn er nicht über die Dixcart Lane, einen gut ausgebauten Fahrweg, zum westlichen Ende von Great Sark will. Dieser Weg führt zu dem Teil der Insel, den Helier de Carteret seinem Freund Nicholas Gosselin überließ als Dank für dessen und seiner Familie Dienste im Zusammenhang mit der Verleihung von Sark an Carteret. Gosselins Herrenhaus, *Beauregard*, ist heute ein Hotel wie verschiedene andere von Carterets Gefolgsleuten erbaute Häuser. Der kleine Teich an der Straße, die zum Herrenhaus führt, Beauregard oder Duck Pond, ist der Austragungsort der traditionellen Karfreitagsregatta für Schiffsmodelle.

Schon von weitem sieht man auf der Klippe und am Ende des Weges, der von Beauregard nach Westen führt, einen großen Obelisken, *Pilcher Monument* genannt nach einem Londoner Kaufmann, der 1868 auf der Fahrt von Sark nach Guernsey zusammen mit vier anderen Männern bei einem Schiffbruch ums Leben kam. Das Denkmal ließ seine Witwe errichten. Hinter dem Obelisken windet sich eine steile Treppe zu einer rund 60 Meter tiefer gelegenen winzigen Landestelle, *Havre Gosselin*, die gelegentlich noch benutzt wird. Am anderen Ende der kleinen Landzunge liegt *Victor Hugo Cave*, nach dem Romancier benannt, der mehrfach von Guernsey nach Sark herüberkam. Er kannte die Höhlen an der

William Turner, La Coupée. 1829. Bleistiftzeichnung. The British Museum, London

Westseite der Insel so gut, daß er sie in seinem Roman »Die Arbeiter des Meeres« ausführlich beschrieb, freilich fiktiv als Besonderheit der Roches Douvres, auf denen der spannendste Teil des Romans spielt.

Während Victor Hugo Cave nur mit dem Boot zu erkunden ist, können die *Gouliot-Höhlen*, die den westlichsten Punkt von Sark an der 73 Meter breiten Gouliot-Passage, die Sark von seiner Nachbarinsel Brecqhou trennt, geradezu durchlöchern, bei tiefster Ebbe für kurze Zeit zu Fuß erforscht werden. Dieses Höhlensystem ist ein Paradies für Meeresbiologen. Seeanemonen in verschiedenen Farben, Schwämme, zahlreiche Schalentierarten und Seespinnen gibt es hier zu beobachten. Der Dichter Trevor Blakemore war von den Seeanemonen, die er bei einem mitternächtlichen Besuch der Höhlen sah, überwältigt: »Sie schienen im Mondlicht wie gefroren und schimmerten, wo sie von den steinernen Säulen in den Höhlen beschattet wurden, in bleicher Phosphoreszenz, in einem geisterhaften dünnen Licht, das sich in den großen Wasserlachen spiegelte, durch die wir waten mußten.«

Auf dem Weg nach Süden wird die Hauptstraße schon auf dem Plateau merklich abschüssig. In Höhe der beiden letzten Farmen von Great Sark nehmen die Hecken und Mauern bereits den Blick aufs Meer, und nun wird die Straße vollends zum Hohlweg, der sich förmlich steil nach unten stürzt auf die schmale und zerbrechlich wirkende Verbindung nach Little Sark hinüber, *La Coupée* (Abb. 58 und S. 142). Es ist, als ließe man eine Welt zurück und wechselte in eine neue, unbekannte hinüber; denn die Straße steigt auf der anderen Seite ebenso steil wieder an und gibt den Blick nicht frei auf das, was einen erwartet. So verwundert es auch nicht, daß Maler und Dichter inspiriert wurden von dieser Verbindung, die zugleich Grenze ist, und dem atemberaubenden Ausblick, den sie ermöglicht. William Turner hielt La Coupée in einer Zeichnung fest (s. S. 143), William Toplis hinterließ eine Reihe von Darstellungen, in den Romanen von John Oxenham wird verschiedentlich auf den Isthmus angespielt, und Algernon Charles Swinburne (Abb. 79), der Sark erstmals 1876 besuchte, schrieb mehrere Gedichte über die Insel, deren bedeutendstes »The Garden of Cymodoce« ist und dessen kraftvollste Zeilen La Coupée gewidmet sind:

> *(. . .) that steep strait of rock whose twin-cliffed height*
> *Links crag with crag reiterate, land with land,*
> *By one sheer thread of narrowing precipice*
> *Bifront, that binds and sunders*
> *Abyss from hollower imminent abyss*
> *And wilder isle with island, blind for bliss*
> *Of sea that lightens and of wind that thunders;*
> *(. . .)*

1   JERSEY   Leuchtturm bei La Corbière ▷

2   JERSEY   Blick auf Anne Port und St. Catherine's Breakwater ▷

3 JERSEY Beauport Bay

5 JERSEY Gorey, Hafen und Mont Orgueil Castle. Begonnen 1206

4 JERSEY Der Hafen von St. Aubin

6　JERSEY　Herrenhaus Samarès Manor. 18. und 19. Jh.

7　JERSEY　St. Ouen's Manor, Herrensitz der Familie de Carteret. Begonnen 1483

8 JERSEY St. Helier, Almorah Crescent. 1844/45

9 GUERNSEY Herrenhaus Sausmarez Manor, Queen-Anne-Flügel. 1718

11 GUERNSEY L'Ancresse Bay mit dem Martelloturm Nr. 6. Um 1785
10 GUERNSEY Blick über den Yachthafen auf St. Peter Port
12 GUERNSEY Castle Cornet, die alte Wehrburg vor der Hafeneinfahrt von St. Peter Port. Begonnen 1206

13 GUERNSEY »The Little Chapel«, die Muschel- und Scherbenkirche von Les Vauxbelets. 1923–25

14 ALDERNEY St. Anne, Victoria Street

15 ALDERNEY Die neue Pfarrkirche von St. Anne, von Sir George Gilbert Scott. 1847–50

16 BURHOU Insel der Seevögel, nordwestlich von Alderney

18 SARK Le Creux Harbour. 1588

17 Blick von der Insel SARK auf die Nachbarinsel BRECQHOU

19 JETHOU Kleinste der bewohnten Kanalinseln

20 HERM Shell Beach (Muschelstrand) an der Nordostküste

21 WIGHT Die farbigen Sandklippen der Alum Bay

22 WIGHT Die Kreidefelsen der Freshwater Bay und Mergelklippen der Compton Bay

23 WIGHT   Die Ruine von Appuldurcombe House bei Wroxall. 1701 erbaut, im Zweiten Weltkrieg – mit Ausnahme der Mauern – zerstört

24 WIGHT   Osborne House, Queen Victorias Sommerresidenz. 1845–51

25 WIGHT Mottistone Manor, elisabethanisches Herrenhaus. 1567

27 WIGHT Blick über die Freshwater Bay nach Osten ▷

26 WIGHT Arreton Manor. 1639

28 WIGHT Ventnor, Strand und Pier

29 WIGHT Brighstone Old Village

30 WIGHT Ventnor, Esplanade und Undercliff

31 WIGHT Shanklin Old Village

32 WIGHT Carisbrooke Castle, Torhaus. 1335/36

33 WIGHT Gatcombe, Pfarrkirche St. Olave. 16. Jh.

34 WIGHT Bonchurch, Old St. Boniface. 13. Jh.

35 WIGHT Godshill

36 WIGHT Newport, Stapelhäuser am River Medina ▷

Auch Amüsantes wird über La Coupée berichtet: So erzählt Inglis 1834 von einem Mann aus Little Sark, der gern Zechtouren in Great Sark unternahm und auf dem Rückweg vor Überquerung des damals noch unbefestigten Isthmus auf originelle Weise seinen Gleichgewichtssinn testete, indem er mehrmals auf der (heute noch) am Wege stehenden Kanone hin und her lief. Blieb er oben, wagte er den Übergang; fiel er jedoch hinunter, legte er sich neben dem Geschütz zum Schlafen ins Gras und unternahm beim nächsten Erwachen einen erneuten Versuch. Da die beiden (bisher) einzigen tödlichen Unfälle nicht im 19. Jahrhundert geschahen, darf man annehmen, daß der fröhliche Zecher eines natürlichen Todes gestorben ist.

La Grande Grève Bay, von vielen Sark-Kennern für die schönste Bucht der ganzen Insel gehalten, liegt etwa 300 Stufen, viele davon unregelmäßig oder in schlechtem Zustand, tiefer als die schmale Landbrücke, doch sie lohnt den steilen Abstieg (an den Aufstieg darf man dabei nicht denken!) in vielerlei Hinsicht. Der sanft ansteigende Strand ist ein ungefährlicher Badeplatz, der bei starker Brandung zum Wellenreiten geeignet ist. Angler und Sammler finden hier vor allem Seebarsch und Uferschnecken. Zum Entdecken und Klettern verlocken Höhlen wie *La Chapelle* oder *Les Epines* sowie die Landzunge *Pointe La Joue,* durch deren Felsentor bei Ebbe die südlich gelegene Vermandée Bay zugänglich wird. Karneole und verschiedene Halbedelsteine, die sich, wenn man früheren Reiseberichten glauben darf, gelegentlich zwischen den unzähligen Muscheln befinden sollen, dürften inzwischen allerdings aus der Grande Grève Bay verschwunden sein.

Little Sark

Das südliche »Anhängsel« von Sark mißt von Norden nach Süden fast genau eine Meile (= 1609 m) und von Osten nach Westen fast genau einen Kilometer, und es ähnelt dem großen Bruder ein wenig in der Form und ganz deutlich in der Küstenformation der Steilküste: Vom etwas mehr als 60 Meter hohen Plateau gibt es nur ein Dutzend teilweise schwieriger Abstiege zum Meer. Die Straße von La Coupée überquert noch im Norden von Little Sark einen Hügel von rund 90 Metern Höhe und führt dann mitten durch die Felder geradewegs ins Dorf – das ist jedenfalls die offizielle Bezeichnung für die malerische kleine Ansiedlung, zu der die fünf tenements (La Sablonnerie, La Pipeterie, La Donnellerie, La Moserie, La Duvallerie) aus Helier de Carterets Zeit bis heute angewachsen sind.

Gleich hinter dem heutigen Hotel Sablonnerie gabelt sich die Straße. Nach rechts (oder Westen) führt sie in die Felder, während die Abzweigung nach links über verschiedene Klippenpfade die Südost- und Südküste von Little Sark erschließt. *La Clôture* am Ende der Straße, heute ein modernes Wohnhaus, war eine im Napoleonischen Krieg erbaute Kaserne. Eine Kanone auf der Klippenkante, am Weg von La Clôture zur Landestelle Rouge Terrier aufgestellt, erinnert noch an den ursprünglichen Zweck des Geländes.

Etwa 100 Meter vor dem ehemaligen Kasernengelände führt ein ganzes Bündel von Klippenpfaden nach Süden. Dazwischen stehen einige halbverfallene Wetterschächte als letzte Zeugen von Sarks einzigem Ausflug in eine industrielle Zukunft. Nachdem 1833 in der Nähe des *Creux Pot*, des zweitgrößten Creux von Sark, am Ostufer von Little Sark, Kupfer gefunden worden war, entschloß sich Seigneur Pierre Le Pelley, dessen Vorfahren 1730 das Lehen Sark erworben hatten, zur Gründung der Guernsey and Sark Mining Company, die zwei Jahre danach auch die in der Nähe der Kaserne entdeckten *Silberminen* auszubeuten begann. Bergleute aus Cornwall wurden angeworben, und allein die Bevölkerung von Little Sark stieg auf dem Höhepunkt des Silberbooms auf über 300.

Das Unternehmen endete jedoch in einer riesigen Pleite. Zunächst wurden die Kupfervorkommen unrentabel, und die vier Silberschächte (Sark's Hope, Le Pelley's, Vivian's und Prince's) brachten nicht die überwältigenden Erträge, die Le Pelley auf Grund von Gutachten erwarten konnte. Die Kosten für den Transport der Ausbeute, der über einen schmalen Klippenpfad zur kleinen Landestelle in der Gorey-Bucht erfolgen mußte, waren unverhältnismäßig hoch, und die Bergwerksgesellschaft, in die Le Pelley und seine Söhne insgesamt £ 30000 investiert hatten, brach 1847 zusammen. Da die Familie Le Pelley zur Finanzierung des Unternehmens eine große Hypothek auf das Lehen Sark aufgenommen hatte, deren Zinsen sie schließlich nicht mehr zahlen konnte, erwarb die Tochter des Hauptgläubigers, Marie Collings, 1852 die Insel.

An den Wetterschächten vorbei führt der östliche Pfad zum südlichen Ende von Little Sark und damit zu zwei sogenannten Rock Pools (Felsenbädern), die bei den Einheimischen und den wenigen Besuchern, die für längere Zeit nach Sark kommen, sehr beliebt sind: *Jupiter's Pool* und der bekanntere *Venus' Pool*, der etwa sechs Meter tief ist und einen Durchmesser von zehn Metern hat. Beide Pools, wie auch die weiter westlich gelegenen *Teddy's Bath* und *Adonis' Pool*, sind allerdings nur bei Ebbe zugänglich.

Vom Klippenpfad aus, der nach Westen in Richtung Port Gorey und schließlich zurück zu den verlassenen Silberminen führt, sind mehrere tief ins Land eindringende Buchten zu sehen. Am Ausgang der *Plat Rue Bay* erkennt man drei Höhlen, deren größte der Flüsterkeller *Gorey Souffleur* ist, dessen gewölbeartige Decke höher ist als sein Eingang. Bei starker südwestlicher Flut und bei entsprechendem Wasserstand preßt das innen entstandene Luftdruck das Wasser mit enormer Gewalt wieder nach außen, und riesenhafte Fontänen bilden ein erregendes Schauspiel. Von allen Souffleurs in Sark ist Gorey Souffleur sicher der interessanteste.

Brecqhou

Der englische Botaniker Cecil Hurst, der 1902 eine Woche zum Studium der Pflanzenwelt auf *Brecqhou* (Farbabb. 17) verbrachte, beschrieb dieses 65 Hektar große Stück Land westlich von Great Sark als »in der glücklichen Lage, eine Insel ohne Geschichte zu sein«. Hier irrte er gründlich; denn Brecqhou (auch Brechou), deren Name »Insel der Schlucht« bedeutet – ein Hinweis auf die 73 Meter breite Gouliot-Passage zwischen Brecqhou und Sark – gehörte bereits im 12. Jahrhundert zum Lehen Vinchelez in Jersey. 1363 erbte die in

Guernsey ansässige Familie Le Marchant die Insel, die in der Folgezeit als »Ile és Marchants« bekannt war, was später zu »Ile aux Marchands« (Kaufmannsinsel) wurde, wohl in der Annahme, daß Schmuggler und Seeräuber die vielen Höhlen in den Klippen zur Aufbewahrung von unrechtmäßig erworbenem Gut nutzten. Als Helier de Carteret »Sark und alle anderen Inseln, die es umgeben« übertragen bekam, wurden die Rechte der Familie Le Marchant klar übergangen. Erst über 100 Jahre später (1681) erklärten die Le Marchants offiziell ihren Verzicht auf alle Rechte an Brecqhou.

Die Ost-West-Ausdehnung von Brecqhou beträgt rund 1100 Meter, und ihre maximale Nord-Süd-Länge von 329 Metern erreicht die Insel nur durch eine kleine Halbinsel, die durch eine schmale Landbrücke mit Brecqhou verbunden ist wie Little Sark mit Great Sark. Von ihrer höchsten Erhebung im Südosten (73 Meter) senkt sich die Inseloberfläche leicht in nordwestlicher Richtung. Der Granit, aus dem Brecqhou (wie Sark) besteht, tritt fast nur an der Küste zutage, und ein gutes Drittel der Insel ist landwirtschaftlich nutzbar. Der übrige Teil ist von Brombeerhecken, Farn, Stechginster und Heidekraut überwuchert. Etwa 300 Pflanzenarten, unter ihnen viele wilde Blumen, sind in Brecqhou nachgewiesen.

Das erste Gebäude in Brecqhou wurde 1836 errichtet, als der Seigneur Pierre Le Pelley das *Farmhaus* baute, um Bewohnern von Sark einen Anreiz zu bieten, sich auf der Nachbarinsel niederzulassen, die – mit Unterbrechungen – seither bewohnt ist. 1929 verkaufte Dame Sibyl Hathaway die Insel für £ 3000 an einen Hotelier aus Guernsey, dem sie auch ihre Stimme im Parlament, die ihr zusätzlich aus dem Betrieb der Parzelle »La Moinerie de Haut« zustand, übertrug. 1932 erwarb der irische Tabakindustrielle Tom Clarke Brecqhou und den Sitz in Chief Pleas, und unter seiner »Herrschaft« tat sich einiges auf der Insel.

Clarke ließ das palastartige *Herrenhaus* bauen und den *Landesteg* auf der südlichen Halbinsel anlegen, der durch eine Transportseilbahn mit dem Plateau verbunden wurde. Bis dahin bestand die einzige Landemöglichkeit an der Nordküste, wo eine steile Treppe, »Jacob's Ladder«, in den Felsen gehauen ist.

Nach dem Krieg gehörte Brecqhou bis 1965 einem schottischen Textilfabrikanten, der die Insel an den Millionär Leonard Matchan, Chef des Mischkonzerns Cope Allman International, für £ 46 000 weiterverkaufte. Matchan ließ einen Hubschrauberlandeplatz anlegen und geriet durch diesen Präzedenzfall – Flugzeuge sind im Bereich des Lehens Sark ebenso verboten wie Autos – in Differenzen mit der Bevölkerung von Sark, die sich über den Fluglärm beschwerte. Als aber Chief Pleas ein Flugverbot verfügen wollte, besann sich der neue Herr von Brecqhou auf seine aus dem Mittelalter stammenden Rechte: Er verlangte, daß Sark die Straße von Brecqhou unterhalten müsse, und er drohte darüber hinaus, die Fangprämie für Kaninchen (sechs Pence pro Tier) in Anspruch zu nehmen, falls ihm der Gebrauch des Hubschraubers untersagt würde. Bei einem geschätzten Bestand von drei Millionen Kaninchen ein teures Vergnügen für Sark ...

Beide Parteien einigten sich gütlich, und Dame Sibyl Hathaway gestattete Matchan sogar, eine Hündin zu halten. »Die Abgeschiedenheit ist vollkommen. Brecqhou ist in guter Obhut, es ist schön und – außer auf Einladung seines Besitzers – nur aus der Ferne zu bewundern«, verkündet eine englische Publikation aus jüngster Zeit.

Herm und Jethou

Herm, in früherer Zeit mit *Jethou* durch eine schmale Landbrücke verbunden, die im Jahre 700 von einer Sturmflut zerstört wurde, liegt etwa fünf Kilometer östlich von Guernsey, jenseits des Little Russel. Diese Lage macht die Insel zum idealen Ziel für Tages- oder Halbtagsausflügler von Guernsey, die Herm mit den von St. Peter Port aus verkehrenden Bötchen in knapp 20 Minuten erreichen können, gute Sicht, ruhige See und nicht zu niedrigen Wasserstand vorausgesetzt. Bei Flut wird der kleine *Hafen* angesteuert, und bei Ebbe werden die Fahrgäste rund 400 Meter weiter südlich an der Anlegestelle *Rosière Steps* abgesetzt, die der Skipper durch ein Gewirr von sichtbaren und unsichtbaren Riffs anfahren muß. Ist die Sicht jedoch schlecht, herrscht gar Nebel und gleichzeitig extremes Niedrigwasser, dann kann der Besucher oft erst nach einer guten halben Stunde an Land gehen oder noch später; die verlorene Zeit wird jedoch nicht durch verlängerten Inselaufenthalt wettgemacht: Bei der Rückfahrt ist das Schiffchen pünktlich.

Mit seiner geringen Größe von zweieinhalb Kilometern (Nord-Süd) mal 800 Metern (Ost-West) ist Herm sogar manchen Besuchern der Kanalinseln, besonders denen, die ihren ganzen Urlaub in Jersey verbringen, kein Begriff, und doch finden im Sommer oft 1000 Besucher täglich den Weg hierher. Die Herkunft des Namens ist nicht geklärt: Eine Theorie schreibt ihn dem (mittel)lateinischen eremus (= Wüste/Einsamkeit) zu, während eine andere ihn aus dem englischen hermit (= Einsiedler) herleitet, obwohl ein Hinweis auf eine Einsiedlerklause fehlt. Allerdings erbaute St. Magloire im 6. Jahrhundert von seinem Kloster in Sark aus auf der Landbrücke zwischen Herm und Jethou eine Kapelle, deren Reste noch im vergangenen Jahrhundert erkennbar waren.

Lange vor den ersten christlichen Siedlern war Herm schon einmal bewohnt gewesen: Ausgrabungen von 1840 bezeugten eine jungsteinzeitliche Besiedlung im nördlichen Inselteil, dem heutigen Herm Common. In normannischer Zeit, noch vor der Eroberung Englands durch Wilhelm, kam Herm an die Abtei Mont St. Michel, und in diese Epoche fällt die Gründung der Kirche, die im 15. Jahrhundert den Namen *St. Tugual of Herm* erhielt. Bis heute ist nicht sicher, ob Tugual weiblich oder männlich war. Raoul Lemprière, einer der führenden Historiker Jerseys, beschreibt St. Tugual als einen walisischen Mönch, der in die Bretagne ging und Bischof von Tréguier wurde.

Mit dem erlöschenden englischen Einfluß in der Normandie sank auch die Bevölkerungszahl von Herm, und von der Mitte des 17. bis zum Beginn des 19. Jahrhunderts war die Insel nahezu unbewohnt. Ihr Dornröschenschlaf endete, als *Granitsteinbrüche* und einige *Kupferminen* eröffnet wurden, die bis etwa 1850 eine ungeahnte Prosperität mit sich brachten und ein Bevölkerungswachstum auf 400; danach lohnten sich die Unternehmungen nicht mehr. Die Qualität des Granits von Herm wird gern mit einem Hinweis auf die Treppenstufen zwischen Carlton House Terrace und The Mall in London gelobt. In der zweiten Hälfte des letzten Jahrhunderts ging die Krone als damaliger Eigentümer von Herm dazu über, die Insel an Privatpersonen zu verpachten. Damit schuf sie die Grundlage dafür, daß die Insel heute noch bewohnbar ist (und tatsächlich derzeit von etwa 40 Einwohnern ständig bewohnt wird).

Alles drängt zum Muschelstrand

Die Touristikwerbung in St. Peter Port hat den potentiellen Besuchern schon klargemacht, was in Herm die große Attraktion ist: der mehrere 100 Meter lange *Shell Beach* an der Nordostseite der Insel, der aus Millionen winziger Muscheln besteht, die durch eine Laune der Natur just an dieser Stelle angeschwemmt werden, manche davon sogar durch den Golfstrom aus der Karibik und mehr oder weniger unversehrt. So ist es auch kein Wunder, daß sich die meisten Besucher auf dem Weg von den Rosière Steps oder vom Hafen nicht lange an den üppigen Fuchsienbüschen oder den zahlreichen Hortensien aufhalten und schnell an Kakteen und Bambus vorbeihasten, um zu den gepriesenen Muscheln zu kommen. Den 150 Jahre alten Kran auf der während des Granit-Booms erbauten Hafen-mole, der noch funktionstüchtig ist, hat bei dem Tempo natürlich auch kaum jemand gesehen.

Wer nur für einen halben Tag und nicht allein wegen des Muschelstrandes von Guernsey herüberkommt, hat gerade ausreichend Zeit, Herm ganz zu erforschen – zu Fuß, versteht sich; denn Motorfahrzeuge gibt es hier nur für den landwirtschaftlichen Verkehr und für die Gepäckbeförderung zum *White House Hotel,* dem einzigen auf der Insel. Das Gebäude, dem das Ship Restaurant angegliedert ist, war das private Wohnhaus Sir Percival Perrys (später Lord Perry), des letzten Pächters vor der deutschen Besetzung. Auf dem Hotel-grundstück, am Weg vom Hafen zu den Rosière Steps, befindet sich das winzige *Ein-Personen-Gefängnis* von Herm: ein rundes, aus Herm-Granit gebautes bienenstockähnli-ches Hüttchen, in dem randalierende Steinbrucharbeiter über Nacht zur Ruhe gebracht werden konnten.

Die simple und informative Übersichtskarte von Herm am Wegesrand gegenüber dem Restaurant erleichtert die Entscheidung darüber, ob man gleich den Drive hinaufgehen und die Ostseite der Insel mit ihrer fast versteckt gelegenen *Belvoir Bay* besuchen oder ob man zuerst im kleinen Dorf mit seiner im mediterranen Stil erbauten *Piazza* Station machen will, um unter anderem im Inselpostamt die Herm-Briefmarken zu erwerben, die bis zur Übernahme des Postwesens durch den Bailiwick of Guernsey (1969) Gültigkeit hatten. An der Piazza und an der Mermaid Tavern vorbei führt der nun leicht abschüssige Weg zwischen Fisherman's und Bears Beach und den ausgedehnten Weiden der 40 Hektar großen Farm (die ein Fünftel der Gesamtfläche von Herm einnimmt und die größte Farm der Kanalinseln sein soll) nach Norden.

Auf der Landseite sehen wir einen der früheren Steinbrüche, von Farn und Brombeerhek-ken überwuchert, und kurz darauf, zwischen Weg und Strand, einen winzigen Friedhof mit dem Grab einer jungen Frau und eines zweijährigen Jungen, die 1832 auf einem zufällig vorbeifahrenden Schiff an der Cholera gestorben waren. Auf dem kleinen Hügel vor dem

Nordwestende von Herm, Le Monceau oder Monk's Hill, stand im 18. Jahrhundert eine kleine Bronzekanone, die jedes Jahr am 5. November, dem Guy Fawkes Day, abgefeuert wurde. Das nördliche Ende der Insel bildet der Mousonnière (oder Mousonmère) Beach.

Auf halbem Weg zum Nordostende, Alderney Point genannt, steht ein *Obelisk* aus Granit, der unter verschiedenen Namen bekannt ist: Pierre aux Rats, Mansell's Monument und The Mark of the Rock Caval. Bis 1835 hatte hier ein Menhir (Pierre aux Rats) gestanden, der den Fischern als Seemarke diente. Die Herm Granite Company beseitigte ihn ebenso wie etliche Decksteine der teilweise noch unerforschten jungsteinzeitlichen Gräber, doch die Fischer protestierten so lange, bis sich die Gesellschaft zum Bau des Obelisken entschloß, um die Seemarke zu ersetzen.

Am Ende des Mousonnière Beach haben wir es schließlich geschafft: Strand und Insel knicken rechtwinklig nach Süden ab, und vor uns liegt der *Shell Beach* (Farbabb. 20), früher La Mielle genannt, etwa 500 Meter lang. Selbst wenn wir nicht wüßten, was es mit diesem Fleckchen Herm für eine Bewandtnis hat, so würde uns doch spätestens die gebückte Körperhaltung der meisten Besucher am Strand signalisieren, daß hier etwas zu holen ist. An schönen Tagen nimmt das Suchen und Schürfen am Shell Beach Formen an, die wohl auch beim Goldrausch am Klondike River geherrscht haben müssen oder die man bis vor einigen Jahren auf der Insel Wight beobachten konnte, als das Sammeln des vielfarbigen Sandes in der Alum Bay noch erlaubt war. Friedlicher geht es da schon im Tea Room am südlichen Ende der Bucht zu, wo man sich von der Suche erholen und mit Nachbarn seine Muschelausbeute begutachten kann.

Die Strandabschnitte der nördlichen Inselhälfte dienten während des Zweiten Weltkriegs den deutschen Truppen als ideales Übungsgebiet für Panzer- und Infanterielandungen. In der Nacht vom 27. zum 28. Februar 1943 landete ein englisches Kommando am Shell Beach (»Operation Huckaback«), um die deutschen Verteidigungsstellungen auszukundschaften. Nach eigenen Angaben trafen die Eindringlinge jedoch weder auf Deutsche noch auf Briten und zogen sich wieder zurück.

Das »andere« Herm

Der südliche Teil der Insel unterscheidet sich stark vom nördlichen. Er besteht aus einem auf etwa 65 Meter Höhe ansteigenden Plateau und wird im wesentlichen von dem Gelände der Farm und von Waldland bestimmt. Von der *Belvoir Bay* aus, die man in wenigen Minuten über den Klippenweg südlich des Shell Beach erreicht, führt ein »undulating fairly steep cliff path«, wie es vorsorglich auf dem Wegweiser heißt, um das südliche Ende der Insel herum. Der Weg ist bei weitem nicht so bequem wie die nördlichen Strandwege – er führt mehrmals von Meeresspiegelhöhe fast auf die Höhe des Plateaus und wieder hinunter –, doch dafür begegnet man auch nicht annähernd so vielen Besuchern wie auf dem ersten Teil der Wanderung.

Wir verlassen den lieblichen kleinen Strand der Belvoir Bay und folgen dem steilen Pfad nach Süden. Je höher wir hinaufsteigen, desto besser wird – bei klarem Wetter – der Ausblick auf die wenige Kilometer weiter östlich gelegene Insel Sark. Auf der Südseite trifft der Weg auf einen von Stechginster fast völlig überwucherten, steil zum Plateau hinaufführenden Pfad, der sich nach wenigen Metern zum Fahrweg der Farm erweitert, der die südliche Inselhälfte in der Mitte teilt. In der Nähe dieser Abzweigung findet man nach einigem Suchen die landseitige Öffnung des *Creux à Pignon* (auch Creux Pigeon), eines Felsenkellers mit kaminartiger Öffnung zum Meer hin. Von hier hat man einen ausgezeichneten Blick auf die kleine Nachbarinsel Jethou.

Auch ohne Fernglas ist der Pfad, der um Jethou herumführt, gut zu erkennen. Am Point Sauzebourge, dem südwestlichen Ende von Herm, zweigt der Weg scharf nach Norden ab und verläßt die Küstenlinie. Umgeben von Unterholz verstecken sich ein *megalithisches Grab* und der Schacht einer ehemaligen *Kupfermine*. Über einige Treppenstufen gelangt man auf den Fahrweg oberhalb der Rosière Steps und kann wieder ins Dorf zurückgehen.

Der Drive zwischen dem Ship Restaurant und der Piazza steigt recht steil an und führt uns durch einen Wald von Pinien, Zypressen, Eukalyptusbäumen und Silberpappeln, der stellenweise einen schönen Blick auf die nördliche Inselhälfte und bei klarem Wetter bis nach Guernsey hinüber freigibt. Auch *St. Tugual's Chapel* (Abb. 59) und das *Manor House* (Le Manoir), das in seinen Ansätzen aus dem 15. Jahrhundert stammt, werden sichtbar. Hier lebte von 1920 bis 1923 der Schriftsteller Sir Compton Mackenzie (Autor des Romans »Das Whiskyschiff«) als Pächter, der Haus und Pacht von Fürst Blücher von Wahlstatt übernommen hatte, als dieser nach fast 25jähriger Pacht bei Ausbruch des Ersten Weltkriegs als unerwünschter Ausländer Herm verlassen mußte. Blücher hatte Straßen und die Gärten anlegen lassen, das jetzige Hotel wurde für seinen Sohn als Wohnung hergerichtet, und das Manor House ließ er durch den Anbau von Zinnen rundum so stark verändern, daß Mackenzie es später als »das äußerlich vielleicht häßlichste Gebäude in Europa« bezeichnete. Mackenzie war wie Blücher ein großer Pflanzenliebhaber, der viele in Herm bis dahin unbekannte Blumen teilweise von weit her auf die Insel brachte. Känguruhs hielt Mackenzie – im Gegensatz zu Blücher – allerdings nicht. Er hatte gleichzeitig auch Jethou gepachtet und lebte dort von 1923 bis 1934.

Herr auf Herm ist heute Major »Peter« Wood, der die Insel 1949 von den States of Guernsey pachtete, die sie 1946 für £ 15000 von der Krone gekauft hatten. Wie sein Vorgänger erhielt Wood die Auflage, Herm der Öffentlichkeit zugänglich zu machen und keine wesentlichen baulichen Veränderungen vorzunehmen, um den Charakter der Insel zu erhalten. Der Pächter betreibt neben der allgemeinen Verwaltung der Insel und ihrer Fremdenverkehrsaktivitäten auch die Farm, die mit rund 100 Guernsey-Kühen ausschließlich als Milchfarm arbeitet. Er hält sogar sonntags in der Kapelle St. Tugual (Abb. 59) einen Gottesdienst, mehr eine Andacht, obwohl er kein Geistlicher ist. Die Kapelle ist übrigens das einzige Gebäude auf dem Grundstück des Pächters, das zur Besichtigung freigegeben ist. Das kleine Gotteshaus aus Granit ist nur neun Meter lang und besteht aus einem Längsschiff mit einem nördlichen Querschiff. Das Fensterbild in der Südwand, rechts neben dem Altar, zeigt Christus in einem Boot, das Wasser von Galiläa beruhigend – ein passendes Motiv auf einer Insel, die oft genug die Gewalt des Meeres zu spüren bekommt.

Jethou

Jenseits der Percée-Passage, die an die Stelle der früher bestehenden Landverbindung mit Herm getreten ist, erhebt sich *Jethou* (Farbabb. 19) wie ein einziger Hügel, 80 Meter hoch, aus dem Meer, umgeben von zwei kleinen Granithügeln, Crevichon im Norden und Grande Fauconnière im Süden, die beide wegen ihrer Gefährlichkeit für die Schiffahrt mit weißen Seemarken versehen sind. Entsprechend schwierig ist die Anfahrt nach Jethou, und die einzige brauchbare Anlegestelle ist eine kleine Rampe im Norden der Insel, Crevichon gegenüber.

Als kleinste der bewohnten Kanalinseln (wenn man einmal von der gezeitenbedingten Insel Lihou westlich von Guernsey absehen will) hat das etwa 16 Hektar große Jethou kaum Spuren in der geschriebenen Geschichte hinterlassen. Reste eines Steinkreises, zwei Menhire, Küchenabfälle aus vorchristlicher Zeit und eine Mauer aus unbehauenen Steinen sind Zeugen früher Besiedlung, lassen aber genaue Rückschlüsse nicht mehr zu. Seit dem 18. Jahrhundert wurde Jethou von der Krone, in deren Besitz es irgendwann übergegangen war, verpachtet, und die Namen der Pächter, von denen die meisten Schmuggler und Seeräuber gewesen sein sollen, sind seit 1717 bekannt.

Als Inglis 1832 Jethou besuchte, hatte er in seinen Aufzeichnungen nur einen markanten Satz für die Insel übrig: »Außer einem Garten gibt es in Jethou nichts. Der Rest ist ein großes Kaninchengehege.« Um diese Zeit hatten die Bewohner von Guernsey trotz bestehender Pachtverträge das Recht, »wie bisher die Küsten von Jethou zu betreten, hier zu fischen und Seetang zu schneiden sowie Stein für Bau- und andere Zwecke zu holen«. Zwei kleine Granitsteinbrüche auf Jethou und einer auf Crevichon waren daher bis in die 60er Jahre des 19. Jahrhunderts gelegentlich in Benutzung.

Das Plateau der ovalen Insel nimmt ungefähr die Hälfte ihrer Gesamtfläche ein. Ein Klippenweg, von dem einige Pfade zum Plateau hinaufführen, umgibt Jethou, das vor allem im Frühling von einem vielfarbigen Blumenteppich überzogen ist und das eine Freude für den Besucher wäre, wenn der jetzige Besitzer Fremden nicht das Betreten der Insel untersagte. Folglich gibt es keine Ausflugsfahrten wie zu Zeiten des berühmtesten Pächters von Jethou, Sir Compton Mackenzie, der sich hier wie schon in Herm als Sammler exotischer Pflanzen und seltener Blumen betätigte. In der Mitte seines damals vielbewunderten Gartens steht ein 250 Jahre alter Maulbeerbaum, der heute noch Früchte trägt. Außer dem Herrenhaus von 1825 besitzt Jethou keine nennenswerten Gebäude. Der Charme der Insel liegt in ihrer fast unberührten Natur, den wilden Blumen, den Dickichten und dem kleinen Wald auf der Ostseite, dessen flechtenüberzogene Bäume den Namen »Fairy Wood« seit altersher plausibel klingen lassen. Die Zaunkönige, die hier nisten, haben schon Mackenzie so begeistert, daß er sie in seinen Aufzeichnungen besonders erwähnt.

Die Insel Wight

Während uns das Luftkissenboot Hovercraft in sieben Minuten von Portsmouth an der englischen Südküste über den Solent zur Insel Wight bringt, können wir uns kaum vorstellen, daß im Jahre 1853 Familie und Gesinde des soeben auf die Insel übergesiedelten Dichters Alfred Lord Tennyson nach heil überstandener, vierstündiger Überfahrt in Tränen ausbrachen und lauthals verkündeten, niemals in derartiger Einsamkeit leben zu können. Eindrücke der von Tennysons Umgebung so beklagten Einsamkeit kann der heutige Besucher aber fast nur noch gewinnen, wenn er – paradox mag es klingen – den Spuren der (in diesem Teil der Insel längst wieder verschwundenen) Eisenbahn folgt, die nach Tennysons Ansiedlung so viele Einheimische und Touristen über die Insel beförderte, daß der Dichter sein Refugium 1867 als Dauerwohnsitz wieder aufgab und danach nur noch sporadisch dorthin zurückkehrte. Auch die halbstündige Überfahrt mit der normalen Personenfähre läßt solche Gedanken nicht aufkommen. Der Blick richtet sich auf die drei künstlichen Inseln zur Linken, deren Forts zu Palmerstons Zeit gebaut wurden, um den Zugang zum Kriegshafen Portsmouth zu schützen: Spit Sand Fort, Horse Sand Fort und No Man's Land Fort. Dann nimmt schon die Silhouette von Ryde, der größten Stadt der Insel, die Aufmerksamkeit des Ankömmlings in Anspruch.

Wight, eine Insel etwa von der Form eines Rhombus, dessen stumpfer Winkel unten liegt – englische Publikationen vergleichen die Form gern mit der eines Diamanten –, mit einer Fläche von rund 400 Quadratkilometern, einer Länge von 35 Kilometern und einer Breite von 21 Kilometern, war bis um 6000 v. Chr. mit der Küste von Hampshire verbunden, und der Solent, die heutige Meerenge, war ein Fluß, dessen oberer Lauf das jetzige Southampton Water ist, der Mündungstrichter der bei Southampton ins Meer fließenden River Test und River Itchen. Das Entstehen der Insel ist auf einen nacheiszeitlichen Wechsel des Meerwasserspiegels und den nachfolgenden Bruch einer durchgehenden Kreidebarriere zurückzuführen, von der die Purbeck Downs und die zentrale Kammlinie der Insel Wight erhalten geblieben sind. Der Abstand zwischen beiden beträgt heute 32 Kilometer, und die jeweiligen Endpunkte sind die Old Harry Rocks auf dem Festland und die Needles vor der Westspitze der Insel Wight. Diese Kreidebarriere stellte die südliche Begrenzung des Hampshire-Beckens dar und stand zwischen der See und der heutigen Bucht von Bournemouth, einem Gebiet tiefliegender tertiärer Ablagerungen. Wie dieser Teil des südlichen England besteht die Insel ausschließlich aus Sedimentgestein, in dem, vornehmlich im Bereich der Südwest-

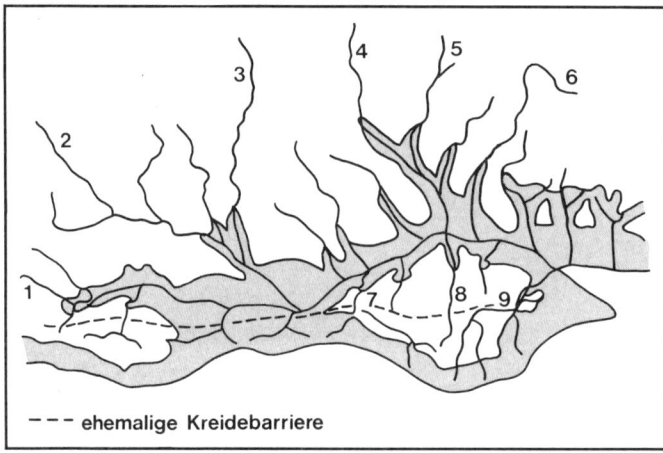

1–9 Flüsse

1 Frome
2 Stour
3 Avon
4 Test
5 Itchen
6 Meon
7 West Yar
8 Medina
9 East Yar

– – – ehemalige Kreidebarriere

Die Insel Wight als Bestandteil des Festlandes und der Verlauf des zentralen Kreidegürtels. Nach: B. Dicks, The Isle of Wight, Newton Abbot 1979

küste der Insel zwischen Compton Bay und Atherfield Point, zahlreiche Fossilien gefunden wurden, unter ihnen einige nahezu vollständige Skelette großer Reptilien.

Das Land steigt von Norden nach Süden bis auf den Kreidegürtel an, der die Insel von Osten nach Westen durchzieht und eine Höhe von 130 Metern erreicht. Er wird bei Newport durch den Fluß Medina, im Osten durch den östlichen River Yar sowie an einigen anderen, weniger bekannten Stellen durchbrochen und ist von Norden wie von Süden deutlich sichtbar. Mancherorts tritt das Gestein unter der meist grasbewachsenen Erdkrume hervor. Der südliche Teil der Insel wird von Hügelketten, den Downs, gebildet, die in der Mehrzahl von Norden nach Süden verlaufen und durch Flußtäler voneinander getrennt sind (Abb. 90). Diese Erhebungen, die in Shanklin Down (236 m), St. Boniface Down (235 m) und St. Catherine's Down (236 m) ihre größte Höhe erreichen und gleichzeitig die höchsten Punkte der Insel sind, fallen zum Meer hin an einigen Stellen steil ab auf einen schmalen Küstenstreifen, der im Bereich der Südostküste Undercliff heißt.

Abgesehen von den salzigen Marschen im Bereich des Newtown River im Nordwesten und des östlichen River Yar im Osten der Insel ist das Land fruchtbar und wird intensiv – mit rund 75 Prozent der Gesamtfläche der Insel – landwirtschaftlich genutzt, wobei die Weidewirtschaft den Getreideanbau und den Erwerbsgartenbau überwiegt. Das vom Golfstrom beeinflußte Klima ermöglicht eine reiche Vegetation, die der Insel Wight den Beinamen »Garteninsel« eingetragen hat. So sind Palmen nicht nur im Botanischen Garten von Ventnor, sondern auch als Statussymbol in vielen privaten Gärten überall auf der Insel anzutreffen, und an einigen Südhängen haben sich nach dem Krieg kleine Weingüter etabliert, deren Existenz vor allem Besucher aus Frankreich und Deutschland überrascht.

Obwohl die Insellage den Wert als Industriestandort schmälern müßte, sind doch einige Betriebe auf der Insel Wight ansässig, die nicht nur als bedeutende Arbeitgeber und Gewerbesteuerzahler, sondern, in Einzelfällen, sogar über die Grenzen Großbritanniens hinaus bekannt sind. So sind in Cowes, im Inselnorden, dem vor der Hauptstadt Newport wichtigsten Industriezentrum, unter anderem die British Hovercraft Corporation und der Elektrokonzern Plessey vertreten, und in Bembridge, im Osten der Insel, stehen die Montagehallen der Flugzeugfirma Britten & Norman, deren zweimotorige, achtsitzige »Islander« und dreimotorige, 17sitzige »Trislander« zur Standardausrüstung kleiner lokaler Fluggesellschaften in Großbritannien und im britischen Commonwealth gehören, z. B. der Aurigny Air Services auf den Kanalinseln.

Ein dritter, wenn auch weniger bedeutender Erwerbszweig ist der Tourismus, der sich vor allem nach dem Zweiten Weltkrieg entwickelte und während der verhältnismäßig kurzen Reisesaison zwischen Juni und August jährlich über eine Million Urlaubsgäste zu verzeichnen hat – Tages- oder Wochenendbesucher nicht mitgezählt. Hauptaufenthaltsorte dieser Urlauber, die im wesentlichen aus London, Liverpool, Manchester, West Yorkshire, Lancashire und den Industriegebieten der West Midlands kommen, sind die Küstenstädte Ryde, Sandown und Shanklin sowie zu einem geringeren Grade Ventnor, in denen das größte Angebot an Hotelzimmern besteht. Dazu kommen etwa 40 Campingplätze unterschiedlicher Größe und einige Feriendörfer.

Innenpolitisch hat die Insel Wight seit 1890 den Status einer Grafschaft (Hauptstadt Newport), die seit Mai 1982 eine Partnerschaft mit dem deutschen Landkreis Ostholstein unterhält. Die Grafschaft ist seit der Verwaltungsreform von 1972 in die Kreise Borough of Medina (Newport, Ryde und Cowes) und Borough of South Wight (Sandown, Shanklin, Ventnor und das Gebiet des ehemaligen Isle of Wight Rural District Council) unterteilt. Sie hat rund 110000 Einwohner, von denen etwa 85 Prozent in den Städten leben, die außer Newport alle an der Küste liegen: Ryde (22000), Newport (20000), Cowes (19000), die mit Lake zu einem zusammenhängenden Siedlungsgebiet verwachsenen Städte Sandown und Shanklin (18000) sowie Ventnor (6000).

Die wichtigsten Hafenstädte, die auch Fährverbindungen zum Festland haben, liegen an der Nordküste der Insel: Ryde (Personenfähre und Luftkissenboot [Hovercraft] nach Portsmouth), Cowes (Autofähre, Hovercraft und Tragflügelboot [Hydrofoil] nach Southampton) und Yarmouth (Autofähre nach Lymington). Außerdem verkehrt eine Autofähre zwischen Fishbourne bei Ryde und Portsmouth.

Die Insel hat ein gut ausgebautes und gut beschildertes Straßennetz von fast 800 Kilometern Länge, das aber keine Autobahnen und nur kurze vierspurige Strecken (dual carriageways) hat. Etliche dieser Straßen sind sehr schmal oder haben starke Steigungen und Spitzkehren (besonders im Gebiet des Undercliff um Ventnor). Der öffentliche Nahverkehr wird hauptsächlich durch ein dichtes, in den Sommermonaten verstärktes Autobusnetz (zentrale Busbahnhöfe in Newport und Ryde) getragen, während die Eisenbahn, die bis in die 50er und frühen 60er Jahre vor allem die östliche Inselhälfte gut erschlossen hatte, heute nur noch eine 15 Kilometer lange Linie zwischen der Pier von Ryde und Shanklin betreibt.

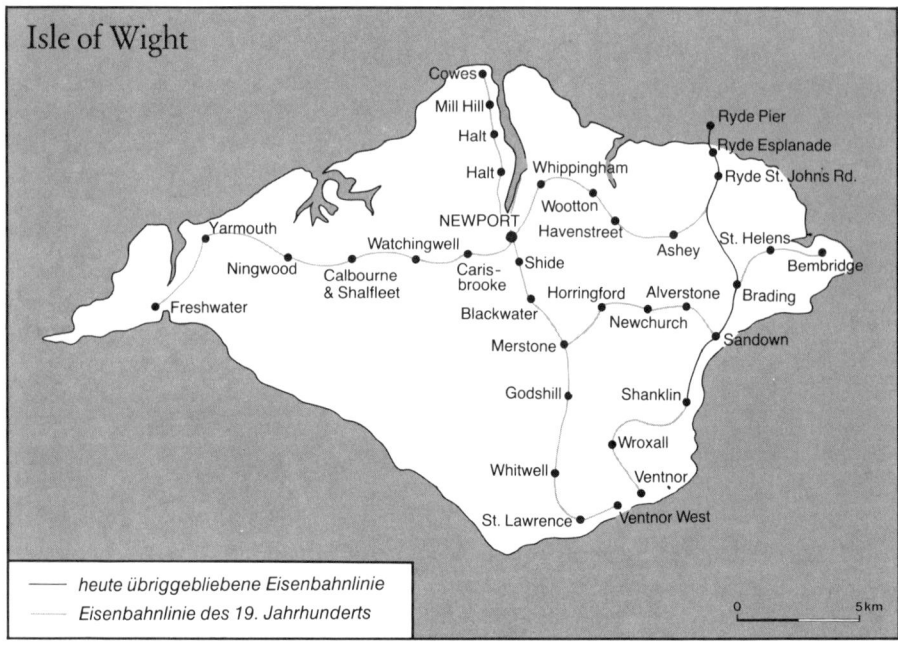

Das Eisenbahnnetz des 19. Jh. Heute ist nur noch die Linie zwischen Ryde Pier und Shanklin in Betrieb. Nach: B. Dicks, The Isle of Wight, Newton Abbot 1979

Geschichtliche Entwicklung

Hinweise auf eine zumindest zeitweilige Besiedlung der Insel Wight seit der mittleren Steinzeit geben vereinzelte primitive Jagdwaffen aus Feuerstein, die vor allem in Küstennähe und an Flüssen gefunden wurden. Der Übergang von der Jungsteinzeit zur Bronzezeit ist durch die Ausgrabungen verschiedener *Hügelgräber* hauptsächlich im Bereich der südlichen Arreton und Niton Downs als Siedlungszeitraum deutlicher nachzuweisen. Acht Einzelgräber auf dem Brook Down an der Südwestküste enthielten die aufschlußreichsten Funde (Dolche und Äxte). Eine bedeutende Eisenzeit-Siedlung befand sich auf dem Gelände eines etwa zehn Hektar umfassenden Hügelforts auf dem Chillerton Down. Stämme der Belgae, die vor dem römischen Vormarsch geflohen waren, hinterließen Spuren in der Nähe von Newport, wo 1915 bei Ausgrabungen Keramikgegenstände gefunden wurden, die in Art und Form Funden aus der Grafschaft Hampshire ähnelten, wo die Belgae zeitweise ansässig waren.

Der erste schriftliche Hinweis auf die Insel Wight findet sich bei Sueton, der den Eroberungszug des Vespasian schildert, welcher an der Spitze der zweiten Legion im Jahre

43 den Süden und Südwesten Britanniens überrannte und dabei die Insel Vectis einnahm. Aus der Römerzeit sind bisher acht Landhäuser bekannt, von denen sieben im Umfeld des zentralen Kreidegürtels stehen. Am besten erhalten sind die *Roman Villas* von Brading und Newport. Die Zeit nach 410, dem Abzug der Römer aus Britannien, markiert für die englische Geschichte den Beginn der »Dark Ages«, aus denen wenig Verbürgtes über historische Abläufe bekannt ist. Der »Anglo-Saxon Chronicle« zufolge soll die Insel Wight um 530 in die Hände der Sachsen unter Cerdic gekommen sein. Nach Darstellung der 731 verfaßten »Historia Ecclesiastica Gentis Anglorum« des Beda Venerabilis gab Wulfhere, König von Mercia, die Insel an seinen Vasallen Athelwach, der 686 von Caedwalla, dem König von Wessex, getötet wurde. Dieser gliederte die Insel seinem Reich ein, dessen Bestandteil sie bis zur Eroberung Englands durch den Normannenherzog William II. (den Eroberer und englischen König William I.) blieb.

William unterstellte die Insel Wight seinem Verwandten und Waffengefährten William FitzOsbern, der sie wie ein eigenes Reich regierte. Damit begann eine über 200jährige Periode relativer Unabhängigkeit von der englischen Krone. William Rufus, Sohn Williams I., gab die Insel 1100 an die Familie de Redvers, die wegen ihrer normannischen Besitzungen auch unter dem Namen de Vernon bekannt ist. Baldwin de Redvers baute die Wehrburg *Carisbrooke Castle* und gründete die Abtei von *Quarr* in der Nähe von Ryde. Mit dem Tod von Isabella de Fortibus, der letzten de-Redvers-Erbin, kam die Insel 1293 durch Verkauf an Edward I. an die Krone zurück, die sie in der Folgezeit von persönlichen Vertretern (Lords bis 1503, Captains ab 1509 und Governors ab 1583, die auch den Oberbefehl über die dort stationierten Truppen hatten) verwalten ließ.

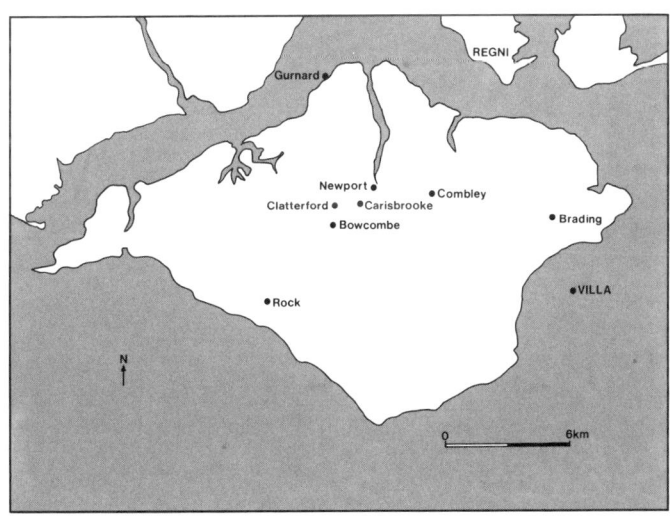

Römisches Wight (Vectis). Nach: B. Dicks, The Isle of Wight, Newton Abbot 1979

Siegel der Isabella de Fortibus, Lady of the Isle of Wight (1262–93)

Mit dem Ausbruch des Hundertjährigen Krieges unter Edward III. endete für die Insel Wight eine lange Zeit des Friedens, da die Franzosen die Insel immer wieder angriffen und verwüsteten. 1377 fielen die Städte Newport und Francheville (Newtown) den französischen Zerstörungen zum Opfer. Im 15. Jahrhundert, während der Regierungszeit Heinrichs VI., wurde die Insel Wight für kurze Zeit Königreich – wenn auch nur dem Titel nach: Der König, dessen Onkel, Humphrey Duke of Gloucester, von 1439 bis 1477 Lord der Insel war, krönte seinen Günstling, Henry de Beauchamp, Duke of Warwick (s. Frontispiz), den er kurz zuvor zum Lord of the Isles für die Kanalinseln ernannt hatte, 1445 in einer besonderen Zeremonie eigenhändig zum König der Insel Wight. Dieses herausragende Zeichen königlicher Gunst verlieh dem Duke of Warwick dennoch keine souveränen Rechte über die Insel, zumal der Duke of Gloucester sein Amt als Lord der Insel nicht niedergelegt hatte, es vielmehr bis zu seinem Tode behielt. Diese einzigartige Situation war jedoch nicht von Dauer, da Henry de Beauchamp noch im Jahre seiner Krönung starb.

Das Ende der französischen Bedrohung kam erst in der Regierungszeit Heinrichs VIII. (Abb. 64), der nach einem Angriff der Franzosen im Jahre 1545, bei dem das Dorf Wolverton völlig zerstört wurde, die *Küstenforts* von Cowes, Sandown, Freshwater und Yarmouth bauen ließ. Bei der Abwehr der feindlichen Seemacht verlor die englische Flotte allerdings am 19. Juli 1545 vor dem Hafen von Portsmouth ihr Flaggschiff »Mary Rose«, das vor den Augen des Monarchen kurz nach dem Auslaufen mit 700 Mann Besatzung unterging. (Das Schiff wurde am 11. Oktober 1982 nach 17jähriger Vorarbeit vom Meeresboden gehoben.) Im Bürgerkrieg zwischen König und Parlament stand die Insel Wight auf der Seite Oliver Cromwells; 1647 wurde sie zum Gefängnis für König Charles I. (Abb. 67) bis zu seiner Hinrichtung im Januar 1649.

Nach der Wiedereinsetzung der Stuarts 1660 spielte die Insel keine Rolle mehr in der englischen Politik, und ihre geschriebene Geschichte reduziert sich für die nächsten 100 Jahre auf eine Aufzählung der Governors, die »ihre« Insel – besonders nach der Auflösung der Isle of Wight Militia 1692 – höchst selten besuchten und lediglich ihr jährliches Salär von £ 1000 in Empfang nahmen. 1789 wurde dieser Posten schließlich in ein Ehrenamt für verdiente Persönlichkeiten aus Politik und Militär umgewandelt, das seit der viktorianischen Zeit nur noch an Mitglieder der königlichen Familie vergeben worden ist. Die einstige

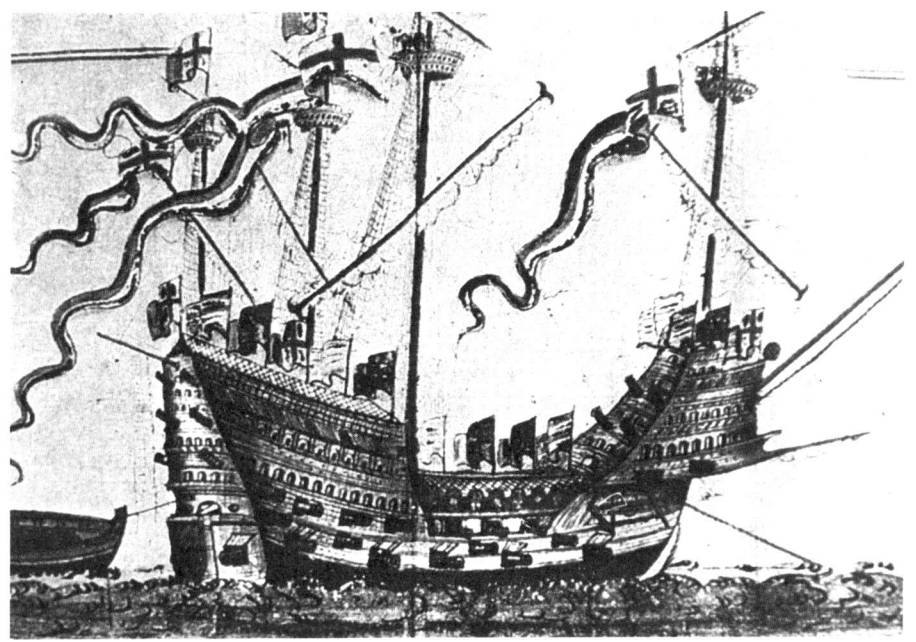

»Mary Rose«, das Flaggschiff Heinrichs VIII., 1545 im Solent gesunken. Zeitgenössische Darstellung

politische Bedeutung der Insel sank im frühen 19. Jahrhundert noch weiter, als in der Parlamentsreform von 1832 Yarmouth und Newtown, wo nur noch das Rathaus an die einstige Bedeutung dieser Stadt erinnert, zu »Rotten Boroughs« erklärt wurden und das Recht verloren, je zwei Abgeordnete ins Unterhaus zu entsenden.

Erst mit der Ansiedlung der königlichen Familie im Jahre 1845 rückte die Insel Wight wieder in den Blickpunkt des öffentlichen Interesses, was sich auch im Zuzug von Geschäftsleuten sowie von Berühmtheiten aus Kunst und Literatur ausdrückte. Die Bevölkerungszahl stieg zwischen 1812 und 1882 von 24 000 auf 73 000 Einwohner, und die Stadtzentren der heute wichtigsten Städte erhielten ihr viktorianisches Gepräge. Ein einzigartiges Dokument aus dieser Zeit ist George Brannons Grafik-Serie »Vectis Scenery«, deren fast 200 Exemplare der Künstler von 1821 bis 1857 schuf. Die vollständige Sammlung ist heute im *Gatcombe House* zu besichtigen.

In der zweiten Hälfte des 19. Jahrhunderts wurde die Insel Wight noch einmal militärisch aufgewertet, als die englische Regierung nach dem Staatsstreich Louis Napoleons in Frankreich, dem unter anderem der Ausbau des Kriegshafens Cherbourg folgte, fünf Küstenforts bauen ließ: *Culver Fort* auf dem östlichen Vorgebirge Culver Down; *Sandown* (oder *Yaverland) Fort; Fort Victoria* und *Fort Warden* am westlichen Ausgang des Solent; *The Needles Battery* an der Westspitze der Insel.

Die Gentlemen und der Freihandel

Says the Captain to the crew,
We have slipped the Revenue.
(Alter Schmugglersong)

Ein besonderes Kapitel der Inselgeschichte, das sicher in der ganzen Welt Parallelen hat, auf der Insel Wight jedoch wegen ihrer Lage zwischen England und Frankreich sowie der Eigenart ihrer südlichen Küstenformationen vom Mittelalter bis ins 19. Jahrhundert eine bedeutende – je nach Standpunkt der beteiligten Parteien ruhmreiche oder unrühmliche – Rolle spielte, war der Handel mit Gütern unter Umgehung der Zollbehörden, Freihandel genannt von denen, die ihn betrieben, Schmuggel genannt von denen, die ihn zu verhindern versuchten und daher den Namen »preventive men« bekamen. Diese Art der geschäftlichen Betätigung stand anfangs in engem Zusammenhang mit der Bergung von Strandgut, das aus Schiffbrüchen stammte, die an der Südküste der Insel besonders häufig vorkamen.

»Salvaging« und »wrecking« hieß das Geschäft, das leidlich geregelt verlief, da im Mittelalter alle Kirchengemeinden der Insel einen Zugang zum Strand hatten und die Güter für sich beanspruchen konnten, die in ihrem Strandabschnitt an Land kamen. Ausgenommen waren Güter, die der Kirche gehörten; so wird aus dem 14. Jahrhundert ein Vorfall berichtet, der sogar den Papst auf den Plan rief, nachdem am 24. Juli 1313 ein Schiff in der Bucht von Chale gestrandet und von einem Walter de Godeton um seine Fracht erleichtert worden war, die aus 174 Tonnen Wein bestand, der dem Kloster Livers in der Picardie gehörte. Walter de Godeton wurde zu einer hohen Geldstrafe verurteilt und sogar verpflichtet, einen *Leuchtturm* zu bauen, der diesen gefährlichen Küstenstreifen kennzeichnen sollte. Das damals errichtete Leuchtturmgebäude auf dem *St. Catherine's Down* ist heute noch zu sehen.

Es ist anzunehmen, daß auch auf der Insel Wight in dieser Zeit aus dem »salvaging«, dem Retten dessen, was noch zu retten war, das »wrecking« wurde, ein Verbrechen, dessen Sinn und Zweck es war, Schiffe auf die Klippen zu locken, um deren Ladung »retten« zu können – für die eigene Tasche, wie es in Daphne du Mauriers Roman »Jamaica Inn« für die südwestenglische Grafschaft Cornwall so trefflich beschrieben ist. Auf himmlischen Beistand wollte man dabei offenbar nicht verzichten, wie es das Gebet zeigt, das »wreckers« ihren Kindern beibrachten:

God bless daddy, God bless mammy;
Come wind, come storm –
Ship ashore before the dawn.

Der eigentliche Schmuggel begann bereits im 14. Jahrhundert, als englische Wolle illegal nach Frankreich verkauft wurde, wo sie einen wesentlich höheren Preis erzielte. Schon damals war auch die örtliche Geistlichkeit in das Geschäft der Freihändler verwickelt, wie aus einem Register Bischof Wykehams von Winchester von 1395 hervorgeht, in dem der Pfarrer von Freshwater wegen Teilhaberschaft an den (wegen der nächtlichen Durchführung) »owling« genannten Transaktionen als gemaßregelt erwähnt wird. In der Folgezeit entdeckten die Schmuggler, daß mit dem Brandy, der als Ballast auf der Rückfahrt von Cherbourg, wohin die meisten dieser Exkursionen gingen, hin und wieder mitgeführt wurde, ein noch besseres Geschäft zu machen war, und um die Mitte des 18. Jahrhunderts hatten Brandy, Tabak und Seide die Wolle als »Handelsware« völlig verdrängt. Hauptauslieferungsort waren die an der südlichen Küste gelegenen Flußtäler, die Chines, von denen Blackgang Chine dem Namen nach auf diese dunklen Geschäfte hinweist, obwohl es nicht sicher ist, ob hier wirklich eine »black gang« genannte Bande ihr Unwesen getrieben hat.

Überall auf der Insel finden sich heute Erinnerungen an diesen »Freihandel«, der in den 50er Jahren des vergangenen Jahrhunderts, als die Zollbehörden mit den besten Patrouillenbooten ausgerüstet waren, endgültig zum Erliegen kam. Kneipen wie »Buddle Inn« in Niton oder »The Bugle« in Newport sind für ihre früheren Verbindungen zur »Szene« – wie man heute sagen würde – bekannt und werben z. T. auch mit dieser Vergangenheit. *Schmugglermuseen* existieren in Ventnor und im Vergnügungspark Blackgang Chine, und von den nicht gerade zimperlichen Umgangsformen zwischen »Freihändlern« und »preventive men« zeugen Grabsteine auf den Friedhöfen von St. Helens (für Richard Matthews) und Binstead bei Ryde (für Thomas Sivell). In Binstead ist noch ein alter Schmugglerpfad erhalten, der von der Kirche zum Meeresufer führt; womit noch einmal die Rolle der Geistlichkeit deutlich wird, die Rudyard Kipling in einem Gedicht der Nachwelt überliefert hat:

> *Them that asks no questions, isn't told a lie.*
> *Watch the wall, my darling, while the gentlemen go by!*
> *Five and twenty ponies*
> *Trotting through the dark –*
> *Brandy for the Parson,*
> *'Baccy for the Clerk;*
> *Laces for a lady, letters for a spy,*
> *Watch the wall, my darling, while the gentlemen go by!*

Auch ein großer Teil des Sagenschatzes und der Spukgeschichten der Insel stammt aus der Schmuggel-Ära. Da die »Gentlemen« schon aus Sicherheitsgründen ihre Geschäfte möglichst ohne Zeugen abwickeln mußten, beteiligten sie sich aktiv an der Verbreitung und Vertiefung von Geschichten über geisterhafte Reiter, die nächtens über die südlichen Klippen jagten, oder über die Graue Lady, über Hexen, ruhelose Seelen von Selbstmördern und andere Schreckgespenster, die den rechtschaffenen Mitbürgern Schauer über den Rücken jagen mußten und sie veranlassen sollten, um diese Zeit zu Hause zu bleiben. Die Gegend von Blackgang war im vergangenen Jahrhundert auch über die Grenzen von England hinaus so bekannt, daß sie sogar in einer Gespenstergeschichte von Turgenjew erwähnt wird. Nur den gewiegtesten Zollfahndern dürfte es damals aufgefallen sein, daß diese Gespenster immer nur dann unterwegs waren, wenn Ebbe und Flut den »richtigen« Stand hatten . . .

Ryde

»Ryde ist die am amerikanischsten aussehende Stadt, die ich im Ausland gesehen habe; eine Ansammlung von weißen Häusern und sommerlich ausschauenden Villen, die sich an den Hügel schmiegen, von der See herauf. Es ist ein Badeort mit Pensionen und Leuten von anfälliger Gesundheit, die sich in ausgesuchter Gesellschaft befinden und ruhigen und ziemlich primitiven Gewohnheiten nachhängen.« Als der amerikanische Verleger und Schriftsteller Nathaniel Parker Willis, Herausgeber des »American Monthly Magazine«, 1830 nach einem längeren Aufenthalt in Ryde diese Zeilen in sein Reisetagebuch schrieb, hatte die Stadt gerade die erste Phase der Entwicklung hinter sich, in der sie seit der Mitte des 18. Jahrhunderts vom Fischerdorf zum ersten richtigen Seebad der Insel wuchs.

Im Gefolge der Industriellenfamilie Player bauten Angehörige der großen Gesellschaft und des Hochadels, wie der Duke of Buckingham, Earl Spencer, Lord Vernon oder Sir Robert Simeon, ihre Regency-Villen oberhalb des Fischerdorfes an den Hang, mit Blick auf den Solent. Die *Pier* wurde 1813 begonnen, und die beiden Karrenwege, die Altstadt und neues Villenviertel miteinander verbanden, waren die Vorläufer der Union Street (Abb. 82) und George Street, um die herum sich das heutige Zentrum entwickelte. Aus dieser Zeit stammen einige der imposantesten Häuser von Ryde, wie die 1820 erbaute *Schule des Dr. Lind* in der Queen's Road oder die *Regency-Terrasse* in der Lind Street, gegenüber der 1830 erbauten mächtigen *Town Hall*.

Mit der Eröffnung des Fährverkehrs zwischen Portsmouth und Ryde im Jahre 1826 setzte ein Bauboom ein, dessen führender Architekt der einheimische Thomas Hellyer wurde, der sich von den frühen 40er Jahren an auch einen Namen als Kirchenbaumeister machte. Von ihm stammen die Kirchen *St. John* in der High Park Road und *Holy Trinity* in der Dover Street. Die *Esplanade* wurde angelegt, und in der Union Street entstand nach dem Vorbild der Londoner Burlington Arcade die *Royal Victoria Arcade,* eine überdachte Ladenstraße mit italienischen Stilelementen. Den großartigen Sakralbau, typischer Ausdruck der um die Mitte des 19. Jahrhunderts eingetretenen Prosperität, schuf 1868–1872 kein Geringerer als Sir George Gilbert Scott, der Erbauer der Hamburger Nikolaikirche: *All Saints Church,* deren hoher Turm – das Wahrzeichen der Stadt – von See wie vom Land her weithin sichtbar ist (Abb. 83).

Abseits der St. Thomas Street liegt die 1832 erbaute *Brigstocke Terrace,* eine monumentale seeseitige Reihenhausanlage, die einzige von Ryde; ihre Entsprechungen findet sie in den Seebädern der englischen Südküste. Am Meeresufer folgen wir vom 1846 gebauten *Royal Victoria Yacht Club* (heute *The Prince Consort Inn;* Abb. 84) der Esplanade nach Osten. Im

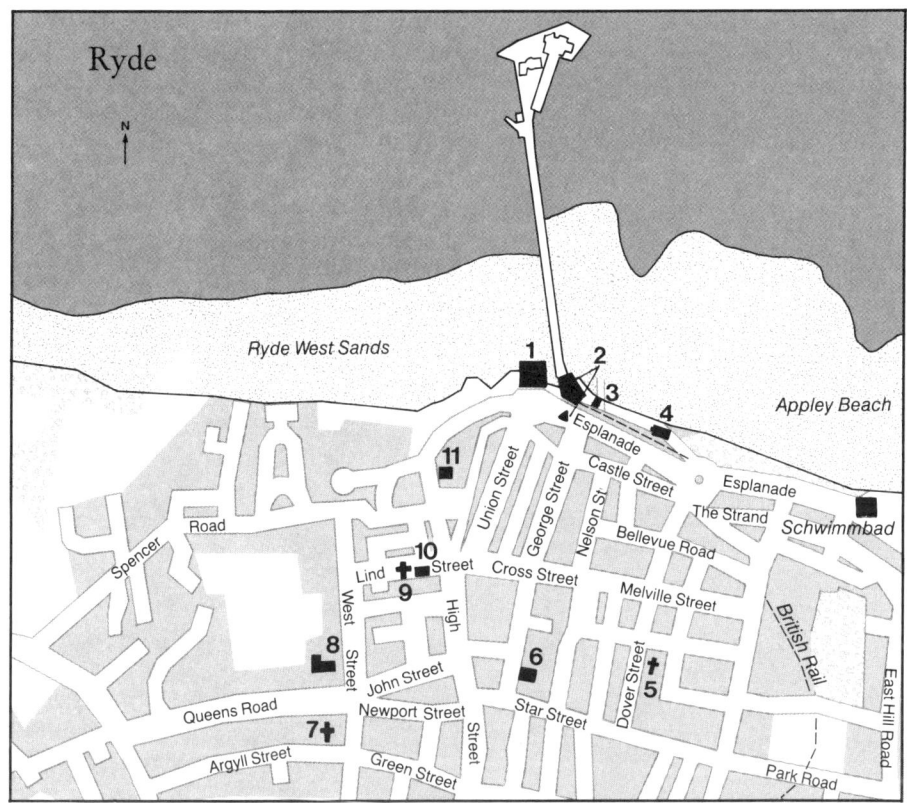

Stadtplan von Ryde. 1 Verkehrsamt – 2 Bahnhof Esplanade und Busbahnhof – 3 Hovercraft-Terminal – 4 Pavilion Theatre – 5 Holy Trinity Church – 6 Bibliothek und Kunstgalerie – 7 All Saints Church – 8 Ryde School (Schule des Dr. Lind) – 9 St. James Church – 10 Town Hall – 11 Brigstocke Terrace

Bereich der Pier sorgen nicht nur Busbahnhof und Hovercraft für eine ständige Geräuschkulisse. Auch die elektrischen Züge der letzten Eisenbahnlinie, ausrangierte Wagen der Londoner Piccadilly Line, unterstreichen die Geschäftigkeit der seafront recht deutlich. Die Esplanade in ihrer heutigen Form würde N. P. Willis kaum noch an eine amerikanische Stadt erinnern. Mit ihren Vergnügungsanlagen, Musikpavillons, Chipsbuden und dem Bootsteich gleicht sie jedem beliebigen Seebad der englischen Südküste.

Vor dem *Appley Park* mit seinem Folly, einem kleinen zinnenbewehrten Türmchen, in dem George V. und Queen Mary gern zum Tee weilten, liegt in einem Wäldchen, abseits der Straße nach Brading und Bembridge, das *Kloster St. Cecilia.* Hier ließen sich nach ihrer Vertreibung aus der Heimat im Jahre 1901 französische Benediktinerinnen aus Solesmes nieder, unter ihnen neben anderen Mitgliedern des europäischen Hochadels auch Mutter Adelheid von Braganza (Adelheid von Löwenstein-Wertheim-Rosenberg), Witwe des portugiesischen Ex-Königs Dom Miguel I. und Großmutter der späteren österreichischen Kaiserin Zita, die sie hier häufig besuchte. Adelheid von Braganza starb 1909 mit 78 Jahren und war hier begraben, bis ihr Leichnam 1967 nach Portugal überführt wurde.

Benediktinermönche aus Solesmes waren ebenfalls 1901 auf der Insel Wight angekommen, und sie bewohnten zunächst ein ehemaliges Herrenhaus im Süden der Insel, bevor sie 1904 westlich von Ryde Land erwarben, um dort ein eigenes Kloster zu bauen. Das Gelände ihrer heutigen Niederlassung liegt auf kirchengeschichtlich bedeutendem Boden: 1131 hatte Baldwin de Redvers, Lord der Insel Wight, hier ein Kloster errichtet, das nach den Steinbrüchen, deren Nutzung man den Mönchen überlassen hatte, *Quarr Abbey* (quarry = Steinbruch) genannt wurde. Stein von hier wurde exportiert (die normannischen Querschiffe der Kathedrale von Winchester wurden aus Quarr-Stein gebaut) und trug wesentlich zum Reichtum der Abtei bei, die 1537 aufgelöst und später zerstört wurde, indem man ihre Gebäude als Steinbrüche verpachtete.

Weiden bestimmen heute den Grund zwischen den Ruinen, und als Erinnerung an vorchristliche Vergangenheit finden wir an einer Mauer am Weg von Binstead nach Quarr eine verwitterte »Sheila-na-gig«-Figur, ein irisch-keltisches Fruchtbarkeitssymbol. Die neue Abtei, etwas weiter westlich, wurde 1911 begonnen und ist ein Glanzstück expressionistischer Baukunst, vollständig aus rotem, belgischem Ziegelstein errichtet. Ihr Architekt, Dom Paul Bellot, war Angehöriger des Ordens und hatte sich schon in Holland, Belgien und Frankreich einen Namen gemacht, bevor er sein Meisterwerk in Quarr schuf. Der hohe Südturm der *Klosterkirche* (Abb. 85), die der Öffentlichkeit zugänglich ist, überragt die uralten Bäume und ist schon von der Autofähre Portsmouth-Fishbourne aus gut zu sehen. Die Architektur der Abtei fand jedoch nicht nur Liebhaber. So empfand die Schriftstellerin Monica Hutchings den Bau »wie die Kreuzung zwischen einem geschmückten Wasserturm und der Vorstellung irgendeines Filmregisseurs von einem mittelalterlichen Kloster in großartigem Technicolor«.

Ein anderes architektonisches Kleinod in der Nähe ist das abseits der Straße gelegene Kirchlein von *Wootton* mit einem schönen normannischen Südeingang, einem frühgotischen Kirchenschiff und einer hölzernen Kanzel aus dem frühen 17. Jahrhundert. Nostalgie macht sich schließlich südlich des Dorfes breit, wo das Havenstreet Railway Centre einen kurzen Teil der ehemaligen Eisenbahnlinie zwischen Ryde und Newport hergerichtet hat und während der Sommerzeit die Besucher mit einem dampflokgezogenen alten Zug spazierenfährt, Hin- und Rückfahrt im Preis eingeschlossen.

Die gekrönten Häupter von Newport und Carisbrooke

Newport, Hauptstadt der Isle of Wight County mit Stadtrechten seit Isabella de Fortibus, Sitz der neuen Borough of Medina, Verkehrsknotenpunkt, Handels- und Bankenzentrum, liegt als einzige Stadt der Insel nicht am Meer. Alle Straßen führen nach Newport, wenn man große Umwege querfeldein oder an den Küsten entlang vermeiden will. Früher legten auch (fast) alle Schiffe in Newport an; denn die Stadt liegt zu beiden Seiten des bis hierhin schiffbaren River Medina, der seinen Namen von den Römern erhielt, weil er die Insel Wight in zwei nahezu gleich große Teile teilt. Die alten *Stapelhäuser* am Medina (Farbabb. 36) mit ihren kunstvollen schmiedeeisernen Fenstergittern fallen bis auf das 1981 restaurierte *Quay Centre,* das als Zentralgalerie für die Insel vorgesehen ist, nach und nach der Spitzhacke zum Opfer, und mit dem Gebäude der berühmten *Brauerei Maw* in der Crocker Street ist ein weiteres Industriedenkmal zu Eigentumswohnungen »saniert« worden.

Doch die Erinnerung an Könige und Königinnen vergangener Zeiten ist lebendig in Plätzen, Gebäuden, Statuen und Gräbern und natürlich im normannischen *Castle* oberhalb

Stadtplan von Newport. 1 St. James Square und Guildhall – 2 Old Grammar School – 3 St. Thomas Church – 4 Town Hall – 5 Verkehrsamt – 6 God's Providence House – 7 Newport Market – 8 Busbahnhof – 9 The Lord Louis Library – 10 Römervilla

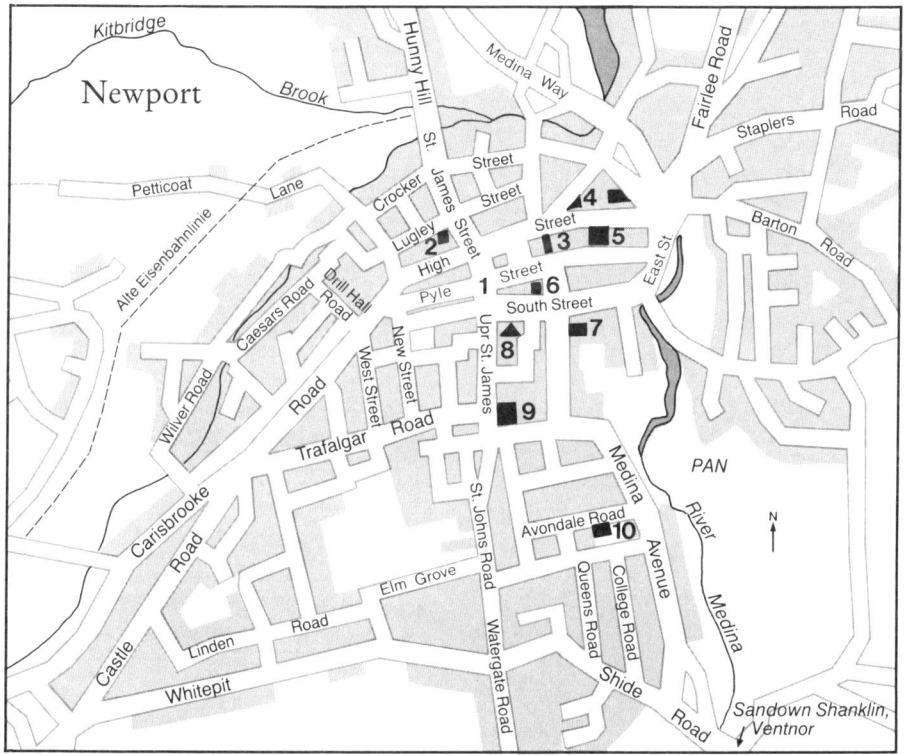

von *Carisbrooke,* einen Kilometer vom Stadtzentrum. Ein normannischer Bergfried, die normannische Ringmauer, elisabethanische Bastionen und die 1904 rekonstruierte gotische Schloßkapelle – das ist der Sitz des Governor der Insel Wight und des ausgezeichneten *Isle of Wight County Museum* (Farbabb. 32).

Von November 1647 an war das Schloß für über ein Jahr zuerst Wohnsitz und später Gefängnis für König Charles I. (Abb. 67), der sich auf seiner Flucht vor Cromwells Leuten hier Sicherheit erhoffte, da der Governor des Schlosses, Colonel Hammond, ein Neffe des königlichen Hofgeistlichen war. In Wirklichkeit stand dieser jedoch auf seiten des Parlaments. Zunächst konnte sich der König auf der Insel frei bewegen, doch nachdem er mit dem Parlament den wertlosen Vertrag von Newport und hinter dessen Rücken einen Vertrag mit den Schotten geschlossen hatte, der seiner Befreiung dienen sollte, wurde er auf Carisbrooke Castle festgesetzt. Nach einem mißglückten Fluchtversuch ließ Cromwell den Monarchen nach London verbringen, wo ihm der Prozeß gemacht wurde, der mit seinem Todesurteil endete. Am 30. Januar 1649 wurde Charles hingerichtet, und Cromwell, der die Monarchie für nutzlos und gefährlich hielt, rief das Commonwealth aus. Des Königs halbwüchsige Tochter, Prinzessin Elizabeth, wurde ebenfalls in Carisbrooke gefangengehalten und starb 1650 mit 15 Jahren. Sie liegt in Newport in der Kirche St. Thomas begraben, wo ihr Königin Victoria 1856 von Baron Marochetti ein Grabdenkmal errichten ließ.

Im kleinen *Brunnenhaus* auf dem Schloßgelände wird dem Besucher das drei Meter hohe Förderrad vorgeführt: Ein Esel bewegt dieses Rad und bringt Wasser aus 45 Metern Tiefe ans Tageslicht. Dieser Brunnen spielt eine zentrale Rolle in John Meade Falkners Roman »Moonfleet«. Hier soll Colonel John Mohune, genannt Blackbeard (alias Colonel Hammond) als verräterischer Governor des Schlosses einen großen Diamanten versteckt haben, den er Charles als Gegenleistung für eine Befreiung abgeschwatzt hatte. Vom *Bergfried,* zu dem 72 ausgetretene Stufen steil hinaufführen, sieht man im Südosten die 1865 im gotischen Stil erbaute *Dominikanerabtei,* und im Norden kommt am Ortsrand von Newport das als ausbruchssicher geltende *Albany/Parkhurst Prison* in Sicht, zeitweiliger Aufenthaltsort der Gentlemen, die 1963 den Postzug zur Kasse gebeten hatten, sowie heutiges Domizil des berüchtigten »Yorkshire Ripper«.

In *Carisbrooke* mit seiner gotischen *Kirche,* in der Lady Wadham, eine Tante von Jane Seymour begraben liegt, lebte zur Zeit der Gefangenschaft Charles I. der Diplomat und unter dem Einfluß von Montaigne schreibende Dichter und Essayist Sir John Temple, der wegen royalistischer Äußerungen beinahe in die Verhaftungsmaschinerie Cromwells geraten wäre. John Keats (Abb. 72) begann hier die Arbeit an seinem »Endymion«. Im Garten des Pfarrhauses finden wir die Reste einer *römischen Villa* mit einem von Gestrüpp überwucherten Mosaik.

Der *St. James Square* in Newport ist der zentrale Platz der Stadt. Von der 1901 errichteten Statue für Königin Victoria gegenüber der von John Nash erbauten *Isle of Wight Institution*

◁ *Carisbrooke Castle. 1846. Stich von George Brannon, aus der Serie »Vectis Scenery«*

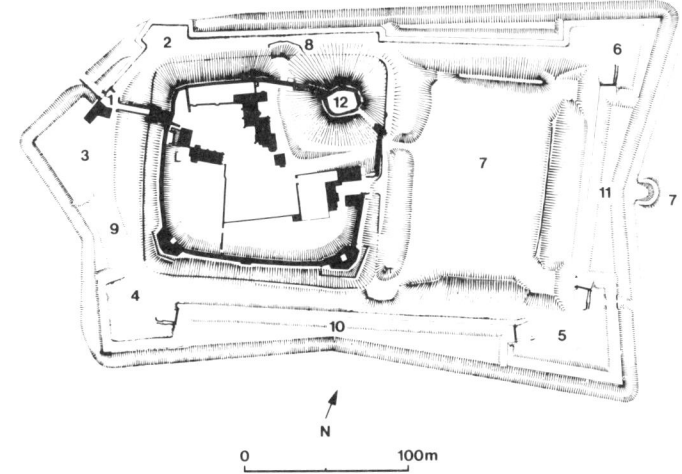

Carisbrooke Castle,
Grundriß.

1 Tor
2 Nordwestbollwerk
3 Westbollwerk
4 Südbollwerk
5 Ostbollwerk
6 Nordbollwerk
7 Außenwerk
8 Nordwestmauer
9 Südwestmauer
10 Südostmauer
11 Nordostmauer
12 Bergfried

N

0   100m

sind es nur wenige Schritte zur alten *Grammar School* von 1614, in der Charles I. den Vertrag von Newport schloß. In der *Kirche St. Thomas* finden wir zwei Werke von Marochetti: ein Relief des Prinzgemahls Albert und das Grabdenkmal für Prinzessin Elizabeth. In der Pyle Street steht das *God's Providence House*, ein Bürgerhaus aus dem frühen 18. Jahrhundert (heute Restaurant), in dem während einer Pestepidemie als einzigem Haus der Stadt kein Todesfall zu beklagen war. Zwischen dem Busbahnhof gegenüber und dem ehemaligen *Friedhof Church Litten*, wo ein Freund von John Keats, der Dichter und Parodist John Hamilton Reynolds, 1846 Gerichtsbeamter in Newport, begraben liegt, steht der Neubau der Bibliothek, zum Gedenken an den 1979 ermordeten Louis Francis Earl Mountbatten of Burma (Abb. 81), den letzten Vizekönig von Indien und (bisher) letzten Governor der Insel Wight, *The Lord Louis Library* genannt. Die *Town Hall* (Abb. 86) in der High Street, 1816 von John Nash erbaut, ähnelt stark der Isle of Wight Institution, wenn man sich den 1887 angebauten Victoria Tower wegdenkt.

Auf dem Weg in den südlichen Ortsteil Shide, wo um die Jahrhundertwende der Seismologie-Pionier John Milne, in einem lokalen Führer liebevoll-respektlos »the earthquake man« genannt, sein kleines Forschungsinstitut hatte, besuchen wir in der South Street auf dem Gelände des Viehmarkts den *Newport Market,* der dienstags und freitags für chaotische Verkehrsverhältnisse in der Stadt sorgt. Die meisten Besucher kommen wegen einer Ware, die kostenlos angeboten wird: Atmosphäre. Es ist nicht leicht, sich in dem Gewirr der Stände zurechtzufinden, von denen viele ihre Angebote auf hoch gespannten Leinen herzeigen. Da flattern modische Kleider neben Ansichtskarten, Tassen und Unterwäsche im Winde, Graveure, Glasschleifer, Wahrsager bieten ihre Dienste an wie die Obst- und Gemüseverkäufer den Inhalt ihrer Körbe, und der Vorsitzende des Blindenvereins, der Postkarten und Kugelschreiber für einen guten Zweck verkauft, erteilt ungefragt und kostenlos Unterricht in »rhyming slang«, der alten Gaunersprache der Londoner Cockneys.

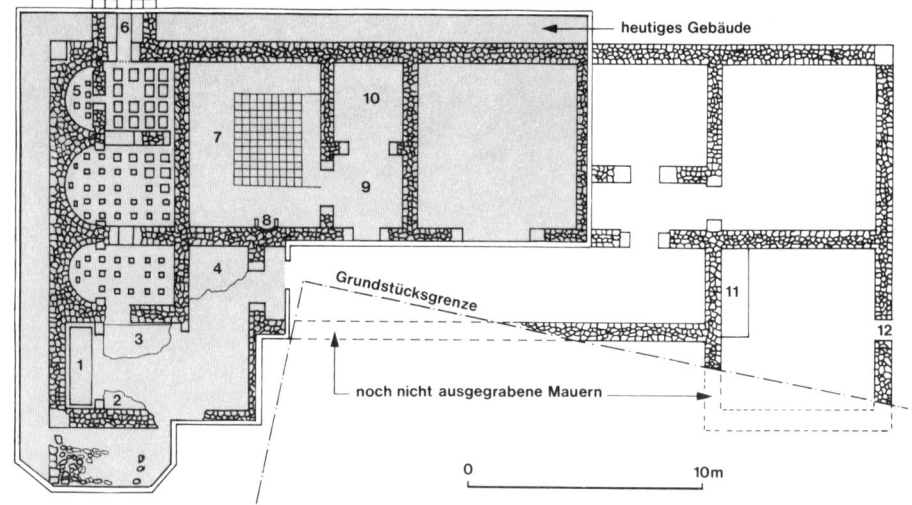

Newport, Römervilla aus dem 2. Jh., Grundriß. Nach: David J. Tomalin, Newport Roman Villa, Newport 1977.
1 Kaltbad mit bleiernem Abflußrohr – 2–4 Mosaiken – 5 Warmbad – 6 Heizung – 7 Mosaikfußboden – 8 Brennstelle – 9, 10 Mosaikfußböden – 11 Basis der Stufen zum erhöhten Fußboden über der (zerstörten) Fußbodenheizung – 12 Feuerloch für die Fußbodenheizung

Den größten Zulauf haben natürlich die »Cheap Jacks«, die Marktschreier, denen jede Ware recht und keine heilig ist, wenn nur das Pfund stimmt. Nach so viel Unterhaltung und Akustik wirkt die 1926 beim Garagenbau in der Avondale Road entdeckte *Römervilla* mit ihrem sehr gut erhaltenen Bad (Abb. 88) auf angenehme Weise beruhigend.

Victorias Haus und Wilhelms Dusche

Wer von Newport zur Nordspitze der Insel will, wo die Doppelstadt East Cowes/West Cowes zu beiden Seiten der Mündung des River Medina am Ufer des Solent liegt, der hat die Wahl zwischen einer westlich (A 3020) und einer östlich (A 3054/3021) des Flusses verlaufenden Straße. Beide liegen in einiger Entfernung vom Flußufer und geben einen guten Einblick in das flache Flußtal. An der westlichen Straße sehen wir zunächst *Albany Prison*, die 1966 eröffnete Erweiterung des berüchtigten Parkhurst-Gefängnisses, das seinen Namen von Parkhurst Forest hat, dem weiter westlich gelegenen Waldgelände, in dem König Charles I. (Abb. 67) vor seiner Einkerkerung auf Carisbrooke Castle jagen durfte. Das Gefängnis wurde 1838 in Betrieb genommen, nachdem der Militärarchitekt und Gefängnisspezialist Sir Joshua Jebb die Gebäude des 1799 an dieser Stelle errichteten Militärkrankenhauses umgebaut hatte. Der aus dem ursprünglichen Baukomplex stammende Verwaltungstrakt wird heute noch benutzt und ist an seiner Kuppel auch von der Straße gut zu erkennen. Ein wenig besuchtes Bauwerk ist die kleine normannische *Kirche* von *Northwood*, an einer Stichstraße inmitten von Farmhäusern vor dem Ortseingang gelegen. Bis auf den viktorianischen Turm hat die Kirche im wesentlichen ihr normannisches Gesicht bewahrt. Vor dem Stadtrand von West Cowes tauchen plötzlich Radarschirme auf und bringen uns in die technisierte Gegenwart zurück: Hier ist das Gelände des Elektrokonzerns Plessey.

Die östliche Seite des River Medina wird, was Industrie anbelangt, von der British Hovercraft Corporation bestimmt, die hier verschiedene Areale einnimmt. Doch schon nach wenigen Metern hinter dem ersten Werksgelände werden kurz die Türme von *Osborne House* (Farbabb. 24) über dem Wald sichtbar, der das Anwesen umgibt, das Königin Victoria (Abb. 76, 77) 1845 als ihr privates Domizil von Lady Blachford erwarb. Die Königin hatte als junges Mädchen mit ihrer Mutter, der Herzogin von Kent, die Insel Wight 1831 und 1833 besucht und bei diesen Aufenthalten den nördlichen Küstenstreifen mit seinem großartigen Ausblick auf den Solent besonders in ihr Herz geschlossen. An der Stelle des heutigen Hauses stand ein georgianisches Herrenhaus, das aber den Vorstellungen der jungen, ständig wachsenden königlichen Familie nicht zusagte, so daß Prinz Albert (Abb. 75), damals noch nicht offiziell zum Prinzgemahl ernannt, die Möglichkeit hatte, sein künstlerisches Talent, das er als Dichter, Maler und Komponist schon reichlich unter Beweis

Osborne House,
Grundriß des
Erdgeschosses.
Nach: John Charlton,
Osborne House,
London 1960.

1 Eingang zu den
  Staatsgemächern
2 Durbar-Zimmer
3 großer Korridor
4 »Geweih«-Zimmer
5 Billardzimmer
6 Salon/Wohnzimmer
7 Eßzimmer

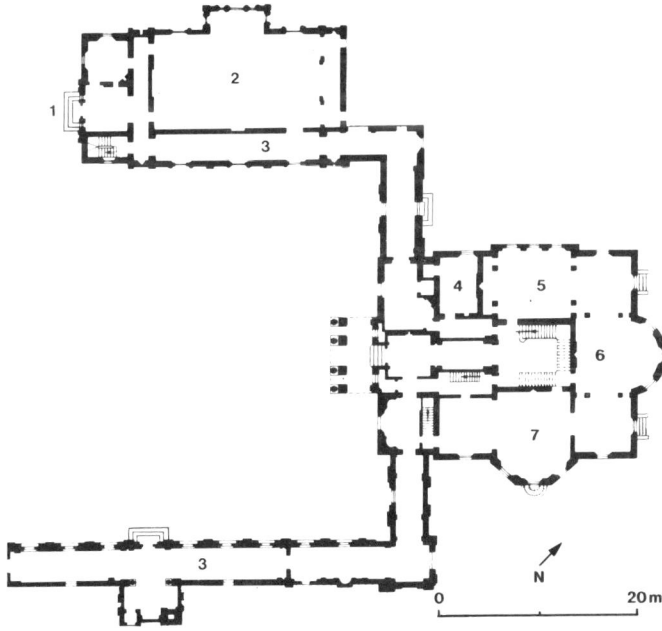

195

gestellt hatte, auch auf dem Gebiet der Architektur zu erproben. Zur Ausführung der Bauarbeiten, die gleich 1845 begannen, zog der Prinz den bekannten Londoner Baulöwen Thomas Cubitt heran, der wahrscheinlich auch an den Planungsarbeiten beteiligt war.

Der riesige Bau erhielt das Aussehen einer italienischen Villa mit deutlichen Anleihen bei Palladio, aber seltsam antisymmetrisch. Der sogenannte Pavillon-Flügel wurde 1846 fertiggestellt, und fünf Jahre später folgte der Haushaltsflügel. Zwei Türme, Flag Tower mit 32 Metern Höhe und der 27 Meter hohe Clock Tower, krönen die beiden Flügel. Trotz seines deutlich italienischen Gepräges hat das Haus kein reales Vorbild in Italien, sondern scheint interessanterweise Sir Charles Barrys Umbau der (mittlerweile abgerissenen) Trentham Hall in Staffordshire nachempfunden zu sein, deren Besitzer, der Duke of Sutherland, ein guter Bekannter der Königin war. 1890 wurde der Durbar-Flügel angebaut, durch den die Besucher heute zu den Staatsgemächern geführt werden und dessen indisches Interieur von Bhai Ram Singh und John Lockwood Kipling, dem Vater Rudyard Kiplings, gestaltet wurde. Dieser Flügel birgt die zahlreichen Geschenke, die Victoria von indischen Potentaten erhielt, nachdem sie den Titel einer Kaiserin von Indien angenommen hatte.

Osborne House ist ein Stück viktorianischer Epoche, aus der die Königin sich nur für eine kurze Zeit verabschiedet zu haben scheint, in die sie jeden Augenblick zurückkommen muß. Denn die Einrichtung und die Fülle der Dekorationsgegenstände persönlicher und offizieller Provenienz lassen nicht den Eindruck aufkommen, daß man sich in einem Museum befindet. Prinz Albert (Abb. 75), der 1861 früh verstorbene Ehemann der Königin, ist in Dutzenden von Marmorbüsten unterschiedlicher Größe gegenwärtig, und in einer Glasvitrine findet man Skulpturen von Händchen und Füßchen der königlichen Kinder. Alberts Bad, Victorias Schreibtisch, an dem sie Disraeli, ihren Lieblingspremier, empfing, die Porträts, die Winterhalter von den Mitgliedern der königlichen Familie malte, Victorias und Alberts eigene Gemälde, das viele Geschirr aus der Königlichen Porzellanmanufaktur Berlin, schließlich William Dyces monumentales Wandgemälde »Neptun übergibt die Herrschaft des Meeres an Britannia« – alles das läßt vergessen, daß Victoria, die fast ihre gesamte Witwenzeit in Osborne verbracht hatte, hier am 22. Januar 1901 nach fast 64jähriger Herrschaft starb und daß wir uns hier nicht in viktorianischer Gegenwart befinden, sondern in eine Epoche zurückblicken, die vor über 80 Jahren für immer zu Ende ging.

»Ihre Majestät in Osborne« ist der Titel eines Gemäldes von Sir Edwin Landseer (Abb. 102), das Victoria im Garten des Schlosses zeigt, begleitet von ihrem Diener John Brown, und das bei seiner Veröffentlichung im Jahre 1866 – Prinz Albert war gerade fünf Jahre tot – großes Aufsehen erregte. Edward VII., Victorias Nachfolger auf dem Thron, übergab den Palast der Nation, da er selbst das Anwesen nicht sonderlich schätzte. Der Haushaltsflügel dient heute als Genesungsheim für Angehörige der Streitkräfte, und der größte Teil des Parks ist neben den Staatsgemächern und einigen Privaträumen der Öffentlichkeit zugänglich. Im Park sehen wir die beiden Schweizerhäuschen der königlichen Kinder, den Schuppen mit ihren Gartengeräten, die die Initialen eines jeden Königskindes tragen, und natürlich Königin Victorias Badewagen (Abb. 92) sowie seit 1984 das Deckhaus der ehemaligen königlichen Yacht »Alberta«.

Zu Osborne gehörte ursprünglich das südlich gelegene *Barton Manor* (Abb. 91), in dem königlicher Besuch untergebracht wurde. Das heutige Herrenhaus ließ Prinz Albert im jakobianischen Stil vollständig neu erbauen; es ist deshalb ein interessantes Beispiel perfekter Imitation. Die kleinen gotischen Fenster im Haus stammen aus einer Augustinerkapelle, die hier im Jahre 1275 errichtet worden war. Das Haus steht am oberen Ende eines sanften Südhanges, dessen größerer Teil heute die Weinstöcke des Barton-Manor-Weingutes trägt. Sie wurden vom Kaiserstuhl hierher eingeführt und haben den Wechsel des Anbaugebietes offenbar sehr gut verkraftet, wie der Wein bestätigt, den die Besucher an Ort und Stelle – allerdings nur während der berüchtigten »licensing hours«, der Ausschankzeiten englischer Pubs – verkosten können. In einer Nische an der Ostseite des Hauses befindet sich das Grab eines der Collies, die Victoria nach dem Tod Prinz Alberts ständig hielt. Das Haus selbst diente als Filmkulisse des Durbridge-Krimis »The Doll« (»Die Puppe«). Das Gartengelände geht hinter einem See und einem Wassergarten in den Wald von Barton über, hinter dem man an das Ufer des Solent gelangt.

Eine architektonische Kuriosität, die Prinz Albert zu Unrecht zugeschrieben wird, ist *St. Mildred's Church* in Whippingham (Abb. 87), die Kirche des königlichen Anwesens, die in der Nähe von Osborne House zwischen der heutigen Hauptstraße und dem Medina-Ufer an der nach Victorias jüngster Tochter benannten Beatrice Road liegt. Entworfen wurde sie von Albert Jenkins Humbert, dem Erbauer des königlichen Palastes von Sandringham in Norfolk, und Prinz Albert hatte lediglich die Bauleitung. Die Mischung der Stilarten ist bemerkenswert: Chor und massiger Vierungsturm, der das Gebäude zu erdrücken scheint, sind im frühgotischen Stil erbaut, während der normannische Stil Langhaus und Querschiffe, die wiederum frühgotische Rosetten aufweisen, bestimmt. Im Innenraum ist das Gestühl der königlichen Familie zu besichtigen, während eine Tonbandstimme pathetisch Erläuterungen gibt. Denkmäler erinnern unter anderen an Prinz Albert sowie an Sir Henry Ponsonby, königlicher Privatsekretär nach 1870, den die Königin wie so viele ihrer Zeitgenossen überlebte.

Wenn Wilhelm II., deutscher Kaiser und Enkel Königin Victorias, als schneidiger Segler bei der Regatta vor Cowes aufkreuzte, wurde er auf *Norris Castle* (Abb. 101) einquartiert, das schon der Königin bei ihren Besuchen von 1831 und 1833 als Domizil gedient hatte. 1799 erbaute James Wyatt das Schloß für Lord Henry Seymour im normannischen Stil. Sogar die Stallungen sehen aus wie normannische Befestigungsanlagen, so daß der Hinweis für Besucher, daß das Schloß selbst noch ein Stück Weges voran liegt, durchaus angebracht ist. Die einmalige Lage von Norris Castle über dem Solent wird von keinem anderen Gebäude übertroffen. Der Kaiser erhielt auf entsprechende Bitte hin eine Dusche in sein Badezimmer eingebaut, die heute als »The Kaiser's Bath« (Abb. 93) die große Attraktion ist, während die Besucher die seinerzeit von Prinzessin Victoria und ihrer Mutter bewohnten Räume sowie die gute Spitzensammlung mehr pflichtschuldigst wahrzunehmen scheinen.

John Nash was here

Wer das Gelände von Norris Castle über den offiziellen Ausgang verläßt, der denkt nach drei besichtigten Häusern des Adels und der großen Gesellschaft nicht unbedingt an ein viertes, an das heute nur noch ein Straßenname erinnert, der Name seines Erbauers und ersten Besitzers John Nash (Abb. 70), mit dem der Regency-Baustil untrennbar verbunden ist. Nash war während der ersten 30 Jahre des 19. Jahrhunderts der meistbeschäftigte und sicher auch meistbeneidete Architekt Englands. Beneidet, weil er der Lieblingsarchitekt des »Prinzregenten«, des ältesten Sohnes König Georges III., war, der für seinen Vater von 1811 bis 1820 die Regentschaft führte, bevor er selbst bis 1830 als George IV. auf den Thron kam. Nash war der Mann, der die hemmungslose Bauwut des flotten Prinzen befriedigen konnte: Er baute unter anderem den Royal Pavilion in Brighton, die Londoner Regent Street und den Buckinghampalast in seiner heutigen Form. Sein früher Partner war der als Landschaftsarchitekt berühmt gewordene Humphry Repton, dessen Sohn George ihm nach dem Bruch dieser Partnerschaft im Jahre 1805 als führender Mitarbeiter erhalten blieb. Durch den

George IV. und Mrs. Nash. Zeitgenössische Karikatur (1822)

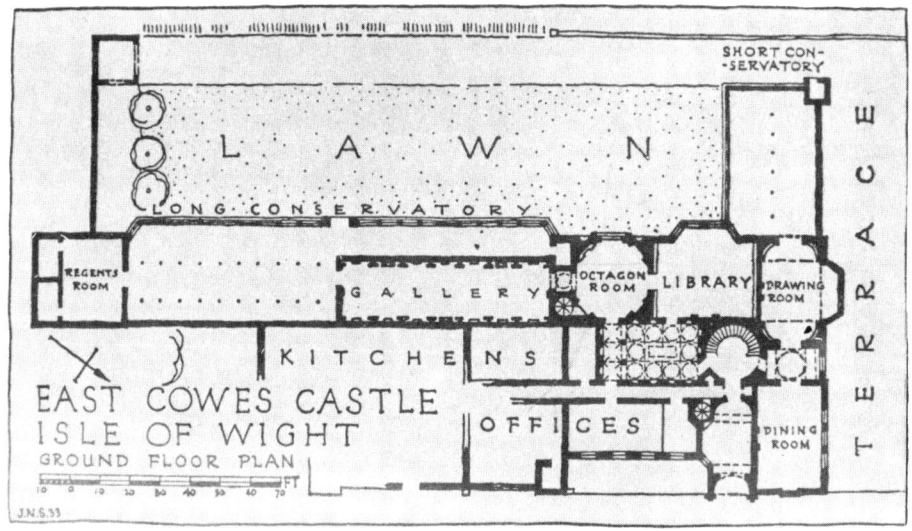

East Cowes Castle, Grundriß des Erdgeschosses. 1798 von John Nash erbaut, 1935 abgerissen. Aus: John Summerson, John Nash – Architect to King George IV., London (George Allen & Unwin) 1935

Prinzen kam Nash zu einem großen Vermögen und auf dessen Vermittlung hin auch zu einer Ehefrau, die fünf Kinder adoptiert hatte und der darüber hinaus eine länger dauernde Affäre mit dem Prinzen nachgesagt wurde, die in verschiedenen Karikaturen kolportiert ist.

1798 baute Nash auf einem großen Grundstück oberhalb von *East Cowes* sein privates Schloß, *East Cowes Castle*, für das Humphry Repton die ausgedehnten Gärten anlegte. 1817 besuchte der Prinzregent seinen Favoriten in East Cowes, und 1827 war William Turner für einige Monate hier zu Gast, der Schloß und Gärten in mehreren Zeichnungen festhielt (s. S. 218) und in Nashs Auftrag die Segelregatten auf dem Solent malte. Als prominenter Bürger der Insel erhielt Nash zahlreiche Aufträge auch hier, so z. B. die Isle of Wight Institution und die Town Hall in Newport, dessen Ehrenbürgerschaft ihm verliehen wurde, das Hill Grove House für den Earl of Ducie in Bembridge, den Turm der Kirche St. Mary in West Cowes und das Pförtnerhaus nebenan. 1831 baute er die *Kirche St. James* in East Cowes, zu der Königin Victoria als junge Prinzessin den Grundstein legte (von Thomas Hellyer 1868 bis auf den Turm umgebaut) und vor deren Turm Nash 1835 begraben wurde. Seine Witwe verkaufte das Schloß und zog nach Hamstead im Westen der Insel, wo Nash ein weiteres Anwesen erworben hatte, das er hauptsächlich als Jagdhaus nutzte. East Cowes Castle verfiel nach dem Ersten Weltkrieg und wurde 1935 abgerissen. Einen Eindruck von seiner Form und seinen Ausmaßen vermittelt heute noch das Lough Lutra Castle, Co. Galway, in Irland, das Nash 1816 nach den Plänen von East Cowes Castle baute. Auf dem Grundstück steht heute eine moderne Wohnsiedlung, durch die eine John Nash Avenue führt.

199

Die sportlichen Segler von Cowes

Einmal im Jahr, in der ersten Augustwoche, wird *Cowes* an der Mündung des Medina zum Mekka der Segler, wenn die traditionelle *Cowes Week* stattfindet, die Regattawoche, neben der die zahlreichen Segelveranstaltungen der Insel, unter ihnen das *Round the Island Race* am letzten Samstag im Juni, schlicht verblassen (Abb. 104). Dabei begann alles auf einer wenig respektablen Ebene im 18. Jahrhundert, als die Insel Wight eines der berüchtigtsten Schmugglernester der britischen Inseln war. Da kam es hin und wieder vor, daß die Schmuggler (Verzeihung, Fischer!) – wenn sie aus gutem Grund schöpferische Pausen einlegten – untereinander Wettfahrten veranstalteten, an denen gelegentlich auch Lotsen- und Zollboote teilnahmen (natürlich nur zum Spaß; denn wer sagt, daß sie etwa die Leistungsfähigkeit der feindlichen Fahrzeuge ausloten wollten?). Typisch für die englische Mentalität wurden bald die ersten Wetten abgeschlossen, und das erste protokollierte Kutterrennen fand 1788 statt.

In den ersten Jahren des 19. Jahrhunderts verbrachten Reiche und Adlige ihre Ferien auf der Insel Wight, und 1811 setzte der Duke of Gloucester zu seiner Erbauung Geld in einem inoffiziellen, lokal ausgetragenen Rennen. Bald darauf nahmen die besseren Herren persönlich an den Wettfahrten teil, und die offizielle Grundlage für die heutigen Regatten wurde 1815 gelegt, als Charles Pelham, der spätere Earl of Yarborough, mit 42 Gleichgesinnten The Yacht Club gründete, für den man mit entsprechender sozialer Stellung, einer Beitrittsgebühr und als Besitzer einer Yacht bestimmter Mindestgröße akzeptabel war. Zwei Jahre später trat der Prinzregent bei, und als er 1820 König wurde, erhielt der Verein den Namen Royal Yacht Club, der sich nach den Regeln der Royal Navy organisierte.

Mit dem Beitritt Williams IV. im Jahre 1833 kam der Name *Royal Yacht Squadron* auf, zu deren Hauptquartier die Küstenbefestigung Heinrichs VIII. avancierte. 1838 wurden Königin Victoria und Prinz Albert Mitglieder, es folgten Zar Nikolaus als erster Angehöriger eines ausländischen Herrscherhauses sowie – wenige Jahre nach seiner Thronbesteigung – der junge Kaiser Wilhelm II. Er machte es sich zum Anliegen, seinen Onkel, den Prince of Wales und späteren König Edward VII., bei den Wettfahrten zu schlagen, was auf die Dauer seiner Popularität sehr abträglich war, da er sich darüber hinaus bei jeder Gelegenheit in den Vordergrund zu drängen und das Kommando zu übernehmen versuchte. Als heimisches Aufmarschgebiet schuf er sich nach dem Vorbild der Cowes Week die Kieler Woche.

Zur Royal Yacht Squadron gesellten sich in den Jahren vor dem Ersten Weltkrieg noch der Royal London Yacht Club, der Royal Corinthian Yacht Club, der Cowes Corinthian Yacht Club und der Island Sailing Club, der heute über 300 Mitglieder hat. Während der Cowes Week ankern Kriegsschiffe aus den NATO-Ländern im Solent, und mindestens ein Mitglied der königlichen Familie gibt der Veranstaltung in der über die Toppen geflaggten königlichen Yacht »Britannia« die Ehre, was von einheimischen Bootsbesitzern zum Geldverdienen genutzt wird: Gegen ein manchmal angemessenes Entgelt kann sich der Besucher zur »Britannia« und um dieselbe herum fahren lassen. Auf der Promenade vor dem Clubge-

63 Terrasse von Lord Tennysons Villa FARRINGFORD bei Freshwater ▷

bäude der Royal Yacht Squadron stehen die kleinen Startkanonen, die die einzelnen Bootsklassen auf die Regattastrecke schicken. Sie sind auch außerhalb der Rennzeit zu bewundern, jedoch hat man sie vorsichtshalber angekettet.

Nach dem Zweiten Weltkrieg kam als fester Bestandteil der Cowes Week der alle zwei Jahre (ungerade Jahreszahl) ausgefahrene Wettbewerb um den *British Admirals Cup* hinzu, der oft als Weltmeisterschaft für Hochseeyachten bezeichnet wird, da er für Nationalmannschaften zu je drei Booten ausgeschrieben ist. 1971 gewann das englische Team mit dem ehemaligen Premierminister Edward Heath, 1973 siegten die deutschen Segler, und seine größten Schlagzeilen machte der Wettbewerb 1979, als im abschließenden Fastnet Race über 20 Segler im Sturm umkamen. Eine einzigartige Dokumentation der Regatten von Cowes wurde von der örtlichen Fotografenfamilie Beken in fast 100 Jahren zusammengestellt.

West Cowes ist der größere Teil der Doppelstadt und mit der östlichen Hälfte durch eine Pendelfähre, die den River Medina kreuzt, verbunden. Es ist eine Stadt mit Atmosphäre. Etliche Häuser aus dem 18. Jahrhundert säumen High Street und Queen Street, in der Terminus Road steht mit der 1796 aus gelbem Ziegelstein gebauten *Kirche St. Thomas of Canterbury* eine der ältesten römisch-katholischen Kirchen Englands. Im Northwood Park oberhalb der Stadt und in der Nähe der Kirche St. Mary, über einen Stufengang von der Castle Road aus zu erreichen, finden wir das interessanteste Haus der Stadt: *Northwood House* aus dem frühen 19. Jahrhundert, um 1840 erweitert, heute Verwaltungssitz. Innen gibt es ein »etruskisches« Zimmer, einen runden Raum mit einer großen Kuppel und einen Gang mit ägyptischer Dekoration, die an die Fassade des um die gleiche Zeit entstandenen Egyptian House in Penzance in Cornwall erinnert.

Wie sich die Zeiten ändern! Lange vor der Zeit der Royal Yacht Squadron war deren Hauptquartier ein finsteres Gefängnis, in dem 1650, während des Bürgerkrieges, der von John Dryden als Begründer des heroischen Dramas bezeichnete Sir William D'Avenant eingekerkert war und auf seine Überführung in den Tower wartete, wo er wegen seiner königstreuen Gesinnung hingerichtet werden sollte. Im Kerker von Cowes begann D'Avenant sein unvollendet gebliebenes romantisches Ritter- und Liebesepos »Gondibert«, das er im Tower fortsetzte, wo man ihn wider Erwarten begnadigte. Außer D'Avenant hatte der Essayist und Literaturkritiker (des späteren »London Magazine«) Charles Lamb, der mit seiner Schwester Mary im Sommer 1803 einen Urlaub in Cowes verbrachte, nicht die besten Erinnerungen an die Stadt. Er schrieb: »Wir tun alles, was müßig ist, wie das Lesen der Bücher aus der Leihbücherei, wir bummeln herum, fangen kleine Krabben zwischen den Felsen und beschäftigen uns mit dem Lesen der Grabespoesie, die hier in Cowes so schlecht ist wie auf jedem anderen Friedhof des Königreiches.«

William Turner, East Cowes Castle. 1827. Federzeichnung auf blauem Papier. The British Museum,
London

Zwischen Newport und Yarmouth

Westlich des von zahlreichen gebahnten Wegen durchzogenen Parkhurst Forest beginnt die Senke des Newtown River, ein ausgedehntes salziges Marschgebiet von einigen Quadratkilometern Umfang. Das gesamte Mündungsdelta, das bei Flut bis auf wenige Sandbänke unter Wasser steht, ist heute Eigentum des National Trust, der auch die angrenzenden Küstenstreifen östlich und westlich des Flusses betreut. In der Mitte des von Sandbänken angedeuteten Ausläufers der kleinen Halbinsel, auf der einmal die Stadt *Newtown* stand, befindet sich heute ein Naturreservat, das vor allem Brutstätte der verschiedensten Vogelarten ist.

Über mehrere Brücken, die die Mündungsarme der in den Newtown River einfließenden Bäche überspannen, gelangt man von der Hauptstraße aus zur alten *Town Hall,* einem georgianischen Haus, dessen Basis älteren Datums ist. Auf geradezu mysteriöse Weise wurde das Gebäude vor dem Verfall gerettet, der Ende der 20er Jahre unabwendbar schien. Eine anonyme Gruppe, die sich »Ferguson's Gang« nannte, brachte 1933 über £ 500 auf, die sie am hellichten Tage, durch Masken unkenntlich gemacht, den Behörden buchstäblich auf den Tisch legte mit einer Notiz, die in fehlerhaftem Englisch abgefaßt war. Danach sollte das Geld für die Wiederherstellung der Town Hall verwendet werden. Tatsächlich konnte der National Trust das Gebäude damit restaurieren. Bis zum Zweiten Weltkrieg diente die Town Hall als Jugendherberge und wird heute als Museum geführt, dessen wichtigste Sammlungsstücke – alter »Sitzungssaal«, Roben, Urkunden – allerdings nur Kopien sind, während sich die Originale in anderen Museen oder, im Falle von Dokumenten, im Isle of Wight County Record Office in Newport befinden.

Obwohl Newtown 1377 bei einem Franzosenüberfall völlig zerstört wurde, blieben die Salinen im Mündungsdelta des Flusses, aus denen die Stadt neben den Einnahmen aus dem Hafenbetrieb ihren Reichtum geschöpft hatte, bis etwa 1900 in Betrieb. Die berühmtesten Parlamentsmitglieder, die von Newtown nach Westminster entsandt wurden, waren (1679) John Churchill, der spätere erste Duke of Marlborough, sowie (1794) George Canning, der spätere Außenminister und Premierminister. Nach der Reform, die Newtown als »Rotten Borough« einstufte und seiner Parlamentssitze für verlustig erklärte, kam das Land um die Town Hall an das Anwesen von *Swainston,* dessen *Herrenhaus* auf das 12. Jahrhundert zurückgeht. Mit seinem Anbau aus dem 18. Jahrhundert ist das Haus von der Straße Newport-Calbourne aus zu erkennen. Hier lebte im 19. Jahrhundert der Lord of the Manor Sir John Simeon (dessen Familie das Haus erst in den 20er Jahren unseres Jahrhunderts aufgab), der als Schöngeist Freund und Förderer zeitgenössischer Schriftsteller war. Einer seiner regelmäßigen Gäste war Tennyson (Abb. 73), als er auf der Insel Wight lebte. Im Zederngarten von Swainston soll die Idee zu seinem Erfolgsgedicht »Maud« bekommen haben. »In the Garden at Swainston« ist der Titel des Gedichts, das Tennyson zu Sir Johns Tod schrieb.

Das Dorf *Calbourne* liegt südlich der Hauptstraße und wird besonders im Sommer von Ausflüglerbussen besucht, deren Fahrgäste sich weniger um die aus dem 13. Jahrhundert stammende *Kirche All Saints* kümmern, deren Interieur auf die Marienkapelle der Kathedrale von Winchester zurückgeht, und die einen 1,20 Meter großen, gut erhaltenen Brass aus dem späten 14. Jahrhundert aufweist – das Ziel der Busse ist die kleine Seitenstraße *Winkle Street,* deren einzige Häuserzeile zu den pittoreskesten der Insel gehört. Einige Häuser sind strohgedeckt, andere haben Dachschindeln, gegenüber plätschert ein Bach, und fast immer trifft man hier Maler oder Fotografen. Der Bach mündet am Ende der Straße in einen kleinen See, der das Anwesen *Westover* zur Hauptstraße hin abschließt, dessen weißes *Herrenhaus* aus dem frühen 19. Jahrhundert aber von hier aus gut zu sehen ist.

Auf dem Weg nach Shalfleet kreuzen wir bei Elm Farm, einem der typischen kleinen Gehöfte in diesem Teil der Insel, wieder einmal die Trasse der ehemaligen Eisenbahnlinie von Newport nach Freshwater, die zwischen den beiden Straßen, die von Newport nach Yarmouth bzw. Freshwater führen, bis zu ihrer Stillegung im Jahre 1953 verkehrte. Ein großer Teil der Strecke hat inzwischen private Besitzer, die das neu erworbene Grundstück in ihre Felder oder Gärten integriert haben, doch verschiedene Stellen sind heute ungepflegte und daher ungestörte Wanderwege, deren Herkunft man nur dort erkennt, wo sie von Brücken überspannt werden.

Shalfleet selbst ist ein kleines Dorf kurz vor der Mündung des Caul Bourne in den Newtown River. Hierher kommen vor allem die auswärtigen Segler, die nicht wissen, daß Newtown, dessen Name gängige Landkarten noch immer verzeichnen, eben keine Stadt mehr ist und daß da kein Proviant verkauft wird. Sie haben dann häufig einen Fußmarsch von drei oder vier Kilometern hinter sich, je nachdem, ob sie bei Ebbe oder Flut in das Flußdelta eingelaufen sind. Auf dem Hang oberhalb des Dorfes steht die *Kirche,* deren massiger normannischer Westturm fast die Fläche des restlichen Gebäudes besitzt. Zum Nordeingang, durch den man das Gotteshaus betritt, gehört ein interessantes Tympanon, das einen bärtigen Laienbruder darstellt, der zwei Löwen beim Schopfe hält. Innen zieht das ungewöhnliche Maßwerk der Südfenster aus dem 17. Jahrhundert den Blick ebenso an wie das Altarretabel des südlichen Seitenschiffes, das zwar 1630 datiert ist, jedoch deutlich gotisch, nicht jakobianisch wirkt. Die Kanzel aus dem frühen 17. Jahrhundert enthält ein Merkmal, das sich noch einmal in der Kirche von Brighstone wiederfindet: die obere Kassettenreihe stellt zeitgenössische Bögen dar, die durch falsche Perspektive auffallen.

Keine kunsthistorische Besonderheit, aber ein gemütlicher Ort ist die kleine Gastwirtschaft mit ihrem riesigen Kamin, in dem Gäste Platz nehmen können. Ein winziges Häuschen gleich an der Hauptstraße, das bis in die frühen 70er Jahre als »kleinste Post der Welt« ausgewiesen war, hat diesen Anspruch wohl wieder aufgeben müssen.

Westlich von Shalfleet führt der erste von mehreren Fahrwegen und Waldpfaden zum Anwesen *Hamstead,* das durch John Nash bekannt wurde, von dessen Jagdhaus aber nichts mehr erhalten ist. Die heutige Farm liegt auf einem Plateau oberhalb des westlichen Newtown-River-Ufers, zu dem ebenfalls ein Weg hinunterführt, der an der Anlegestelle für die Yachten der Besucher auskommt. Der Pfad setzt sich vom Ufer nach Norden fort, kann aber nur bei Niedrigwasser begangen werden. An seinem Ende erreicht man die Küste, die sich im Besitz des National Trust befindet. Von der Kieselbarriere, die Wald und Meer voneinander trennt, ergibt sich ein schöner Blick über die Nordküste östlich des Newtown River fast bis nach West Cowes, deren größter Abschnitt unzugänglich ist. Der Küstenweg steigt nun nach Westen bis auf eine Höhe von ungefähr 60 Metern an und bringt uns auf die obere Kante des sandigen *Bouldnor Cliff,* eine der schönsten Klippenszenerien der Insel. Seine Höhe wird allerdings von vielen anderen Klippen, vornehmlich der Südküste, übertroffen. Hier wächst in schattigen Vertiefungen die etwa 20 Zentimeter hohe Waldminze, die nur auf der Insel Wight vorkommt und deren blaßviolette Blüten von August bis Oktober die Klippen beleben. Bei Bouldnor treffen Klippenweg und Straße wieder zusammen, und die Hafenstadt Yarmouth kommt in Sicht, während am Horizont in südlicher Richtung, jenseits von Feldern und niedrigen Gehölzen, die grünen Nordhänge des Tennyson Down zu erkennen sind.

Im Mittelalter war *Yarmouth,* das bereits im Domesday Book als Eremue oder Eremud erwähnt ist, die bedeutendste Stadt der Insel Wight; ihre Stadtrechte stammen von 1135. Im späteren Mittelalter verlor Yarmouth jedoch seine Bedeutung, zumal die Franzosen es zweimal (1377 und 1524) zerstörten. Um 1800 lebten weniger als 100 Einwohner in der Stadt, die dann in der Parlamentsreform von 1832 wie Newtown zur »Rotten Borough« erklärt wurde und nicht länger zwei Parlamentsmitglieder nach Westminster entsenden konnte. Erst im ausgehenden 19. Jahrhundert, als die Eisenbahn Yarmouth erreichte und der Fährverkehr zum Festland aufgenommen wurde, entwickelte sich die kleine Stadt, die heute über 1000 Einwohner hat, zu einer lebendigen, geschäftigen Ansiedlung, deren Straßennetz immer noch dem mittelalterlichen entspricht.

Die trichterförmige Mündung des West Yar River ist ein sicherer Ankerplatz für Segelboote, die vor allem in der Abendsonne ein begehrtes Fotomotiv darstellen. Vom Markt zur Pier oder zur Fährrampe sind es wenig mehr als 100 Meter, und auf dem Wege liegt *Yarmouth Castle,* die Küstenbefestigung Heinrichs VIII., die zwischen 1538 und 1547, abweichend von allen anderen Gliedern in dieser Kette, nicht mit runden Bastionen, sondern mit einer ins Meer hinausragenden »Pfeilspitze« konstruiert wurde, von der aus die Kanonen der Verteidiger einen größeren Abschnitt der Küste decken konnten. Der frühere Haupteingang liegt heute im Areal eines Teegartens, von wo aus man beim ausgezeichneten »Isle of Wight Cream Tea« das Wappen des königlichen Erbauers über dem Torbogen studieren kann.

Eine der vielseitigsten Persönlichkeiten Yarmouths und der Insel Wight war Governor Sir Robert Holmes, dessen hochdekorierte Marinekarriere unter anderem die Eroberung New Yorks beinhaltet. Seine Residenz war das *Schloß,* sein Privathaus das heutige George Hotel neben dem Schloß, und seine Grabstätte ist die *Kirche* des Dorfes, in der er 1692 beigesetzt wurde. Symbol seines farbigen und häufig exzentrischen Lebens ist das Denkmal, das er sich zu Lebzeiten schaffen ließ: Holmes, der es als Marineoffizier nicht verschmähte, zwischen verschiedenen Kommandos der weitaus einträglicheren Piraterie nachzugehen, brachte auf einer dieser Kaperfahrten ein französisches Schiff auf, in dessen Ladung sich eine Statue für Ludwig XIV. befand, die bis auf den Kopf, den der Künstler vor dem Original zu schaffen gedachte, vollendet war. Sir Robert, ganz Ritter, fühlte sich durch diese Statue standesge-

"All right, Maud, just come into the garden.
I promise there won't be any funny business in the greenhouse."

Tennyson-Karikatur im Haus Farringford. Sie bezieht sich auf Tennysons Erfolgs-buch »Maud«, das ihm den Erwerb von Haus Farringford einbrachte

mäß repräsentiert und ließ seinen eigenen Kopf auf den fertigen Leib »montieren«, der nun im seltsamen Gegensatz dazu steht – zu besichtigen in der Gedächtniskapelle der Kirche von Yarmouth.

Die Genies von Freshwater

Über den ehemaligen Eisenbahndamm am Ostufer des West Yar River oder über einen Wanderweg am Westufer gelangt man durch fast unberührte Natur nach *Freshwater,* wo in der zweiten Hälfte des 19. Jahrhunderts nach den Worten von William M. Thackerays Tochter Anne Ritchie »jedermann entweder ein Genie oder ein Dichter oder Maler oder irgendwie etwas Besonderes« war. Sie spielte damit auf die Gesellschaft an, die sich als Besucher um den 1850 zum Poeta Laureatus ernannten und 1884 geadelten Alfred Tennyson (Abb. 73) scharte, der 1853 das außerhalb von Freshwater gelegene, spätgeorgianische *Haus Farringford* (Abb. 63) bezogen hatte, das er zwei Jahre danach aus den Erlösen seines dramatischen Monologs »Maud« erwerben konnte. Hier lebte er bis 1867, als die von ihm geschätzte Einsamkeit so sehr von Touristen gestört wurde, daß er die Insel wieder verließ.

In Farringford schrieb er ab 1859 den 1885 vollendeten Zyklus »Idylls of the King«, in dem er den Stoff der Artussage behandelte, sowie 1864 das romantische Gedicht »Enoch Arden«.

Zu den regelmäßigen Besuchern, die Tennyson in Farringford empfing, gehörten neben Swinburne die zu dieser Zeit bekanntesten englischen Dichter und Romanciers: Sir Arthur Hugh Clough; Charles Dodgson, besser bekannt als Lewis Carroll, der eine Episode aus »Alice im Wunderland« auf einem Traum aufbaute, den ihm Tennyson einmal schilderte; Edward FitzGerald, der durch die Versübertragung des persischen »Omar Khayyám« berühmt geworden war; Charles Kingsley, anglikanischer Geistlicher und theologischer Gegner Kardinal Newmans, in Deutschland besonders durch seinen zur elisabethanischen Zeit spielenden Abenteuerroman »Westward Ho!« bekannt; schließlich Edward Lear, der als Dichter des Nonsense und durch seine Popularisierung des Limerick in die Literaturgeschichte eingegangen ist. In Farringford sang die »Schwedische Nachtigall« Jenny Lind, hier musizierte Arthur Sullivan, Prinz Albert kam von Osborne House hierher zum Tee, und Garibaldi pflanzte vor dem Haus eine Wellingtonia, die die Herzogin von Sutherland Tennyson geschenkt hatte.

Die meisten dieser erlesenen Besucher wurden von Julia Cameron, der Fotografin aus dem Haus Dimbola in Freshwater, im Bild festgehalten. So bestimmt trat Frau

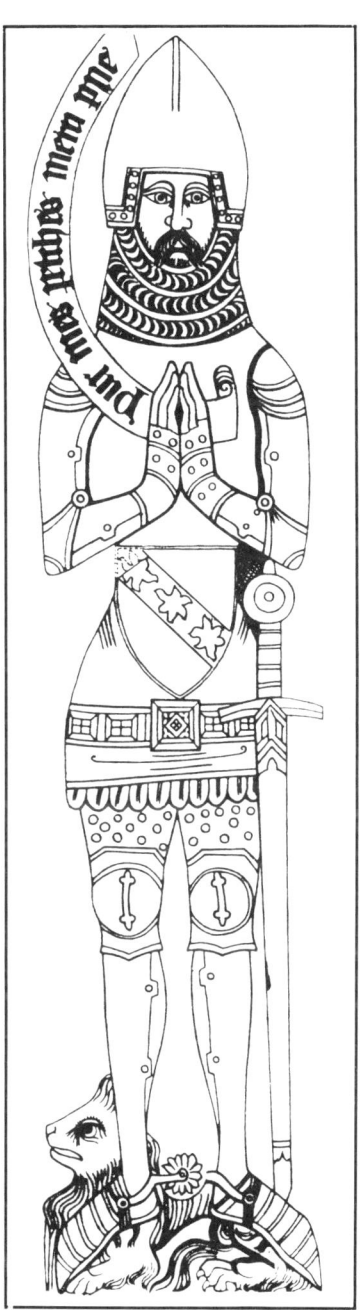

Brass (Messing-Grabplatte) für Adam de Compton in der Kirche von Freshwater. Spätes 14. Jh.

223

Cameron auf, daß es außer Garibaldi niemand wagte, die Fotositzung abzulehnen. Bezeichnend für die Strenge ihrer Arbeit ist ein Wort Tennysons, der seinen Gast, den amerikanischen Dichter Longfellow, vorbereitete: »Sie werden tun, was sie sagt, und ich komme bald wieder und sehe nach, was von Ihnen übriggeblieben ist.« Farringford House ist heute ein Hotel, wo einige persönliche Gegenstände Tennysons wie Reliquien in Vitrinen zu bewundern sind: seine Pfeifen und Tabaksbeutel, sein Umhang, den er beim Spaziergehen trug, und sein breitkrempiger Hut, der den Leuten von Freshwater so groß erschien, daß sie sagten: »Eine Runde um Tennysons Hut ist wie zwei Runden um Freshwater.«

Auch die *Kirche All Saints* aus dem 13. Jahrhundert, die restauriert wurde, als Tennyson in Freshwater wohnte, birgt Erinnerungen an den Dichter. Im Innenraum befindet sich eine Gedenktafel mit einem Vers, den der Dichter für seinen auf dem Roten Meer gestorbenen Sohn Lionel schrieb, und Tennysons Frau liegt nahe der östlichen Kirchhofsmauer begraben. Eines der Schmuckstücke der Kirche ist ein Brass für den Ritter Adam de Compton aus dem späten 14. Jahrhundert (s. S. 223).

In Freshwater wurde lange vor Tennysons Zeit der Naturforscher Robert Hooke (1635) geboren, der als Entdecker des nach ihm benannten Hookeschen Elastizitätsgesetzes und durch Gedanken zur Gravitationstheorie schon vor Newton bekannt war. Sein Tatendrang war so groß und seine Ideen so zahlreich, daß er ohne Rücksicht auf Patentvorschriften auch an bestehenden Geräten Verbesserungen vornahm. Bei seinem Tod 1703 war er daher nicht nur der hochgeachtete Professor in London, sondern auch einer der am meisten angefeindeten Wissenschaftler seiner Zeit.

Von *Freshwater Bay* führt ein Pfad zum *Tennyson Down*, die mit 147 Metern höchste Kreideklippe der Insel und der westliche Ausläufer des zentralen Kreidegürtels (Farbabb. 22, 27). Hier pflegte der Dichter jeden Tag und bei jedem Wetter, Verse vor sich hin murmelnd, spazierenzugehen. Auf dem höchsten Punkt setzten ihm die Bewohner von Freshwater ein Denkmal in der Form eines keltischen Kreuzes. Der Weg, der nach Norden den Blick über die nördliche Inselhälfte und über den Solent hinaus aufs Festland freigibt, wo auf einer Halbinsel das unter Heinrich VIII. erbaute *Hurst Castle* (Abb. 103) liegt, in dem Charles I. nach seiner Deportation von der Insel auf dem Weg nach London untergebracht war, bringt uns zum westlichsten Punkt der Insel. Oberhalb der Scratchell's Bay sieht man die frei im Meer stehenden Kreidefelsen *The Needles* (Umschlagabb. Rückseite) aus der Nähe. Heute sind es nur noch drei Felsen, der vierte, »Lots Weib« genannt, wurde 1764 durch die Einwirkung des Meeres zerstört. Diese Stelle oberhalb der Needles, wo eine Küstenwachstation und die seit 1982 gegen Eintrittsgeld zu besichtigende viktorianische *Needles Battery* stehen, ist ein beliebter Aussichtspunkt während der jährlich stattfindenden Regatta Round the Island. Auch von hier reicht der Blick über das unmittelbar vor der Küste ablaufende Geschehen hinaus bis zum Festland, bei ungetrübter Sicht sogar bis Bournemouth.

Die bunten Felsen der Alum Bay

Eines der erstaunlichsten geologischen Schaustücke der an Besonderheiten nicht armen Küste der Insel Wight und eigentlich ganz Großbritanniens sind die *farbigen Sandklippen* der nördlich des Needles-Vorgebirges gelegenen *Alum Bay* (Farbabb. 21), deren Name erkennen läßt, daß hier einmal Alaun abgebaut wurde. 22 Farben sollen es sein, manche Publikationen nennen 21 oder auch 23, die zwischen Weiß und Schwarz auf einer Fläche von vielleicht 5000 Quadratmetern zwischen Meeresspiegel und 31 Meter hoher Klippenkante in vorwiegend vertikal verlaufenden Adern nicht nur in der Nachmittagssonne leuchten und ein stummes, aber erregendes Schauspiel abgeben.

Ein leidlich bequemer Treppenabgang führte schon im vergangenen Jahrhundert vom Plateau hinunter, den wahrscheinlich auch der Maler Alfred Sisley benutzte, als er im Juni 1881 die Insel Wight besuchte. Er wohnte zwar in Ryde, wo er das Schiff aus Southampton erwartete, das seine Leinwände bringen sollte, doch »die Gegend, in der ich zu arbeiten gedenke«, schrieb er am 6. Juni 1881 an Durand-Ruel, »liegt ganz am Ende der Insel – ein prächtiger Ort, der ›Alum Bay‹ heißt und ein beliebtes Ausflugsziel ist.« Allerdings wartete Sisley vergeblich; denn durch ein Versehen seines Lieferanten kamen die Leinwände nie an, und der Künstler reiste wieder ab, ohne ein einziges Bild gemalt zu haben. Heute gibt es außer der Treppe noch eine Seilbahn, die den Besucher mit offenen Gondeln in wahrhaft luftiger Höhe in fünf Minuten zu den coloured sands bringt, die bis in die 70er Jahre bestiegen werden durften. Dutzende Schürfer, ausgerüstet mit Glasröhrchen, in denen sie die verschiedenen Farben gleich in der gewünschten Lage und Anordnung sammelten, bevölkerten an schönen Nachmittagen die Steilwand, so daß man sich an den Goldrausch von 1849 erinnert fühlen mochte. Nach einem größeren Erdrutsch wurde das Betreten der Wand schließlich verboten. Als Ersatz dafür kann man heute, mit entsprechenden Behältnissen gewappnet und nach Zahlung eines Obolus, in einem hölzernen Hüttchen am Strand – »Join the queue, please!« – aus vorgeschürften Sandhäufchen in moderaten Mengen eine persönliche Kollektion zusammenstellen, wenn man nicht in den Andenkenbuden oben am Parkplatz fertige Kunstwerke aus Sand erwerben will.

Bei soviel ungezügeltem Drang zum farbigen Sand steht manchem Autofahrer auf dem Parkplatz am Klippenrand ein Denkmal aus Granit im Wege, das – so ist es auf seinen vier Platten zu lesen – an der Stelle der ersten Telegrafenstation steht, die 1897 von der Marconi Wireless Telegraph Co. Ltd. errichtet wurde. Von hier aus führte Guglielmo Marconi seine ersten Experimente in drahtloser Telegrafie durch. Zuerst kam eine Verbindung mit einem in der Alum Bay kreuzenden Schiff zustande, dann folgten als Empfangsstationen die Orte Bournemouth und Poole auf dem Festland, 23 bzw. 28 Kilometer entfernt, und am 3. Juni 1898 sandte Lord Kelvin von dieser Telegrafenstation das erste bezahlte Telegramm. Die Needles Wireless Telegraph Station wurde zwei Jahre später wieder geschlossen, als Marconi von Cornwall aus größere Entfernungen zu überbrücken begann.

Von hier oben führt ein schöner Fußweg durch Heidekraut und Farn des Headon Warren, einer nördlich der Alum Bay gelegenen Halbinsel, zur *Totland Bay*. Ihr Umfeld und

Hinterland ist wie das der weiter nördlich sich anschließenden *Colwell Bay* von Ferien- und Freizeiteinrichtungen geprägt, die unter anderem in den viktorianischen Küstenbefestigungen *Fort Warden* (Feriendorf) und *Fort Victoria* (Landschaftspark) untergebracht sind. Der Fort Victoria Country Park ist ein seit 30 Jahren unkultiviert gelassenes Waldgelände, in dem es Führungen durch die ungehindert sich entwickelnde Natur gibt. Bei Fort Victoria befinden wir uns an der engsten Stelle des Solent, der hier wenig mehr als einen Kilometer breit ist. Gegenüber liegt *Hurst Castle*, das Küstenfort Heinrichs VIII., am Ende einer zwei Kilometer in den Solent hineinreichenden Nehrung errichtet.

Wo die Klippe stürzt: die Südwestküste zwischen Compton Chine und St. Catherine's Point

Ein geologisches Phänomen, das in regelmäßigen Abständen für mehr oder weniger dicke Schlagzeilen in der Presse sorgt und den Behörden der Insel mehr Kopfzerbrechen bereitet, als der touristische Wert dieser Publizität rechtfertigt, ist dafür verantwortlich, daß die Klippen der Südwestküste über eine Länge von rund 20 Kilometern das dramatischste Aussehen aller Klippenformationen der Insel haben, auch wenn die Kreidefelsen oder die farbigen Sandpartien der Alum Bay wesentlich mehr Schaulustige anziehen und auf Postkarten festgehalten werden: Es sind die *Felsstürze*, deren Ursache, einfach ausgedrückt, darin liegt, daß dieses südlich des zentralen Kreidegürtels gelegene Gebiet einen Mergelkern (Gault Clay; örtlich wegen seiner Auswirkungen »Blue Slipper« genannt) hat, der von porösen Kalk- und Grünsandschichten überlagert ist. Diese Schichten lassen Feuchtigkeit durch, die sich auf der Mergelbasis sammelt und auf dieser nach Süden, entsprechend der Neigung des Kerns, abfließt. Dadurch sind die überlagernden Erdschichten in dauernder Bewegung, was durch winterliche Kälteeinbrüche verstärkt wird. Die sichtbare Folge dieser Entwicklung ist die jährliche Veränderung der tatsächlichen äußeren Klippe, die über die gesamte Strecke zwischen *Compton Bay* (Farbabb. 22) im Westen und *St. Catherine's Point* im Südosten in einer Höhe von 16 bis 130 Metern fast ausschließlich Steilküste ist.

Obwohl eine gut ausgebaute Straße dem Verlauf der gesamten Südküste folgt, wird dieser Abschnitt nur von wenigen Touristen aufgesucht, weil er nur an sechs Stellen, den Chine genannten Bachtälern, über teilweise unzureichende Wege oder Stufen zu erreichen ist, die ebenfalls von der Küstenbewegung betroffen sind. Darüber hinaus ist dieser Teil der Insel Wight bis auf wenige kleine Dörfer und Gehöfte kaum besiedelt, es gibt hier keine Touristenattraktionen (mit Ausnahme von *Blackgang Chine*), so daß die Küstenstraße selbst, von der sich an verschiedenen Punkten ein guter Ausblick auf die westlichen Kreidefelsen ergibt, zwar viel genutzt, der Weg durch die Chines zum Strand jedoch nicht allzu häufig gewählt wird, zumal der Gezeitenstand nicht immer »stimmt«.

Es ist möglich, die gesamte Strecke zwischen Compton Chine und dem ersten begehbaren Aufstieg vom Strand beim St. Catherine's Point bei Ebbe auf einmal zu laufen, ohne über eine der zwischen diesen beiden Strandzugängen gelegenen Chines ausweichen zu müssen, doch lassen sich auch Teilstrecken einplanen, was besonders für denjenigen von Interesse ist, der mit einem eigenen Fahrzeug zum Ausgangspunkt seiner Wanderung fährt und nicht die gesamte Strecke zurücklaufen will. Um dem Interessenten eine optimale Vorbereitung zu ermöglichen, sind im folgenden die Abstände zwischen den einzelnen Chines vermerkt wie die Etappen einer Rallye, wenn man so will. Voraussetzung ist auf jeden Fall die genaue Kenntnis der zu erwartenden Gezeitenstände, die in den Verkehrsämtern erfragt werden können. Hauptmerkmale sind die Feuchtigkeit der Steilwände und das ständig in kleineren und oft genug größeren Stücken bröckelnde Gestein, so daß ausreichender Abstand geboten ist. Aus der Ferne wirken Strand und Klippen wie hellbrauner Ton. Der Strand besteht in weiten Teilen aus kleinen Kieseln und ist am besten mit festem Schuhwerk zu begehen.

Im Scheitelpunkt der Compton Bay, wo die weißen Kreidefelsen als Compton Down ostwärts verlaufen, während die Küstenlinie südöstliche Richtung nimmt, beginnt der Weg über den Strand durch die flache *Compton Chine* und ist bis zum nächsten »Ausstieg« durch die *Shippard's Chine* 1,8 Kilometer lang. Die Klippen zeigen hier zunächst rötlichen und weißen Ton, teilweise mit Braunkohleeinschlüssen, und kurz vor Shippard's Chine folgen fossilienreiche blaue Schiefertone sowie violetter Mergel mit Sandstein. Der folgende Abschnitt zwischen Shippard's Chine und *Chilton Chine* ist mit vier Kilometern der längste und hat mit dem Vorgebirge *Hanover Point* eine der Stellen, die bei Flut keinen Durchgang mehr zulassen. Bei tiefem Wasserstand werden östlich des Hanover Point die Baumstümpfe eines in prähistorischer Zeit versunkenen Waldes sichtbar. In den Klippen sehen wir hier grünen und roten Ton mit Braunkohleeinschlüssen; hinter der Brook Bay, etwa auf halbem Weg, folgen blauer und roter Mergel sowie grüner Mergel mit Braunkohle und Sandstein an der Klippenbasis. Im Bereich der Chilton Chine, vor deren Aufgang ein Felsen, der Hardman Rock, frei im Meer steht, sieht man Sandstein und Konglomerat zwischen darüberliegendem rotem und grünem sowie darunterliegendem tiefrotem Mergel. Diese Formationen finden sich auch auf der 1,3 Kilometer langen Strecke zwischen Chilton Chine und *Grange Chine*, die wegen eines Feriendorfes auf dem Plateau zwischen Straße und Felskante stärker besucht ist als die bisherigen Strandabschnitte.

Auf den 3,2 Kilometern zwischen Grange Chine und *Shepherd's Chine*, auf der Karte mit *Brighstone Bay* bezeichnet, herrschen tiefroter und grüner Mergel mit Braunkohle- und dünnen Sandsteinschichten vor, während in unmittelbarer Nähe der Chine rote Mergelschichten von unterhalb des Strandniveaus aufsteigen. Oben an der Straße liegt das Atherfield-Feriendorf, dessen Gäste diesen Strandabschnitt bevölkern. Nach 2,9 Kilometern folgt mit *Whale Chine* die wohl spektakulärste Klamm dieses südwestlichen Küstenabschnittes, deren Steilwände nicht wie die der anderen Täler von Büschen und Farnen überwuchert sind, sondern interessante Formationen, vor allem roten Mergels, erkennen lassen. Auch ihre Steilwände verändern sich von Jahr zu Jahr, wie die Reste verschiedener Stufengänge deutlich zeigen. Zwischen Shepherd's Chine und dem Vorgebirge *Atherfield Point* mit einer Küstenwachstation finden sich tiefe Einschnitte im Wealden-Schieferton, in der Nähe der Whale Chine Adern mit Fossilien im rötlichen Mergel.

Der letzte Abschnitt zwischen Whale Chine und *Rocken End*, wo der erste gangbare Aufstieg aufs Plateau nach 3,5 Kilometern am östlichen Ende der langgestreckten *Chale Bay* beginnt, wird häufig als der spektakulärste Teil dieser fast 17 Kilometer langen Gesamt-strecke angesehen, da er im Bereich der *Blackgang Chine,* deren obere Klippenkante fast 130 Meter hoch ist, das ganze Ausmaß der Klippenstürze des frühen 20. Jahrhunderts sichtbar werden läßt. Blackgang Chine, die sich heute als gigantischer Abenteuerspielplatz mit Irrgärten, echten Walskeletten und unechten Dinosauriern sowie Spiegelkabinetten und vielen Erinnerungen an die Schmuggler des 18. und 19. Jahrhunderts – die der Chine angeblich den Namen gegeben haben (»black gang«) – der Öffentlichkeit darbietet, hatte früher einen steilen Abgang zum Strand, der nach mehreren verheerenden Erdstürzen nicht mehr zu reparieren war. Jedes Jahr muß das Vergnügungsgelände, von dem aus man einen guten Überblick über den südwestlichen Küstenabschnitt hat, neu abgesteckt werden, da im Winter manchmal ganze Teile des Etablissements buchstäblich die Klippe hinunterfallen.

Der folgenreichste Erdrutsch fand jedoch 1928 oberhalb von Rocken End statt; er kündigte sich im Februar durch Risse in den 160 Meter hohen Felsen an. Die Küstenstraße, die damals Niton und Blackgang verband, wurde mit Warnschildern an der gefährdeten Stelle »Windy Corner« versehen, Häuser wurden vorsorglich geräumt. Doch das Unglück geschah erst am 21. Juli: Ein kleiner Erdrutsch verschüttete die Straße auf einer Länge von 10 Metern, und bevor sich die Behörden ein Bild von den Auswirkungen machen konnten, gab die Straße über mehrere 100 Meter nach und stürzte in die Tiefe, so daß an eine Wiederherstellung nicht mehr zu denken war. Im Laufe der nächsten Jahre stürzten bei Blackgang ungefähr 100 Meter Straße ab, und die Verbindung zwischen Niton und Blackgang mußte über schmale Inlandstraßen aufrechterhalten werden. Erst 1933 wurde die neue Küstenstraße angelegt, die einen respektvollen Bogen um die Südspitze der Insel, um St. Catherine's Point mit seinem 1840 erbauten weißen *Leuchtturm,* in die steilen Felsen des St. Catherine's Down hinein machte.

Heute endet die ehemalige Straße von Niton aus in einem Wendehammer; von dort kann man nur bei Trockenheit über einen Trampelpfad, der links steil abfällt, zum anderen Ende der früheren »Windy Corner« und damit auf einen erhaltenen, aber rissigen Teil der alten Straße hinüberbalancieren. Dieser Abschnitt führt an einem Feriendörfchen vorbei, dessen Gäste unerschütterliche Nerven haben müssen, da das Dorf allein seit 1978 von drei Erdrutschen heimgesucht wurde. In einem verlassenen Garten, rechts von der Straße, steht eine kleine *Rotunda,* die im 19. Jahrhundert zum Gedenken an Shakespeare von einem Privatmann errichtet wurde. Nach einigen 100 Metern ist das Dorf *Blackgang* erreicht, wo die Chine, durch Schmugglerabbilder adäquat gekennzeichnet, zum Besuch ihrer Attraktio-nen einlädt, die bei Dunkelheit natürlich angestrahlt werden.

Der Südwesten von Brook bis Chale

Auf der Küstenstraße von Freshwater nach Osten, die 1981 wegen Absturzgefahr für einige Wochen gesperrt werden mußte, reicht der Blick den Strand entlang über die Compton Bay und landeinwärts bis an die Südwesthänge des Brighstone Down, der höchsten Erhebung des zentralen Kreidegürtels. Das Gelände ist seit dem Beginn des 20. Jahrhunderts planmäßig aufgeforstet worden, und der mehrere Quadratkilometer umfassende *Brighstone Forest* ist mit seiner westlichen Verlängerung *Westover Plantation* eines der schönsten und ungestörtesten Wandergebiete der Insel. Am westlichen Hang fällt der Blick oberhalb des Dorfes *Brook* auf ein großes, schloßähnliches Haus, dessen Westfront ein gigantischer Bogen prägt. Hier lebte von 1951 bis 1959 der Dramatiker John B. Priestley, nachdem er seit den 30er Jahren ein altes Herrenhaus weiter landeinwärts bewohnt hatte.

Die Straße nach Brighstone wird links von den Südhängen der Downs und rechts von den flachen Feldern und Weiden umrahmt, die sich bis an die Küste erstrecken. Auf halbem Wege kommen wir durch *Mottistone*, bekannt vor allem wegen seines elisabethanischen *Herrenhauses* (Farbabb. 25), das die Familie Cheke 1567 errichtete. Sir John Cheke war der erste Griechisch-Professor von Cambridge sowie Hoflehrer für den einzigen Sohn Heinrichs VIII., den späteren »boy king« Edward VI. In Miltons Sonetten ist er mit einem köstlichen Zeugma bedacht worden:

> *Thy age, like ours, O soul of Sir John Cheke,*
> *Hated not learning worse than toad or asp,*
> *When thou taughtest Cambridge and King Edward Greek.*

Mottistone Manor wurde im 19. Jahrhundert fast vollständig durch einen Erdrutsch verschüttet und erst zu Beginn des 20. Jahrhunderts wieder freigelegt.

Brighstone gehört wie Winkle Street zu den großen Attraktionen der Insel, da es eine kleine Straße besitzt (sie zweigt von der Hauptstraße ab), deren hübsche strohgedeckte Häuser zweckmäßigerweise mit kleinen Läden für Andenken und Eiskrem ausgestattet sind (Farbabb. 29). Brighstone ist trotz allem sehr schön, wenn die Busse mit den Besuchermassen noch nicht oder nicht mehr da sind, die hier meist zu Mittag einfallen, da einige Restaurants auf »parties catered for« spezialisiert sind.

Die *Pfarrkirche St. Mary* ist das andere architektonische Schaustück der kleinen Gemeinde, und einige ihrer Geistlichen kamen nach ihrer Pfarrherrenzeit von Brighstone in der kirchlichen Hierarchie ganz weit nach oben: Thomas Ken wurde während der Regierungszeit Charles II. Bischof von Bath und Wells; William Wilberforce, Sohn des Sklavereigegners Samuel Wilberforce, wurde Bischof von Oxford und danach Bischof von Winchester; George Moberly wurde Bischof von Salisbury. Die Kirche aus dem 13. und 14. Jahrhundert wurde im 19. Jahrhundert restauriert und, wie es damals durchaus üblich war, stark verändert. So stammt das normannische nördliche Seitenschiff von 1852. Der spätgotische Taufstein ist von einem Ornament kleiner Spitzbögen umgeben, und die jakobianische Kanzel hat wie die Kanzel von Shalfleet in der oberen Reihe der Außenseite Bögen in falscher Perspektive.

Auf dem Weg nach *Shorwell*, einem drei Kilometer östlich gelegenen Nachbardorf, kann die *Wassermühle* von *Yafford* besichtigt werden, auf deren Gelände eine ansehnliche Sammlung von Farmgeräten ausgestellt ist. Anders als die Wassermühle von Calbourne ist Yafford Mill ganz auf den Touristen abgestellt mit Picknickplatz, Kinderspielplatz und

Seehunden im Mühlteich. Drei Herrenhäuser umgeben Shorwell im Umkreis von wenigen hundert Metern: *Wolverton Manor* zwischen Yafford und Shorwell (wie die beiden anderen Häuser nicht der Öffentlichkeit zugänglich, jedoch von der Straße aus zu sehen) ist ein elisabethanisches Haus mit einer schönen Fassade; *West Court*, an der Hauptstraße südlich des Dorfes, ist hauptsächlich elisabethanisch, hat aber jakobianische Anbauten; *North Court*, nördlich der Kirche, ist zwar das jüngste Haus (1615), als Herrenhaus der Lords of the Manor, der Familie Leigh, jedoch das renommierteste Haus in der Gemeinde.

Die Familie Leigh ist durch etliche Grabdenkmäler in der spätgotischen *Kirche* von Shorwell, die auf einer Kapelle aus dem frühen 13. Jahrhundert basiert, in Erinnerung, von denen das dramatischste Denkmal für Sir John Leigh und seinen im Alter von neun Monaten verstorbenen Enkel geschaffen wurde, die beide im Jahre 1629 starben. Beide sind hintereinander kniend und betend abgebildet, vorn Sir John, dahinter das Baby, das wie ein kleiner Erwachsener gekleidet ist. Sehenswert ist auch der Brass für die beiden 1615 bzw. 1619 verstorbenen Ehefrauen von Barnaby Leigh, die einander gegenüberstehen und zusammen sein Herz halten. Die steinerne Kanzel aus dem 15. Jahrhundert, eine Seltenheit in England, hat ein Stundenglas aus dem 17. Jahrhundert. Eine Glasvitrine birgt ein sehr gut erhaltenes Exemplar der Cranmerbibel von 1541 sowie eine Kopie von Richard Hookers »Ecclesiastical Polity«. In der Nähe des Leigh-Grabmals verdeckt ein Teppich den Brass für den 1518 verstorbenen Pfarrer Richard Bethell. An der Wand über der Eingangstür stellt ein großes Fresko aus dem mittleren 15. Jahrhundert die Christophorus-Legende in zwei Bildern dar, die das Übersetzen des Christuskindes durch den Heiligen umrahmen, der seinen Weg zwischen Fischen und Schiffen durch den Fluß suchen muß.

Die Legende des hl. Christophorus. Zeichnung nach einem Fresko (um 1460) in der Kirche von Shorwell

Shorwell selbst besteht aus zahlreichen hübschen cottages, denen der Rummel von Brighstone erspart geblieben ist, obwohl die Lage des Dorfes an den Südhängen der Downs keineswegs hinter der seines Nachbarn zurücksteht.

Von der Straße nach Chale zweigt bei Beckfield Cross eine kleine Landstraße nach Norden ab, die nach etlichen Kilometern und vielen Windungen nach Newport führt und auf ihrem Weg in die Downs einige interessante Manor Houses passiert. *Billingham Manor*, 1631 begonnen und gegenüber einem um 1700 erbauten Little Billingham gelegen, war seit den 30er Jahren der Wohnsitz des Dramatikers John B. Priestley, bevor er nach Brook umzog. Er schätzte dieses kleine Haus so sehr, daß er es – besonders das eigens für ihn errichtete Arbeitszimmer – in seinem autobiographischen Werk »Rain Upon Godshill« als »das beste, das ich je hatte, und wahrscheinlich das beste, das ich je haben werde« beschrieb. In diesem Arbeitszimmer, so erfahren wir weiter, schrieb Priestley innerhalb von zwei Tagen den langen und komplizierten zweiten Akt seines Schauspiels »Time and the Conways«, bevor er an den ersten Akt dachte.

Am jakobinischen *Sheat Manor* vorbei kommen wir schließlich zum *Gatcombe House*, das seit 1985 nicht mehr der Öffentlichkeit zugänglich, jedoch von der Straße aus zu sehen ist. Das großartige Haus, 1750 für Sir Edward Worsley erbaut, dessen Familie mehrere Governors und Parlamentsmitglieder stellte, liegt inmitten eines herrlichen Parks. Es ist völlig von Efeu überwachsen und bietet besonders im Herbst einen einzigartigen Anblick. Von den früheren Kollektionen des Hauses ist die interessanteste heute im Old Park Hotel in Ventnor auf Anfrage zu besichtigen: Es ist die einzige bekannte vollständige Sammlung der Stiche, die George Brannon im 19. Jahrhundert für seine Publikation »Vectis Scenery« schuf (s. S. 190). Da Brannon über fast 40 Jahre die Szenerie der Insel Wight beobachtete, konnte er auch Veränderungen einiger seiner Motive im Bild festhalten. Durch diese Fleißarbeit ist eine fast 200 Graphiken umfassende Dokumentation entstanden, die keine andere Grafschaft Englands vorweisen kann.

Die *Kirche St. Olave* (Farbabb. 33), hinter dem Anwesen von Gatcombe gelegen, war im vergangenen Jahrhundert Ziel der berühmtesten englischen Künstler, als die Glasfenster des spätgotischen Gebäudes neu gestaltet werden sollten. William Morris schuf die Motive »Letztes Abendmahl«, »Maria am Grabe Christi« und »Auferstehung«; Dante Gabriel Rossettis »Kreuzigung«, die »Taufe Jesu« von Edward Burne-Jones sowie die »Grablegung« von Ford Madox Brown sind die anderen Werke dieses illustren Zirkels.

Wer bei Beckfield Cross nach Süden zur Küste abbiegt, gelangt nach ungefähr einem Kilometer nach *Chale Green*, einer kleinen Ansiedlung, die nach der großen Grünfläche in der Mitte des Dorfes, dem typischen »village green«, benannt ist. Dieser »green« ist der größte und am wenigsten verfälschte der ganzen Insel. Der kleine Bach, den man hier nur zu leicht übersieht, ist der River Medina, der ganz in der Nähe entspringt. Auf dem Weg nach Chale kreuzen wir bei einem Meilenstein den Oberlauf des Baches, der die Whale Chine in die Klippe gegraben hat. Links auf dem Kamm des St. Catherine's Down erkennt man das *Hoy Monument*, eine Säule mit einer aufgesetzten Kugel, zur Erinnerung an den Besuch Zar Alexanders im Jahre 1814 erbaut, sowie weiter südlich den alten *Leuchtturm* von St.

Catherine's, der im 14. Jahrhundert im Obergeschoß einer monastischen Betkapelle unterhalten wurde.

Ventnor und das Undercliff

Am südlichen Ortsrand von Niton trifft die Küstenstraße wieder auf ihren alten Kurs, den sie vor dem Erdrutsch von 1928 hatte. Von hier ist es nicht weit zum *St.-Catherine's-Leuchtturm* und zur *Buddle Inn*, einer sehr beliebten Kneipe aus dem 15. Jahrhundert, die in den Tagen des illegalen Freihandels ein notorisches Schmugglernest gewesen sein soll. Bis Ventnor verläuft die Straße auf einer Terrasse (dem *Undercliff*), die ein vorgeschichtlicher Erdrutsch geschaffen hat und die seitdem bis zu 100 Meter unterhalb der angrenzenden nördlichen Felsen liegt. Deshalb ist dieser fast acht Kilometer lange Küstenabschnitt von der südlichen Sonneneinstrahlung begünstigt, während die kalten Nordwinde über die wesentlich tiefer gelegene Terrasse hinwegfegen. Fast das gesamte Undercliff ist dicht bewaldet, und nur an wenigen Stellen zweigen Wege zum Meer hinunter ab. Orts- oder Flurbezeichnungen wie The Orchards oder Old Park lassen schon erkennen, daß hier die Vegetation in besonderem Maße von der Lage profitiert. So ist es auch nicht verwunderlich, daß sich Dichter und Romanschriftsteller, die im Bereich des Undercliff lebten oder ihre Ferien verbrachten, hier vom Thema »Garten« anregen ließen.

Hinter *St. Lawrence,* wo die Romanschriftstellerin Pearl Craigie lebte, die unter dem Pseudonym John Oliver Hobbes schrieb, liegt rechts von der Straße, inmitten eines großen Gartens, die Villa *Lisle Combe.* Hier wohnte von 1929 bis zu seinem Tod im Jahre 1958 der Dichter Alfred Noyes (Abb. 80), der sich in England und Amerika schon vor dem Ersten Weltkrieg einen Namen als Lyriker gemacht hatte, bevor er als Biograph Voltaires hervortrat. In »Orchard's Bay« beschreibt er Lisle Combe und seinen Garten, wo er eine Zeder von Swainston und eine Eibe von Farringford pflanzte. Hier entstanden das Gedicht »The Remembering Garden« aus »Orchard's Bay« sowie seine Autobiographie »Two Worlds for Memory«. Hier kam er auch zu dem zweifelhaften Ruhm, einer der Befürworter des Verbots von Joyces »Ulysses« gewesen zu sein.

In Ventnor verbrachten Thackeray und seine Tochter ebenso ihren Urlaub wie der Historiker Macaulay, doch das Dorf *Bonchurch,* heute ein Vorort von Ventnor, war bei den meisten Literaten wesentlich beliebter. Hierher kam Charles Dickens (Abb. 74), der die Insel seit seinen Kindertagen kannte, und seine Kinder spielten mit dem jungen Swinburne (Abb. 79), der in der Villa East Dene aufwuchs. Dickens wohnte in der Villa Winterbourne (heute Hotel), deren Copperfield Room noch an ihn erinnert, da er hier einige Kapitel aus »David Copperfield« schrieb. Swinburne, der die Insel Wight 1877 für immer verließ, schrieb zur Erinnerung an diesen Abschied das Gedicht »The Forsaken Garden«. In jenem Jahr hielt sich auch Anna Sewell (»Black Beauty«) in Bonchurch auf. »In a Bonchurch Garden« nannte Henry de Vere Stacpole, Autor der »Blue Lagoon«, ein Werk, das seinen eigenen Garten zwischen Bonchurch und Ventnor beschreibt, dessen malerisch gelegener

Teich an der Straße heute öffentlich ist. Stacpole und Swinburne liegen auf dem Friedhof der *New St. Boniface Church* begraben, auf dem ein interessanter Folly, das pyramidenförmige Mausoleum der örtlichen Honoratiorenfamilie Leeson, zu sehen ist. An Swinburnes Grab schrieb der Romancier Thomas Hardy 1910 zum Andenken an den Dichter das Gedicht »A Singer Asleep«.

Ein häufig übersehenes Kunstwerk birgt die kleine Kirche *Old St. Boniface* aus dem 13. Jahrhundert (Farbabb. 34), die fast versteckt an einem Hang unterhalb des Winterbourne Hotel inmitten eines verwilderten Kirchhofs liegt, mit ihrem flämischen Rokokokreuz und den Resten eines Wandgemäldes an der Nordwand.

Ventnor (Farbabb. 28, 30) selbst war bis in die 30er Jahre des 19. Jahrhunderts noch ein unbedeutender Flecken, der zur Gemeinde der Old St. Boniface Church gehörte. Seine unbequeme Lage an den Steilhängen des Undercliff brachte Ventnor zunächst nicht die Popularität ein, die Ryde zu diesem Zeitpunkt bereits hatte. Auch die Verkehrsverbindungen in den Süden der Insel waren damals noch recht mangelhaft. 1830 besuchte der Arzt Sir James Clark die Insel Wight und hielt sich einige Zeit in Ventnor auf, wo ihn die klimatischen Verhältnisse im Schutz der nördlichen Felsen beeindruckten. 1841 veröffentlichte er seine populäre Abhandlung »The Sanative Influence of Climate on Disease«, in der er Ventnor als Kurort für Lungenerkrankungen hervorhob. Damit war die kleine Ansiedlung aus ihrem Dornröschenschlaf erweckt.

Wohlhabende Bürger vom Festland bauten Villen in der gepriesenen Lage, die Ventnor bald die Beinamen »Madeira«, »Positano« oder »Sorrento« einbrachte. Die Bevölkerung wuchs von 350 Einwohnern im Jahre 1838 auf 5000 im Jahre 1866. Zwei Jahre später baute Thomas Hellyer aus Ryde eine Lungenheilstätte am westlichen Ortsrand, die dem 1828 errichteten Steephill Castle gegenüberlag, und der Ort wurde allmählich hoffähig. So kam 1874 Kaiserin Elisabeth von Österreich mit ihrer Tochter nach Ventnor, und 1878 hielt sich Karl Marx zur Erholung hier auf.

Mit dem Rückgang der Lungentuberkulose nahm die Zahl der Kurpatienten zwar ab, doch gegen Ende der 20er Jahre unseres Jahrhunderts hatte sich Ventnor neben den anderen Seebädern der Insel als gleichwertiger Badeort etabliert, was den Bau typischer Einrichtungen englischer Seebäder zur Folge hatte. So entstand am östlichen Ende des Strandes, unterhalb der steilen Serpentine, die vom Ortskern zum Meer hinunterführt, eine Pier mit Vergnügungspavillon, ein Kanuteich wurde angelegt, und auf einer Miniaturinsel Wight können Kleinkinder in einem Wasserbecken planschen. 1935 kam auf dem Felsen oberhalb der Pier ein »Wintergarten« hinzu, dessen Bau stark an das südenglische Seebad Bexhill erinnert. Serpentinen bestimmen heute großteils das Straßennetz der Stadt. Straßennamen wie Zig Zag Road lassen erkennen, was den Autofahrer erwartet, und die Steigung beträgt an manchen Stellen 20 Prozent und mehr.

Das Gelände der 1968 abgerissenen Lungenheilstätte nimmt heute der *Ventnor Botanic Garden* ein, dessen Palmen- und Rosengarten besondere Anziehungspunkte sind. Über Steephill Castle (1964 abgerissen), an das nur noch eine Castle Road und einige Mauerreste erinnern, soll Joseph Paxton, der Erbauer des Kristallpalastes, gesagt haben: »Ich habe fast jeden wichtigen Ort zwischen Stockholm und Konstantinopel besucht, doch niemals habe ich etwas schöneres als dieses gesehen.«

Überragt von der steilen Südwand des 235 Meter hohen *St. Boniface Down,* der einen einmaligen Ausblick auf Ventnor sowie über die Bucht von *Shanklin* bietet, setzt sich das Undercliff über das Dorf Bonchurch und das Vorgebirge Dunnose hinaus bis The Landslip fort, begrenzt von einem weiteren Bachtal, *Luccombe Chine,* das sich in den letzten 20 Jahren durch mehrere Klippenstürze drastisch verändert hat. Der westliche Teil der Chine, auf dem sogar noch bewohnte Häuser stehen, hängt so stark über, daß er jeden Augenblick herunterzustürzen scheint.

Auf den Spuren der Worsleys: Appuldurcombe, Godshill, Arreton

Eine der nobelsten Familien der Insel Wight war die Familie Worsley, die aus Lancashire stammte und erst unter Heinrich VIII. (Abb. 64) mit Sir James Worsley durch Heirat auf die Insel kam. Die Braut war eine Tochter der Leighs von Shorwell, und sie brachte den Besitz *Appuldurcombe* bei *Wroxall,* nördlich von Ventnor, in diese Ehe ein. Hier hatte eine von Isabella de Fortibus an die Abtei von Montebourg gegebene Priorei bestanden, die unter Heinrich V. während der Kriege mit Frankreich als ausländischer Besitz beschlagnahmt und aufgelöst wurde und unter Heinrich VI. an die Familie Leigh überging. Sir James Worsley war ein Jugendfreund Heinrichs VIII., der ihn 1517 als Captain of the Wight zum Befehlshaber der Isle of Wight Militia machte. Heinrich besuchte Sir James 1538, der in Appuldurcombe ein Haus aus der frühen Tudor-Zeit bewohnte, das seine Nachfahren 1701 durch einen Neubau ersetzten – einst das größte und prächtigste Haus der Insel.

Der Architekt des Hauses, das entgegen der herrschenden Mode keine palladianischen Elemente aufweist, ist nicht bekannt. Es finden sich jedoch verschiedene Anklänge an Talman, Vanbrugh und Hawksmoor. Der heutige Eingang stammt von James Wyatt, der das Haus für Sir Richard Worsley (Abb. 69), den späteren Governor, um 1770 umbaute. Sir Richard wurde vor allem durch seine 1781 erschienene »History of the Isle of Wight« bekannt. Nach dem Aussterben der männlichen Linie der Worsleys, aus deren Reihen mehrere Captains, Governors, Parlamentsmitglieder und Diplomaten hervorgegangen waren, wurde Appuldurcombe House bis zum Ende des 19. Jahrhunderts als Internat genutzt, bevor es 1901 den Benediktinern aus Solesmes bis zu ihrem Umzug nach Quarr als Kloster diente. Nach 1904 stand das Haus leer und verfiel langsam. Im Zweiten Weltkrieg blieben nach einer Minenexplosion nur noch die Mauern übrig. Die Ruine (Farbabb. 23) und der von »Capability« (Lancelot) Brown (Abb. 68) angelegte Landschaftsgarten werden heute vom Staat betreut und als Museum unterhalten. Auf dem Hügel oberhalb der Ruine stehen die Reste eines durch Blitzschlag zerstörten Obelisken, der 1774 von Sir Richard als Denkmal für Sir Robert errichtet worden war.

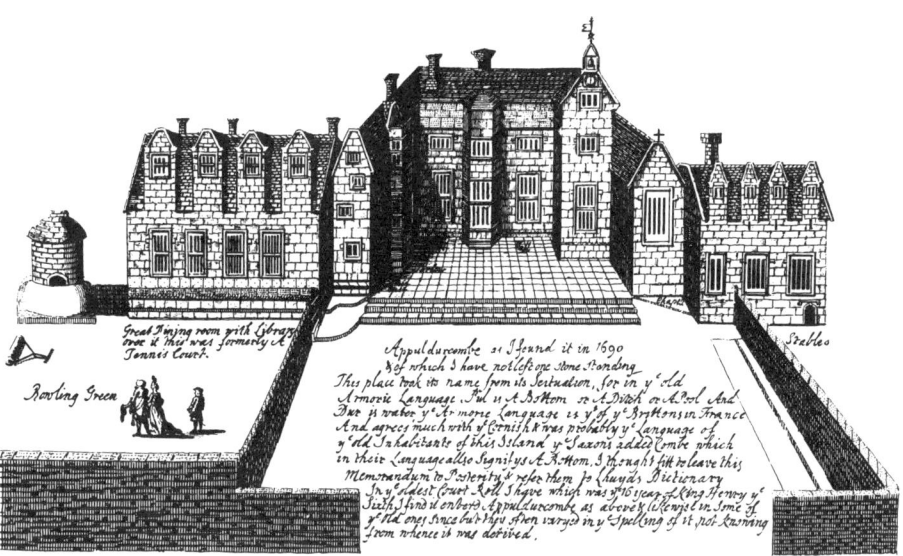

Appuldurcombe House zur Tudor-Zeit. Zeichnung, mit einem handschriftlichen Zusatz von Robert Worsley, 1720

Appuldurcombe House. Stich von 1780

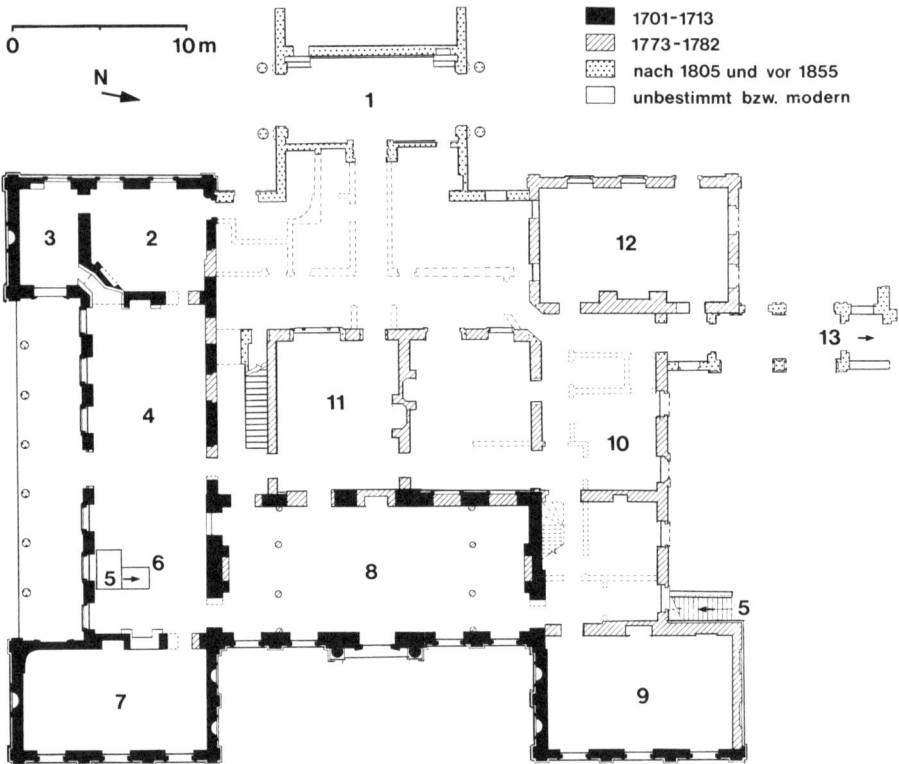

■	1701-1713
▨	1773-1782
▦	nach 1805 und vor 1855
□	unbestimmt bzw. modern

Appuldurcombe House, Grundriß. Nach: L. O. J. Boynton, Appuldurcombe House, London 1976.
1 Wageneinfahrt – 2 innere Bibliothek, ca. 1790 – 3 Sir Richards Bad – 4 Bibliothek, 1780 aufgeteilt in
Bibliothek, Billardzimmer, Treppenhaus – 5 Kellerabgang – 6 wahrscheinlich ursprüngliches großes
Treppenhaus – 7 Salon – 8 große Halle, später Kolonnadenzimmer – 9 Speisezimmer – 10 Arbeits- und
Diensträume – 11 Billardzimmer, 19. Jh. – 12 Küche – 13 zur Waschküche

Ein Fußweg von Appuldurcombe führt durch den angrenzenden Wald, der hinter dem
Fremantle-Tor, dem letzten Relikt der alten Begrenzung des Worsley-Besitzes, beginnt, in
das Dorf *Godshill* (Farbabb. 35), das mit seinen strohgedeckten Häusern und der Kirche aus
dem 14. Jahrhundert eines der großen Ausflugsziele der Insel ist. Den Besuchern, die sich
hauptsächlich am Anblick des Dorfes erfreuen, bietet es neben etlichen Restaurants und
Souvenirläden noch ein Spielzeugmuseum, ein naturgeschichtliches Museum und ein
Modelldorf, in dem man Godshill aus der Gulliver-Perspektive betrachten kann.

In der *Kirche,* die auf einem Hügel oberhalb des Dorfes steht und mit einigen der
strohgedeckten Häuser zu einem unverwechselbaren Ensemble zusammengewachsen ist,
befinden sich die Grabdenkmäler für Sir John Leigh, den Schwiegervater Sir James

Worsleys, sowie für Sir James und seine Frau, die auf einem Helm bzw. einem Kissen kniend dargestellt sind (Abb. 100). Weitere Denkmäler erinnern an Richard Worsley (1565), Sir Robert Worsley, den Erbauer des heutigen Appuldurcombe House (1747), und Sir Richard, den Historiker (1805). An der Wand gegenüber dem Südeingang hängt ein Rubens zugeschriebenes Gemälde, das Daniel in der Löwengrube darstellt, und die Südkapelle enthält ein Fresko (um 1600), das Christus an einem Kreuz aus belaubten Ästen zeigt (Abb. 97). Im Kirchhof finden wir zwei bemerkenswerte Gräber einfacher Leute: das von Richard Gard, einem offenbar unangenehmen Zeitgenossen des 17. Jahrhunderts, der laut Grabstein »as crafty a knave as any, a penurious base fellow of little religion« war (ein gerissener Schurke wie kein anderer, ein geiziger, niederträchtiger Kerl ohne viel Religion), der knapp unter dem Stein begraben sei, damit er die Auferstehungstrompete nicht überhören könne. Für Bartholomew Jacobs wählten die Hinterbliebenen einen lapidaren Vers aus dem 18. Jahrhundert: »Man is the seed, God is the sower; Man is the grass, Death is the mower« (etwa: Der Mensch ist der Samen, Gott ist der Säer; Der Mensch ist das Gras, der Tod ist der Mäher). Neben diesen Besonderheiten erregen die Schule von 1826 und die Methodistenkapelle von 1838 kaum Aufmerksamkeit. Das *Essex Cottage* im Dorf ist seit langem als Café bekannt, zu dessen Gästen auch Königin Victoria zählte.

Arreton, am Südhang des Arreton Down, der höchsten Erhebung des östlichen Kreidegürtels, wird vor allem wegen seines *Herrenhauses* von 1639 (Farbabb. 26) besucht, das an der Stelle eines Anwesens steht, das schon im Domesday Book erwähnt ist. In den Räumen über der Halle mit ihrer jakobianischen Täfelung und Einrichtung ist heute eine der größten *Puppensammlungen* Englands zu besichtigen, und ein Nebengebäude beherbergt das *Nationale Radiomuseum.* Die *Kirche St. George,* hinter dem Herrenhaus am Hang gelegen, wurde um 1200 aus einer ungewöhnlich langen normannischen Kirche weiterentwickelt, die um 1290 ihre heutige Form erhielt. Die wichtigsten Grabdenkmäler wurden für eine Nebenlinie der Familie Worsley geschaffen: Sir Henry Worsley Holmes (1811) und Sir Richard Fleming Worsley Holmes (1814) von Sir Richard Westmacott sowie Sir Leonard Worsley Holmes (1825).

Von Robin Hill nach Brading

Am westlichen Ende des Arreton Down, passend Downend bezeichnet, liegt der 32 Hektar große *Robin Hill Country Park,* dessen großartige Grünflächen und Waldpartien die Umgebung für die Ruinen einer *Römervilla* bilden. Das Gelände ist zu einem gigantischen Freizeitpark ausgebaut worden, dessen Zoo allein über 100 Tierarten beherbergt. Die Mischung der Attraktionen ist erstaunlich. So gibt es ein tropisches Dschungelhaus, einen Trimmpfad, eine Autoscooterbahn, einen Minigolfplatz, einen Wassergarten und eine Santa-Fé-Eisenbahn en miniature. Über Besuchermangel kann der Parkmanager sicher nicht klagen. Hier beginnt die Höhenstraße, die über den bei Brading vom East Yar River durchbrochenen Kreidegürtel führt und eine Höhe von 100 Metern nicht unterschreitet. Von manchen Stellen reicht der Blick bis Ryde und über den Solent hinaus.

Vor *Brading* liegt in der Nähe des elisabethanischen *Morton Manor* die größte *Römervilla* der Insel Wight. Die Anlage besteht aus einem Hof, der an mindestens drei Seiten von freistehenden Gebäuden umgeben war. Das größte dieser Häuser hatte 13 Räume, von denen drei mit Mosaikfußböden ausgelegt sind. Das kleinere der beiden großen Mosaiken zeigt einen menschlichen Körper mit einem Vogelkopf, der als Abraxes gedeutet wird (Abb. 89). Besser erhalten ist das größere, mit einem Medusenhaupt als Zentralmotiv. Die angrenzenden Mosaiken zeigen Ceres, die Triptolemus Getreidekörner gibt, bevor er mit einem Pflug in der Hand davonzieht, um die Kunst der Landwirtschaft zu verkünden; ein Satyr verfolgt eine Bacchantin; Lykurg greift Ambrosia mit einer Doppelaxt an, während sich Ambrosia in eine Rebe verwandelt; eine Mänade spielt auf einem Tambourin und tanzt um einen Schäferknaben herum. Das Mosaik auf der Schwelle zum benachbarten Raum zeigt einen Astronomen, der den Himmel repräsentiert. Die Villa wurde im vergangenen Jahrhundert amateurhaft ausgegraben, und man nimmt an, daß einige Funde durch unsachgemäße Behandlung zerstört wurden.

Die Römervilla gehörte zum Anwesen der Familie Oglander, deren Stammsitz seit 1522 *Nunwell House* westlich von Brading war. Hier hielt sich Charles I. während seiner Gefangenschaft auf der Insel als Gast des Hausherrn Sir John Oglander (»good Sir John«) auf, der als Tagebuch- und Memoirenschreiber in die Literaturgeschichte eingegangen ist. Seine Memoiren geben wie die Tagebücher das dramatische Geschehen der Zeit des Bürgerkrieges wieder, und sie enthalten unter anderem die Abschiedsrede, die Charles bei seiner Deportation von der Insel vor den versammelten königstreuen Edelleuten hielt, die nach Newport gekommen waren, um von ihrem Herrn Abschied zu nehmen. Die Tagebücher (»A Royalist's Notebook«) erzählen darüber hinaus ausführlich von der Gefangenschaft und vom Tod der jungen Prinzessin Elizabeth auf Carisbrooke Castle. Daneben enthalten sie für die damalige Zeit revolutionäre »Rules of Husbandry« (Regeln für die Landwirtschaft). Ein Zimmer von Nunwell House, in dem Charles I. gewohnt haben soll, wird heute noch als The King's Room den Besuchern gezeigt.

Die *Kirche* von Brading, um 1200 begonnen und in spätgotischer Zeit, als die Grabkapelle der Familie Oglander angebaut wurde, vollendet, enthält die größte Anzahl von Grabdenkmälern auf der ganzen Insel, unter anderem das Denkmal für den 1565 verstorbenen »good Sir John«, das nicht nur das prächtigste, sondern auch das interessanteste ist: Der Verstorbene wird durch eine aus Eiche geschnitzte und bemalte lebensgroße Figur dargestellt, die auf einer halb aufgerollten Matte liegt und den Kopf auf eine Hand stützt, eine Geste, die zu dieser Zeit bei den Bildhauern nicht mehr in Mode war. Eine weitere Reminiszenz an damals längst vergangene Zeiten sind die gekreuzten Beine Sir Johns, der darüber hinaus Schwert und Schild trägt nach Art der Kreuzfahrer des frühen 14. Jahrhunderts.

Neben der Kirche steht das alte *Rathaus* mit einem kleinen Gefängnis im Erdgeschoß, in dem Schandpfahl und Fußblock vom Strafvollzug vergangener Zeiten künden. An der gegenüberliegenden Ecke, im angeblich ältesten Haus der Insel, das zeitweise auch Heinrich VIII. gehörte, hat der Schauspieler und Fernsehautor Graham Osborn-Smith sein notorisches *Wachsfigurenkabinett* eingerichtet, das in teilweise drastischen Darstellungen die großen und kleinen Leute der Insel, die irgendwie in die Geschichtsbücher oder Annalen gerieten, der Nachwelt erhält. So finden wir einen melancholisch dreinblickenden Charles I. im Gespräch mit dem »good Sir John« und einen stolz aufgereckten Earl Mountbatten of Burma neben Heinrich VIII., ganz Blaubart, und einer mürrisch aussehenden Königin Victoria, die auf Knopfdruck mißbilligend mit dem Fuß auftritt, so als wollte sie ihren berühmtesten überlieferten Satz sagen: »We are not amused.« Da fehlt George Bernard Shaw auf einem Fahrradprototypen ebenso wenig wie die im Alter von 15 Jahren verstorbene Little Jane, die auf dem Kirchhof gegenüber begraben ist, oder der unglückliche zehnjährige Schornsteinfeger, der durch die Brutalität seines Meisters umkam und dessen Denkmal wir auf dem alten Friedhof von Newport finden. Schließlich spielt ein Skelett an der Orgel eine Weise, zu der sich ein Sargdeckel öffnet, und die »Königin von Chantilly« aus St. Helens (s. d.) steht da in vollem Ornat, während im Nachbarzimmer ihr Gönner und Liebhaber, der Duc de Bourbon, den letzten Abend vor seiner Ermordung erlebt. Madame Tussaud läßt grüßen!

Shanklin Chine und Culver Cliff

Von *Luccombe Village* am östlichen Ende des Undercliff führt ein Klippenpfad mit großartigem Ausblick über die Bucht von Sandown, an deren Ende der östliche Ausläufer des Kreidegürtels in Gestalt des 100 Meter hohen *Culver Down* sichtbar wird, nach *Shanklin*. Zusammen mit Lake und Sandown, von denen es heute nur noch unsichtbare Stadtgrenzen trennen, ist Shanklin das größte Seebad der Insel Wight (Abb. 105). Die Bedeutung des kleinen Ortes als »seaside resort« begann erst, nachdem Ventnor bereits illustre Gäste verzeichnen konnte.

Noch 1855 bestand Shanklin im wesentlichen aus kleinen strohgedeckten Häusern und einigen Villen, und es ähnelte dem »leafy Shanklin«, wo John Keats 1819 mit seinem Freund Charles Armitage Brown während seines zweiten Aufenthalts auf der Insel wohnte. Im Juli und August dieses Jahres wohnte er im *Eglantine Cottage* in der High Street (Nr. 76); hier entstand »Lamia«, hier zeichnete Brown den Dichter (Abb. 72), der in Shanklin mit ihm die Arbeit an seinem Drama »Otho the Great« begann. Als Henry W. Longfellow 1868 nach Shanklin kam, hatte die Eisenbahn das Dorf bereits erreicht, und die *Esplanade* war gebaut. Longfellow, zu dieser Zeit schon berühmt durch seinen »Song of Hiawatha«, wohnte im *Crab Inn* – das er in einem Brief an einen Freund als »ein hübsches kleines Strohdachhaus, ganz mit Efeu bedeckt« beschrieb – im heutigen *Old Village* (Farbabb. 31), wo er sich offenbar sehr wohl fühlte; denn auf dem Brunnen vor dem Haus hinterließ er den heute noch dort zu lesenden sentimentalen Sechszeiler, mit dem er sich selbst ein Denkmal setzte (Abb. 95):

O traveller stay thy weary feet;
Drink of this fountain pure and sweet;
It flows for rich and poor the same.
Then go thy way, remembering still
The wayside well beneath the hill,
The cup of water in His name.

Dieser Teil Shanklins ist mit seinen strohgedeckten Häusern, deren geschnitzte Giebelränder den romantischen Eindruck des Ensembles in der unübersichtlichen Kurve noch verstärken, mit Sicherheit der überlaufenste Ort der ganzen Insel. Immerhin sind Shanklins Strohdachhäuser besser zu erreichen als die von Brighstone oder Winkle Street; denn noch ist hier die Endstation der Eisenbahn, und die Busse von Ryde nach Ventnor müssen durch den Ort fahren. Alle Straßenränder haben die durchgehenden gelben Streifen, die in England Halteverbot signalisieren, und man findet mit viel Glück einen Parkplatz.

Dabei sind es nicht nur die Häuser des Old Village, die den Besucherstrom verursachen. *Shanklin Chine*, die längste und schönste Klamm der Insel, deren Bach quer über die kleine Seitenstraße plätschert, bevor er sich in zehn Meter tief abstürzender Kaskade in die Schlucht ergießt, ist mindestens ebenso dafür verantwortlich, und sie ist diesen Besuch auch wert. Selbst bei Tag verdunkeln die Laubbäume das enge Tal, und auch am heißesten Tag bleibt es hier angenehm kühl. Im unteren Drittel dieser grünen Unterwelt begegnen wir dann auch »PLUTO«, einem Stück der »Pipe Line Under The Ocean«, durch die nach der alliierten Invasion in der Normandie Treibstoff auf die andere Seite des Kanals gepumpt werden sollte.

Der seeseitige Ausgang der Chine entläßt uns auf die Esplanade, von der aus die typische Seebadpier mit Pavillon ins Meer hinausragt und an deren Unterkante die ebenso typischen Strandhütten wie Perlen auf einer Schnur aufgereiht sind. Der Weg über *Lake* nach *Sandown* führt nun oberhalb des Meeres am äußeren Rand eines kleinen Parks unmittelbar an der Küste entlang, und er senkt sich allmählich wieder aufs Strandniveau hinunter. Sandown selbst ist mit seinen sicheren Stränden und seinem flachen Hinterland noch stärker besucht als Shanklin – immerhin rühmt sich der Ort der höchsten Sonnenscheindauer Englands –, doch es hat keine attraktiven Gebäude wie die Nachbarstadt. Das interessanteste Haus ist das *Ocean Hotel*, das um 1850 erbaut wurde. Eine Besonderheit, die man nicht auslassen sollte, befindet sich im Gebäude der *Bibliothek* in der High Street: das *Isle of Wight Geological Museum* mit einer umfassenden Sammlung der verschiedenen Gesteinsarten der Insel. Fossilien, darunter Dinosaurier, ergänzen diese vorbildlich hergerichtete Kollektion. Einer ihrer berühmtesten Besucher war Charles Darwin, der sein Werk »Origin of Species« in Sandown begann.

Ein Treppengang verbindet die High Street mit der *Esplanade*. Rechts liegt die Pier mit Theaterpavillon, und nach links geht die Esplanade in die Culver Parade über, die zum Ortsausgang führt, wo sich verschiedene Freizeiteinrichtungen etabliert haben. Das viktorianische *Fort Yaverland* wurde zum Isle of Wight Zoo ausgebaut, der außer seltenen und vom Aussterben bedrohten Tierarten eine große Reptiliensammlung besitzt, in der man sich mit ungefährlichen Schlangen fotografieren lassen kann, während die Giftschlangen (»no danger to the public«) von Angestellten vorgeführt werden.

Wo die Straße die Küste verläßt und über den Südhang des Kreidegürtels nach *Yaverland* hinaufführt, wo das jakobianische Herrenhaus *Yaverland Manor* stolz auf seine Besitzungen im Tal hinabschaut, zweigt ein Klippenweg zum *Red Cliff* und dem 104 Meter hohen *Bembridge Down* ab. Hier wechselt die Gesteinsformation ein halbes Dutzend mal auf einer Strecke von weniger als einem Kilometer. Violetter Mergel geht in bläulichen Schieferton über, der vom Strand aufsteigt und zahlreiche Fossilien enthält. Eisenhaltiger Sand schließt sich an, und nach einer Verwerfung in den folgenden Sandsteinschichten tritt die weiße Klippe des *Culver Down* als östliches Ende des zentralen Kreidegürtels sichtbar hervor.

Vom Bembridge Down fällt das Land nach Norden wieder steil ab, und der Blick reicht über das 1894 eingedeichte Areal des mittelalterlichen Hafens von Brading, durch dessen Marschland der East Yar River in den heutigen Bembridge Harbour fließt, über den Solent und bis nach Portsmouth. Am Fuß des Down liegen die Hangars der Flugzeugfirma Britten-Norman nicht weit vom Flughafen, wo die kleinen »Islander«-Maschinen auf die Größe von Vögeln reduziert erscheinen. Auf dem höchsten Punkt des Down befindet sich das von einem tiefen Graben umgebene *Culver Fort,* das zwischen 1862 und 1868 zum Schutz gegen französische Angriffe gebaut wurde, die niemals kamen. Das englische Verteidigungsministerium hat das Fort, wie alle Befestigungen aus dieser Zeit, verkauft, und seit 1982 ist ein kleiner Fertigungsbetrieb hier ansässig.

Wir folgen dem Fahrweg zum Ende des *Culver Cliff,* an dessen Nordseite sich die Whitecliff Bay erstreckt, in deren Hinterland sich allein 12 Campingplätze befinden. Ein Obelisk aus Granit ist dem Earl of Yarborough, dem Gründer der Royal Yacht Squadron, gewidmet. Hier am Culver Cliff vollbrachte der junge Swinburne eine waghalsige Tat, die ihn zum Helden der Insel Wight werden ließ. 1854 erreichte die Nachricht von der berühmten Balaclava Charge, die eine englische Brigade im Krimkrieg ohne Deckung gegen russische Artillerie vorgetragen hatte, die englischen Schlagzeilen (Tennyson widmete ihr sein Gedicht »The Charge of the Light Brigade«), und Swinburne wollte sich daraufhin als Freiwilliger zum Krimkrieg melden, erhielt jedoch nicht die Einwilligung seiner Eltern. Verärgert darüber wollte er der Welt beweisen, daß er kein Feigling sei, und bestieg zu Weihnachten die Steilwand des Culver Cliff ohne bergsteigerische Hilfsmittel. In einem Brief schilderte der »dämonische Jüngling« (John Ruskin über Swinburne) später, daß er auf dem Plateau in Ohnmacht gefallen und durch das Lecken eines Schafes wieder zu Bewußtsein gekommen sei.

Bembridge und St. Helens

Auf einer kleinen Anhöhe am westlichen Ortsrand von *Bembridge* steht die einzige noch erhaltene *Windmühle* der Insel Wight. Sie wurde im frühen 18. Jahrhundert gebaut und war bis 1913 in Betrieb. Als sie nach dem Zweiten Weltkrieg zu verfallen drohte, wurde sie vom National Trust restauriert und ist heute zur Besichtigung geöffnet.

Das Dorf Bembridge erstreckt sich über drei Kilometer zwischen Culver Cliff und dem östlichen Ausläufer des Solent, der hier Spithead heißt, und auf dieser verhältnismäßig kleinen Fläche wechselt das Gesicht des Dorfes wie kein anderes auf der Insel. Feiner, geschützt liegender Sandstrand, wie die Whitecliff Bay, geht zur Ostspitze der Insel hin in felsige flache Klippen über, die zum Hafen hin kleinen Sanddünen Platz machen. Hinter der Whitecliff Bay steigt das Land bis auf 35 Meter an und fällt nach Nordwesten zum Hafen und zur Marsch hin wieder auf Meeresspiegelhöhe ab.

In der alten *Schule* von Bembridge wurde seit 1919 in Privatinitiative des Gründers J. Howard Whitehouse ein einzigartiges Denkmal geschaffen: die *Ruskin Galleries,* die größte Einzelkollektion der Werke des Schriftstellers, Architekturkritikers und Sozialreformers John Ruskin, der die Insel Wight selbst nie besucht hat. Whitehouse verehrte den 1900 gestorbenen Ruskin, der in der Mitte des 19. Jahrhunderts durch seine Verteidigung Turners (»Modern Painters«, 1843) zu nationalem Ansehen kam und seinen Ruhm durch die Werke »The Seven Lamps of Architecture« (1849) und »The Stones of Venice« (1851–53) einem einsamen Höhepunkt zuführte. Gleich nach Ruskins Tod begann Whitehouse damit, alles, was an Ruskin erinnern konnte, zu sammeln, und die heutigen Ruskin Galleries enthalten als besondere Stücke Ruskins Skizzen und Gemälde sowie einige Hunderte seiner Briefe.

In der Nähe der 1845 erbauten Kirche liegt an der Ecke Sherbourne Street und Ducie Avenue das ausgezeichnete *Schiffahrtsmuseum* mit einer großen Sammlung von Schiffsmodellen, die in den früher existierenden Werften von Bembridge als Muster für den Bau der »richtigen« Schiffe hergestellt wurden. Neben den für eine Seefahrtgemeinde typischen Erinnerungen an Schiffbrüche, Rettungsaktionen und Lotsendienst besitzt das Museum noch eine kleine Sammlung zur Lokalgeschichte.

Die *Ducie Avenue* ist nach dem Earl of Ducie benannt, für den John Nash das seinerzeit berühmte *Hill Grove House* baute, das eines der schönsten neoklassischen Häuser der Insel war. Von der Sherbourne Street aus kann man am Ende einer Weidefläche die beiden Seitenflügel des Hauses sehen, die nach dem Abriß des Mittelteils in den 70er Jahren restauriert und als Wohnhäuser wieder hergerichtet wurden. Die Ducie Avenue war die Privatstraße des Earls, der sich zuzeiten das gemeine Volk dadurch vom Halse hielt, daß er die Straße kurzerhand sperrte. Die Pfeiler der Barriere am unteren Ende der Straße sind noch zu sehen. Hier befinden wir uns am Hafen, auf den uns das in einem Eckhaus untergebrachte *The Ship Inn* einstimmt, das ganz wie ein Schiff konstruiert ist, mit spitzem Bug, Bullaugen und Mast. Gegenüber, am Bembridge Point, liegt das *Royal Spithead Hotel,* 1882 im Stil der frühen viktorianischen Zeit gebaut. Der Brunnen vor dem Haus stammt von 1910 und ist auf spätviktorianisch getrimmt.

Im Hafen, wo 896 laut Anglo-Saxon Chronicle die Seeschlacht zwischen König Alfred und den Dänen stattfand, schaukeln heute die Hausboote, von denen immer welche zum Verkauf angeboten werden. Ein paar Reparaturwerkstätten sind ein schwacher Abglanz der ehemals stark beschäftigten Werften, die auch so manchen Schmugglerkahn gebaut haben;

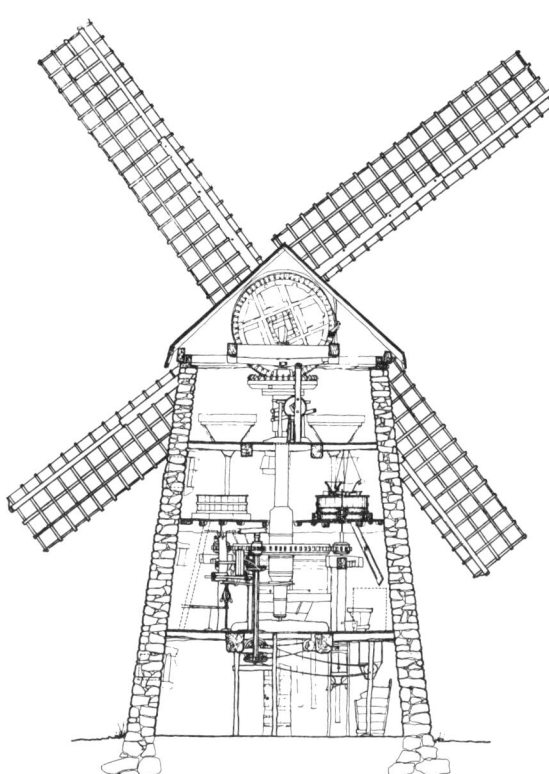

Bembridge, Windmühle. Zeichnung von Adrian Peel. Aus: The National Trust (Hg.), Bembridge Windmill, London (Abdruck mit freundlicher Genehmigung des National Trust)

und der gegenüberliegende Komplex des ehemaligen Bahnhofs der Isle of Wight Central Railway ist seit einigen Jahren mit Reihenhäusern bebaut. Ein Teil der Eisenbahntrasse am südwestlichen Hafenende ist noch begehbar, danach verschwindet sie für eine kurze Strecke in privaten Gärten, hinter denen sie über rauhe Weideflächen und durch die Marsch entlang des East Yar River nach Brading führt.

Im Nordwesten des Hafens liegt an einem leichten Hang das kleine Dorf *St. Helens*, dessen alte *Kirche* aus dem 13. Jahrhundert von der See so weit zerstört wurde, daß nur noch der Turm stehengeblieben ist. Von hier aus sind es nur wenige Schritte auf die Sandbank The Duver, die wie eine Nehrung den Hafen von Bembridge fast völlig schließt. Bei Hochwasser verkehrt eine Fähre zwischen dem Ende der Sandbank und Bembridge.

Von der Küstenstraße nach Ryde zweigt eine kleine Straße ab, an der ein Schild mit einem dicken Mönch den Weg zum *Priory Hotel* von Nettlestone weist, das inmitten eines Waldes oberhalb der Priory Bay auf dem Gelände einer angeblich mittelalterlichen Priorei liegt. Das heutige Haus ist der neo-georgianische Umbau eines Gebäudes aus den letzten Jahren des 18. Jahrhunderts. Das wäre alles nicht so bemerkenswert, wenn das Eingangsportal des

Hotels nicht aus einem (echten) spätgotischen Kirchenportal mit Krabbenverzierung und einer Darstellung des heiligen Georg im Kampf mit dem Drachen bestünde, das aus einer französischen Kirche stammt (Abb. 96). Im Haus ist in einer Glasvitrine an der Wand ein ausgestopfter Hund zu sehen, um den sich eine der unglaublichsten Spukgeschichten der Insel rankt. Als der Hund starb, trauerte die Besitzerin, wegen ihres auf einem Gemälde festgehaltenen Kleides »The Blue Lady« genannt, so sehr, daß sie nach ihrem eigenen Tod des Nachts als Geist über die Gänge des Hauses schlich, als die Vitrine mit dem Hund entfernt worden war. Der neue Besitzer des Hauses setzte alles daran, den Hund wieder zu beschaffen, um den Geist loszuwerden. Der Hund kam wieder ins Haus, und der Spuk soll nur wiederkehren, wenn die Vitrine von der Wand genommen wird, z. B. wenn tapeziert oder gestrichen wird...

Die *Pfarrkirche* von St. Helens liegt fast zwei Kilometer vom Dorf entfernt an der Straße nach Ryde, und sie wurde 1831 gebaut, erhielt aber erst 1862 den Chor. Besonders sehenswert ist ein Grabmal im Kirchhof, das zunächst für einen Dorffriedhof dieser Größenordnung als besonders prächtig auffällt. Unter einem fürstlichen Wappen geht aus der Inschrift hervor, daß hier James Dawes, Baron de Flassans, 1831 begraben wurde (Abb. 98). Das Denkmal war eine Stiftung »als Zeichen der Verbundenheit von seiner Tante, der Baroness de Feucheres«. James Dawes – das klingt ziemlich englisch für einen Baron de Flassans. Dahinter steckt eine geradezu unwahrscheinliche Geschichte, die dennoch wahr ist. Sie handelt von der märchenhaften Karriere eines armen Fischermädchens, das von seinem Prinzen zwar nicht geheiratet, aber doch zu großem Vermögen gebracht wurde.

Sophie Dawes (Abb. 71) war die Tochter eines Schmugglers (wohlwollende Quellen bezeichnen ihn als Fischer), der seiner vielköpfigen Familie nach unstetem Lebenswandel einen Platz im Armenhaus hinterließ. Sie wurde 1792 in St. Helens geboren und war 13 Jahre alt, als ihr Vater starb. Da ihr die Arbeit im Armenhaus nicht zusagte, riß sie von dort aus und gelangte nach Portsmouth, wo sie als Zimmermädchen arbeitete. Danach kam sie nach London, wo sie nacheinander bei einem Putzmacher, auf dem Markt von Covent Garden und schließlich in einem Haus von üblem Ruf arbeitete. Dort entdeckte sie ein Diener des in London im Exil lebenden Duc de Bourbon. Dieser hielt sie von 1812 bis zu seiner Rückkehr nach Frankreich nach dem Sturz Napoleons mit £ 800 pro Jahr aus und ließ sie darüber hinaus – Pygmalion anno 1812 – auf seine Kosten in Französisch, Latein, Griechisch, Gesang, Tanz und höfischer Etikette unterrichten. Zurück in Frankreich, erbte der Duc Titel und Vermögen seines Vaters, des Prince de Condé, und Sophie lebte als seine »uneheliche Tochter« in seinem Haus, um schließlich, der besseren Optik wegen, mit einem jungen und ahnungslosen Offizier der königlichen Garde, einem Baron de Feucheres, verheiratet zu werden.

Nach dieser endgültigen Absicherung begann Sophie ihre noch lebenden Verwandten nach Frankreich zu holen und von ihrem Gönner versorgen zu lassen. So wurde ihr Neffe James Dawes zum Baron de Flassans. Durch ein Intrigenspiel brachte sie den Prince de Condé dazu, sein ganzes Vermögen dem Sohn des Herzogs von Orléans, des späteren Königs Louis Philippe, zu hinterlassen, da dieser zu diesem Zeitpunkt vor der Revolution von 1830 als mittellos galt. Dabei sollte sie von der Familie Orléans eine angemessene Entschädigung erhalten. Die Sache wäre gutgegangen, da der Prince ein entsprechendes Testament aufsetzte, doch Sophies herablassende Behandlung des Prinzen nach vollendeter Kabale brachte diesen dazu, seinen Letzten Willen noch einmal zu überprüfen, insbesondere, als der Herzog von Orléans zwischenzeitlich König geworden war und zwischen den Bourbons und den Orléans ohnehin nicht die freundschaftlichsten Beziehungen herrschten. Hier wird die Entwicklung undurchsichtig. Der Hof soll Sophie signalisiert haben, den Prinzen unter allen Umständen von einer Sinnesänderung abzuhalten, und als der Prinz eines Morgens tot am Fensterkreuz hängend aufgefunden wurde, war der Skandal da. Ein Prozeß endete jedoch – vermutlich auf königlichen Druck hin – mit dem Urteil, der Prinz habe erwiesenermaßen Selbstmord begangen, und Sophie, die nun persona non grata war, da trotz des Urteils alle Welt von ihrer Schuld überzeugt war, verließ mit einem Erbteil von über zwei Millionen Francs ihren Lieblingspalast Chantilly, nach dem sie scherzhaft »Königin von Chantilly« genannt worden war. Nach mehreren Jahren, in denen sie durch Europa reiste, kehrte sie nach England zurück, wo sie – inzwischen an der Wassersucht erkrankt – fortan ein Leben der Buße führte und 1840, von ihrer Umgebung hochverehrt, in London starb.

Literaturhinweise

Anglo-Saxon Chronicle, Garmonsway, G. N. (ed.), London 1978 (Reprint)

Ashbee, Paul, Ancient Scilly – From the First Farmers to the Early Christians, Newton Abbot 1974

Ashley, Maurice, England in the Seventeenth Century, Harmondsworth 3/1968

Bamford, Francis (ed.), A Royalist's Notebook – The Commonplace Book of Sir John Oglander Kt. of Nunwell, London-New York 1936/1971

Bede [Beda Venerabilis], A History of the English Church and People (731), Harmondsworth 1979

Blake, Robert, Disraeli, London 1966

Buchanan, R. A., Industrial Archaeology in Britain, Harmondsworth 1972/1977

Childe, V. Gordon, Prehistoric Communities of the British Isles, London-Edinburgh 2/1947

Coysh, Victor, Alderney, Newton Abbot 1974

Cruickshank, Charles, The German Occupation of the Channel Islands – The Official History of the Occupation Years, Guernsey 1975/1981

Davis, Terence, John Nash – The Prince Regent's Architect, London 1966

Dicks, Brian, The Isle of Wight, Newton Abbot 1979

Dixon, Roger/Muthesius, Stefan, Victorian Architecture, London 1978

Drive Publications Ltd. (ed.), An Illustrated Guide to Britain, Basingstoke 1977

Ewen, A. H./de Carteret, Allan R., The Fief of Sark, Guernsey 1969

Falle, Philip, An Account of the Isle of Jersey, London 1694

Feigl, Erich, Kaiserin Zita, Wien 1977

Fulford, Roger, Hanover to Windsor, London-Glasgow 11/1976

Harvey, John, The Plantagenets, Glasgow 13/1976

Hawkes, A., The Archaeology of the Channel Islands – The Bailiwick of Jersey, London 1939

Hawkes, Jacquetta, A Guide to the Prehistoric and Roman Monuments in England and Wales, London 1951/1973

Hawkes, Ken, Sark, Newton Abbot 1977

Henderson, Philip, Swinburne – The Portrait of a Poet, London 1974

Hugo, Victor, L'Archipel de la Manche, Paris 1883

Hutchings, Monica M., The Isle of Wight, London 1953

Hutchings, Richard J., Smugglers of the Isle of Wight, Shanklin 1972

Inglis, Henry D., The Channel Islands (2 Bände), London 1834

Jones, Barbara, Follies and Grottoes, London 2/1974

Kendrick, T. D., The Archaeology of the Channel Islands – The Bailiwick of Guernsey, London 1928

L'Amy, John H., Jersey Folk Lore, Jersey 1927

Lemprière, Raoul, Buildings and Memorials of the Channel Islands, London 1980

ders., Customs, Ceremonies and Traditions of the Channel Islands, London 1976

ders., History of the Channel Islands, London 1974/1980

Le Patourel, John, Guernsey and the Norman Conquest, in: Quarterly Review of the Guernsey Society (12 / 1966), S. 26–32 ders., *Jersey's Political Status in the Middle Ages,* in: Bulletin of the Jersey Society in London (Jan. 1961), S. 4–10

ders., *The Medieval Administration of the Channel Islands 1199–1399,* London: OUP 1937

Long, W. H. (ed.), *The Oglander Memoirs,* Newport 1888

Macaulay, Thomas Babington, *The History of England* (Band IV), London 1867

McCormack, John, *The Guernsey House,* London-Chichester 1980

Mee, Arthur, *Hampshire with the Isle of Wight,* London 1967

Montagu, Violette, *Sophie Dawes – Queen of Chantilly,* London 1912

Mourant, A. E., *The Raised Beaches and Other Terraces of the Channel Islands,* in: Geological Magazine (70 / 1933), S. 58–66

Percy, Christopher Vane, *The Glass of Lalique,* London 1977

Pevsner, Nikolaus/Lloyd, David, *Hampshire and the Isle of Wight* – The Buildings of England 32, Harmondsworth 1967

Poingdestre, Jean, *Caesarea or a Discourse of the Island of Jersey* (1682), Jersey 1889

Priestley, John B., *Rain Upon Godshill,* London 1941

Ramsey, Winston G., *The War in the Channel Islands – Then and Now,* London 1981

Richmond, Ian A., *Roman Britain,* Harmondsworth 2/1964

Rigold, S. E., *Yarmouth Castle,* London: HMSO 1959/1969

Robinson, G. W. S., *Guernsey,* Newton Abbot 1977

Rutherford, Ward, *Jersey,* Newton Abbot 1976

Sager, Peter, *Süd-England* – Von Kent bis Cornwall, Köln 1977

Sheridon, R. K., *Lords, Captains and Governors of the Isle of Wight,* London: HMSO 1974

Sibley, Patricia, *Discovering the Isle of Wight,* London 1977

Steedman, Gay/Anker, Ray, *Ghosts of the Isle of Wight,* Newport 2/1978

Stevens, Joan, *A Short History of Jersey,* Jersey 1972/1980

dies., *Old Jersey Houses,* Band 1: Jersey 1965; Band 2: London-Chichester 1977

Summerson, John, *John Nash* – Architect to King George IV, London 1935

Syvret, George S., *Chroniques des îles de Jersey, Guernesey, Auregny et Serk,* Guernsey 1832

Vesey-Fitzgerald, Brian, *Hampshire and the Isle of Wight,* London 1949

Wace, Maistre Robert, *Der Roman von Rollo* – Roman de Rou et des ducs de Normandie, metrisch bearbeitet von Franz Freiherr Gaudy nach der Ausgabe von Friedrich Pluquet, Glogau 1835

Whitehead, John L., *The Undercliff of the Isle of Wight* – Past and Present, Ventnor-Winchester-London 1911

Whitelock, Dorothy, *The Beginnings of English Society,* Harmondsworth 2/1968

Wilson, David, *The Anglo-Saxons,* Harmondsworth 3/1975

Wilson, Lawrence, *Portrait of the Isle of Wight,* London 1965

Wocker, Karl-Heinz, *Königin Victoria* – Die Geschichte eines Zeitalters, München 1980

Worsley, Sir Richard, *The History of the Isle of Wight,* London 1781

Abbildungsnachweis

Bad Salzuflen, Verfasser   Umschlagabb. vordere Innenklappe, Rückseite; Farbabb. 3, 8, 14–17, 19, 20, 22, 24, 26, 29, 30, 33; Abb. 5, 13–16, 18, 22, 25, 34, 41, 43, 44, 52, 56, 57, 60–62, 82–101, 105

– Bildarchiv des Verfassers   Frontispiz; Abb. 69, 71; Abb. S. 11, 15, 16, 20, 29, 43, 74, 80, 114, 117, 137, 182, 183, 190/91, 199, 222, 223, 230, 235 (beide), 243

Brighton, The Royal Pavilion, Art Gallery and Museums   Abb. S. 198

Cowes (Isle of Wight), Beken of Cowes Ltd   Abb. 104

Hamburg, Peter Sager   Abb. 63

Köln, Bildarchiv DuMont Buchverlag   Abb. 66, 68, 73, 74, 102

London, A. F. Kersting   Farbabb. 2, 6, 7, 9, 11, 12, 18, 23, 25, 27, 28, 31, 32, 34; Abb. 1, 3, 4, 8, 10–12, 17, 19–21, 23, 26–33, 36, 38, 40, 42, 45, 46, 50, 51, 53, 55, 58, 59, 103; Abb. S. 30

London, National Portrait Gallery   Abb. 65, 67, 72, 75–77, 79–81

London, Public Record Office   Abb. S. 136

London, The British Museum   Abb. 64; Abb. S. 143, 218

London, The Tate Gallery Millbank   Abb. 6

London und Tonbridge, Ernest Benn Limited   Abb. S. 39, 72, 84, 96, 142

Mittenwald, Bildagentur Mauritius   Umschlagabb. Vorderseite; Farbabb. 35 (Foto: F. Mehlig)

New York, Photograph Services, The Metropolitan Museum of Art   Abb. 47

Oxford, Librarian, Jesus College   Abb. 70

Paris, Bibliothèque Nationale   Abb. 78

St. Ouen (Jersey), The Seigneur of St. Ouen, Ph. Malet de Carteret   Abb. S. 23, 33

St. Peter Port, Guernsey Museum & Art Gallery   Abb. 49 (Foto: W. F. Tipping)

Vale, Guernsey Press Co. Ltd   Abb. 39, 54

Würzburg, Wolfgang O. Hugo   Abb. 2, 7, 24, 35, 37

Zürich, Kunsthaus Zürich   Abb. 48 (Foto: Walter Dräyer)

Alle Karten, Pläne und Grundrisse (mit Ausnahme der Grundriß-Zeichnungen S. 114, 199) wurden nach Vorlagen vom DuMont Buchverlag, Köln, neu gezeichnet.

Praktische Reisehinweise von A bis Z

Angeln

Die Kanalinseln und die Insel Wight bieten die besten Voraussetzungen für diesen namentlich in Großbritannien beliebten Zeitvertreib, allerdings hat der Angler unterschiedliche Regelungen zu beachten:

Im Bereich der *Kanalinseln* ist das Angeln kostenlos. Die häufigsten Seefischarten sind Seebarsch (Bass), Seeaal (Conger), Brassen (Bream), Meeräsche (Mullet), Scholle (Plaice), Glattrochen (Skate), Pollack (Pollack), Rochen (Ray). Die besten Angelgründe lassen sich von den langen Piers aus erschließen. Für Tiefseeangler gibt es Angeltrips, bei denen teilweise auch Ausrüstung zu mieten ist. In *Jersey* können Süßwasserangler vor allem Rotauge (Roach), Barsch (Perch), Karpfen (Carp), Schleie (Tench) und Forelle (Trout) fangen. Informationen: Mr R. G. Smith, c/o »Wheways«, 16 Broad Street, St. Helier, Jersey, ⌀ 201 94. Informationen für *Guernsey*, wo es allerdings keine Süßwasserangelmöglichkeit gibt, erteilt das Verkehrsamt in St. Peter Port.

Auf der *Insel Wight* ist das Seeangeln kostenlos. Man fängt hier Seebarsch, Seeaal, Glattrochen, Seezunge (Sole) und Steinbutt (Turbot), und zwar an fast allen Küstenabschnitten und von den Piers aus. Das Süßwasserangeln ist hier kostenpflichtig, und die nötigen Tages- oder Wochenausweise stellt die Southern Water Authority, 58 St. John's Road, Newport, aus. Hauptsächlich werden Karpfen, Barsch, Hecht (Pike), Rotauge, Schleie gefangen. Weitere Auskünfte gibt die Broschüre »Angling in the Isle of Wight«, die von folgenden Firmen verkauft wird: The Book Centre, 19 High Street, und Saints Sports Shop, 140 High Street, beide Newport. Über Angeltrips informiert M. Rayment, 26 The Mall, Binstead.

Anreise

Kanalinseln: Mit dem *Flugzeug* direkt (Düsseldorf/Frankfurt – Jersey/Guernsey) in den Monaten Mai bis September (DLT, British Airways, British Caledonian); sonst über London mit verschiedenen britischen Gesellschaften. Außerdem gibt es kombinierte *Bahn-/Flugreisen* über Paris (Gare de Montparnasse) mit Flug von Dinard.

Kombinierte *Bahn-Seereise* über Paris (Gare de Montparnasse) bis St. Malo, von dort mit Schiff oder Tragflügelboot (Hydrofoil).

Mit dem *Auto* über St. Malo (Emeraude Ferries, Gare Maritime du Naye, 35400 St. Malo, Frankreich, oder 17 Seaton Place, St. Helier, Jersey, ⌀ 744 58/706 61) oder über Cherbourg (Sealink British Ferries, 7 West's Centre, Bath Street, St. Helier, Jersey, ⌀ 771 22). Den Autotransport zwischen Jersey und Guernsey übernimmt Channel Island Ferries, North New Quay, St. Helier, Jersey, ✆ 3 83 00.

Insel Wight: Autofährdienste durch Sealink (Portsmouth – Fishbourne und Lymington – Yarmouth: Sealink Central Reservation Office, Isle of Wight Car Ferry Services, Portsmouth Harbour Station, Portsmouth, Hampshire PO1 3EU, ✆ 277 44) und Red Funnel Services (Southampton – East/West Cowes), die auch auf derselben Strecke einen *Tragflügelbootservice* für Reisende ohne PKW anbieten: 12 Bugle Street, Southampton, SO9 4LJ, ✆ 262 11.

Personenverkehr: von Portsmouth nach Ryde (Sealink) mit *Fährschiff, Luftkissenboot* (Hoverllloyd) oder *Katamaran* (450 Plätze, Sealink).

Wichtig: Da die meisten Beherbergungsbetriebe (zumindest in der Hauptreisezeit) nur Buchungen von Samstag bis Samstag annehmen, empfiehlt es sich, Autofähren oder Hovercraftplätze frühzeitig zu reservieren.

Autofahren

Nicht nur der auf allen Inseln übliche *Linksverkehr* stellt einen Unterschied zu kontinentalen Gepflogenheiten dar. Entfernungen werden in *Meilen* (miles) gemessen, wobei eine Meile rund 1,6 km entspricht.

Benzin wird an den meisten petrol stations noch nach Gallonen (rund 4,5 l) verkauft, obwohl die Dezimalisierung sich auch hier langsam durchsetzt, so daß manche Tankstellen die Treibstoffe schon literweise abgeben. Die Bezeichnung für Normalbenzin (90–93 Oktan) ist »Regular« oder »2-star«, Superbenzin (97–99 Oktan) heißt »Premium« oder »4-star«, und dazwischen

wird an verschiedenen Tankstellen eine Mischung, »3-star«, angeboten, die dem hiesigen »Super-Mix« entspricht. Dieseltreibstoff ist an den größeren Tankstellen erhältlich und oft mit »Derv« gekennzeichnet. Der Transport von Treibstoff in Plastikkanistern ist verboten.

Während Entfernungen und Treibstoffmengen einigermaßen fix umzurechnen sind, bereitet die Bestimmung des *Reifendrucks* oft Schwierigkeiten, da er nach »pounds per square inch« (psi) gemessen wird. Der Einfachheit halber sind folgende Entsprechungen aufgeführt: atü/psi 1/14; 1.2/17; 1.4/20; 1.6/23; 1.8/26; 2.0/28.5; 2.2/31.5; 2.4/34.5.

Die beiden britischen *Automobilclubs* AA (Automobile Association) und RAC (Royal Automobile Club) haben folgende Niederlassungen:

Jersey: RAC, Stopford Road, St. Helier, ✆ 71 55 (nur Pannendienst)
AA 11 Esplanade, *St. Helier,* ✆ 233 44
Guernsey: RAC, St. Julian's Pier, *St. Peter Port,* ✆ 208 22
AA White Rock, *St. Peter Port,* ✆ 229 84
Insel Wight: AA, Coppins Bridge, *Newport,* ✆ 52 26 53

Badestrände

Jersey (im Uhrzeigersinn beginnend in St. Helier): St. Aubin's Bay, Belcroute Bay, Portelet Bay, Ouaisne Bay/St. Brelade's Bay, Beauport Bay, Petit Port Bay, St. Ouen's Bay (die etwa 7 km lange Bucht, die fast die gesamte Westküste Jerseys ausmacht und zum Wellenreiten geeignet ist), Plémont Bay, Grève de Lecq, Bonne

Nuit Bay, Bouley Bay, Rozel Bay, Fliquet Bay, St. Catherine's Bay/Anne Port, Petit Portelet, Royal Bay of Grouville, St. Clement's Bay und Grève d'Azette.

Guernsey (im Uhrzeigersinn beginnend in St. Peter Port): Havelet Bay, Soldiers Bay, Fermain Bay, Telegraph Bay, Petit Port, Moulin Huet Bay, Saints Bay, Petit Bôt Bay, Portelet Bay, Rocquaine Bay, L'Erée (Damm zur Insel Lihou, mit einigen interessanten Rock-Pools auf der Westseite, nur bei Ebbe begehbar. Äußerste Vorsicht ist geboten, da schon mancher Besucher auf Lihou eingeschlossen worden ist), Vazon Bay, Cobo Bay, Grandes Rocques Bay (Saline Bay), Port Soif, Portinfer (Wellenreiten möglich), Port Grat, Grand Havre (Windsurfing), Chouet und »Ladies Bay« (Zugang über einen Golfplatz), La Jaonneuse, Pembroke/L'Ancresse Bay, Bordeaux, Belle Grève Bay.

Alderney (im Uhrzeigersinn beginnend am Hafen): Braye Bay, Saye Bay, Corblets Bay, Cats Bay, St. Esquerre Bay, Baie du Grounard, Longy Bay, Bluestones Bay, Telegraph Bay (»La Foulère«), Trois Vaux Bay, Clonque Bay. Wichtiger Hinweis: Wegen der großen Gezeitenunterschiede (12 m) sollte man sich in jedem Fall über die Wasserstände informieren, um vor lebensgefährlichen Überraschungen sicher zu sein. »Tidetables« sind bei den einzelnen Verkehrsämtern z. T. kostenlos erhältlich.

Sark (im Uhrzeigersinn beginnend in Le Creux Harbour): Petit Derrible, Derrible Bay, Dixcart Bay, Venus- und Adonis-Rock-Pools auf Little Sark, Grande Grève Bay, Port du Moulin, Grève de la Ville.

Herm (im Uhrzeigersinn beginnend am Hafen): Fisherman's Beach, The Bears Beach, Mousonnière Beach, Shell Beach, Belvoir Bay.

Insel Wight: Die rund 100 km lange Küstenlinie der Insel Wight ist nur *an wenigen Stellen nicht zum Baden geeignet* bzw. dem Besucher nicht zugänglich, so daß hier der Einfachheit halber (im Uhrzeigersinn beginnend in Ryde) nur diese Küstenabschnitte erwähnt werden: Von Nettlestone Point bis etwa Old St. Helen's Church: ein rund 2 km langer Schlammstrand; unterhalb des Kreidefelsens Culver Cliff; zwischen Horse Ledge (südlich Shanklin) ca. 1 km bis Luccombe Chine, danach wieder 1 km bis Bonchurch (Erdrutschgebiet); etwa 100 m zwischen St. Catherine's Point und Watershoot Bay (Geröll); etwa 1 km westlich Compton Chine bis Freshwater sowie die restliche Südwestküste zwischen Freshwater Bay und den Kreidefelsen The Needles (Steilküste); Hafengelände und direkte Umgebung von Yarmouth; Bouldnor Cliff (1 km Steilküste); 2 km östliches Mündungsgebiet des Newtown River bis Burnt Wood (Marsch); Hafengelände von West und East Cowes; ca. 3 km zwischen Norris Castle und Barton Wood (Privatgelände); 2 km westlich und östlich des Wootton-Creek-Deltas (Marsch und Fährhafen Fishbourne). – Da es auch auf der Insel Wight Strandpartien gibt, die von der Flut abgeschnitten werden, empfiehlt sich vor allem für die Südwestküste eingehende Information über die Gezeitenveränderung.

Banken

sind montags bis freitags zwischen 9.30 Uhr und 15.30 Uhr geöffnet, außer an den gesetzlichen Feiertagen Karfreitag (Good Friday), 1. und 2. Weihnachtstag (Christmas Day und Boxing Day) sowie den »Bank Holidays« Ostermontag und Pfingstmontag und dem »Bank Holiday Monday« im August/September. Einzelne Banken, insbesondere auf den kleineren Kanalinseln Alderney und Sark, weichen jedoch von diesen Zeiten ab.

Camping

Kanalinseln: Die Einfuhr von Wohnanhängern (Caravans) und Wohnmobilen (Dormobiles) ist nicht gestattet, bis auf weiteres sind in Jersey jedoch Zeltanhänger (Trailer Tents) erlaubt, die allerdings nur auf den registrierten Campingplätzen verwendet werden dürfen.

Jersey: Beuvelande Camp Site, *St. Martin,* ∅ 53575 (April–Oktober)
Quennevais Camp Site, Les Ormes Farm, *St. Brelade,* ∅ 42436 (April–September)
Rose Farm, *St. Brelade,* ∅ 41231 (Mai bis September)
Rozel Camping Park, Summerville Farm, *St. Martin,* ∅ 51989 (April–September)
St. Brelade's Camping Park, Route des Genets, *St. Brelade,* ∅ 41398 (Juni–August)
Summer Lodge, Leoville, *St. Ouen,* ∅ 81921 (März–Oktober)

Guernsey: Fauxquets Valley Farm, *Castel,* ∅ 55460
La Baillioterie, *Vale,* ∅ 44508
Laleur, *Torteval,* ∅ 63271
Les Capelles Camping Centre, Route des

Capelles, *St. Sampson's,* ∅ 25371 (Mai bis September)
L'Etoile Camp Site, Hougue Guilmine, *Vale,* ∅ 44325
Vaugrat Camp Site, Les Hougues, Route de Vaugrat, *St. Sampson's,* ∅ 57468 (Mai–Mitte September)

Alderney: Saye Farm (Mrs. Carré), ∅ 2196 (nur nach vorheriger Anmeldung)

Herm: Herm Camp Site, ∅ 22377

Insel Wight (keine Beschränkungen für Wohnwagen und Wohnmobile): Es gibt über 40 Campingplätze, von denen die meisten von April bis Oktober geöffnet sind (Anzahl der Plätze in Klammern vermerkt): Bembridge (13), Brighstone (1), Brook (2), Colwell Bay (1), East/West Cowes (3), Freshwater (1), Newbridge (1), Newchurch (1), Newport (1), Ryde (2), St. Helens (4), Sandown (8), Shanklin (4), Totland Bay (3), Ventnor (1), Wroxall(1).

Devisen

Währung ist das englische Pfund (£) zu 100 pence (p), das in unbegrenzter Höhe mitgeführt werden darf. Die Amtsbezirke (Bailiwicks) *Jersey* und *Guernsey* haben eigene Banknoten und Münzen, neben denen die englischen Noten und Münzen verwendet werden können. Dieses Geld ist jedoch in England ungültig und muß daher vor der Ausreise auf den Kanalinseln umgetauscht werden.

Einreisebestimmungen

Es genügt der Personalausweis; bei mehr als drei Monaten Aufenthalt ist ein Reisepaß erforderlich. Kinder unter 16 Jahren brauchen einen Kinderausweis.

Eisenbahnen

gibt es auf den Kanalinseln nur noch in *Alderney*, und hier neben ihrer Funktion als Materialbahn für den Steintransport zum Hafen im Sommer auch als Touristenattraktion. 1983 wurde vom Alderney Railway Appeal Fund eine alte Dampflokomotive angeschafft.

Auf der *Insel Wight* besteht noch eine regelmäßig betriebene Bahnlinie der British Rail zwischen Ryde (Pier Head) und Shanklin (s. a. Öffentliche Verkehrsmittel und Wandern).

Fahrzeugvermietung

Autos, Motorräder, Motorroller und Fahrräder werden in *Jersey, Guernsey, Alderney* und auf der *Insel Wight* von zahlreichen Verleihern angeboten und können tage- oder wochenweise gemietet werden. Auf den Kanalinseln ist das Mindestalter für das Mieten eines Kraftfahrzeugs 20 bzw. 21 Jahre. Ein gültiger deutscher Führerschein genügt zum Führen eines Kraftfahrzeugs. In *Sark* stehen den Besuchern Mietfahrräder zur Verfügung. Wichtig: Auf den Kanalinseln und der Insel Wight herrscht Linksverkehr! Auf einigen der Inseln wird sonntags kein Benzin verkauft (s. a. Öffentliche Verkehrsmittel)!

Geschwindigkeitsbegrenzungen

In *Jersey* generell 40 Meilen (= 64 km) pro Stunde bis auf besonders ausgeschilderte Gebiete. In *Guernsey* generell 35 Meilen (= 56 km) pro Stunde bis auf Gebiete mit besonderer Beschilderung. In *Alderney* je nach Kennzeichnung 12, 15 oder 20 Meilen (19, 24 bzw. 32 km) pro Stunde. Auf der *Insel Wight* (wie auf dem englischen Festland) in geschlossenen Ortschaften 30 Meilen (= 48 km) pro Stunde.

Hauptreisezeit

sind für die Kanalinseln und die Insel Wight die Monate *Juli* und *August* (Schulferien in Großbritannien). Wegen des milden Klimas (wegen des Golfstroms nahezu frostfrei) besuchen zahlreiche Reisende die Kanalinseln und die Insel Wight auch zu allen anderen Jahreszeiten (Slogan eines Poststempels: »Jersey for Sun in the Winter«).

Inselrundfahrten

Tagesfahrten, Halbtags- oder Abendausflüge werden auf den größeren Inseln von verschiedenen Unternehmen angeboten:

Jersey: Blue Coach Tours, 70/72 Colomberie, *St. Helier,* ✆ 2 25 84
Clarendon Coaches, 14 Havre des Pas, *St. Helier,* ✆ 7 42 42
Holiday Coach Tours, Broadlands, *St. Peter,* ✆ 4 17 79
J.M.T. Ltd, Weighbridge, *St. Helier,* ✆ 2 12 01
Mascot Motors Ltd, Weighbridge, *St. Helier,* ✆ 2 24 11
Pioneer Coaches, Albert Street, *St. Helier,* ✆ 2 51 00
Tantivy Motors Ltd, 10 Parade, *St. Helier,* ✆ 3 88 77
Waverley Coaches Ltd, 20 Gloucester Street, *St. Helier,* ✆ 7 29 62

Guernsey: Island Coachways, Les Banques, St. Peter Port, ⌀ 202 10

Alderney: Bootsrundfahrten mit gelegentlichem Besuch der Insel *Burhou* über Publicity Officer, States Office, Alderney, ⌀ 2811

Sark bietet Rundfahrten nur mit Pferdekutschen an, da Motorfahrzeuge (außer landwirtschaftlichen Fahrzeugen) verboten sind: Mrs J. Guille, ⌀ 2122
Mr J. Perree, ⌀ 2027
Mr P. Rive, ⌀ 2263

Insel Wight: Moss Motors Tours Ltd, 62 Fitzroy Street, *Sandown,* ⌀ 4022 14
Kim's Tours Ltd, 31 Grove Road, *Sandown,* ⌀ 4033 54
Southern Vectis Omnibus Co. Ltd, Nelson Road, *Newport,* ⌀ 5224 56 (mit Filialen in *Cowes, Ryde, Shanklin, Ventnor)*
West Wight Motor Bus Co. Ltd, The Avenue, *Totland,* ⌀ 7522 75

Jährlich wiederkehrende Veranstaltungen/Termine

Jersey: Mai: International Air Rally (Flugzeugparade); Good Food Festival (Qualitätswettbewerb und Prämiierung von Speiselokalen)
16. Juli: St. Helier's Day (Prozession zum Gedenken an die Ermordung von St. Helier); *Juli:* National Hill Climb (Automobil-Bergrennen am *Bouley Bay Hill)*
2. Donnerstag im *August:* »Battle of Flowers« (Blumenkorso in *St. Helier); letzter* Montag im August: Öffentlicher Feiertag
September: Battle of Britain Week (Veranstaltungen zum Gedenken an die Luftschlacht um England, u. a. Vorführung damaliger Jagdflugzeuge); Jersey International Folklore Festival
Oktober: Autumn Flower Show

Guernsey: Mitte März: Spring Flower Show abwechselnd in *St. Sampson's* und *St. Peter Port*
Juli und *August:* Music Festival (Konzerte führender französischer Musiker)
August: 2., 3. und 4. Woche: verschiedene Landwirtschafts- und Gartenbauschauen mit Unterhaltung, u. a. Wahl der Miß Guernsey; 3. oder 4. Donnerstag: Guernsey »Battle of Flowers« im *Saumarez Park*
September: Battle of Britain Week
Oktober: Air Rally (Flugzeugparade)

Alderney: 1. Januar: Wasserschlacht der Feuerwehr am Marais Square
1. Sonntag im Mai: »Milk-a-Punch Sunday«
1. Woche im August: Alderney Week (Blumenkorso, Wettkämpfe ernsthafter und weniger ernsthafter Natur, Lotterien, Schönheitskonkurrenzen, Schnitzeljagden, Mutproben etc.)

Sark: Juni: Sark Derby (Pferdeschau)
Juli/August: Ruderbootrennen Sark-Jersey
Herbst: Landwirtschafts- und Gartenbauschau

Insel Wight: März: I.O.W. Musical Competition Festival (Musikwettstreit an verschiedenen Orten)
April: Geher-Straßenrennen von *Newport* nach *Ryde;* Kinderwagenrennen (West Wight)

Mai: Radrennen »Tour de Wight«
Letzter Samstag im *Juni:* Segelbootrennen »Round the Island«
Juli: Landwirtschaftsschau der Royal I.O.W. Agricultural Society
August: 1. Woche: Cowes Week (Segelregatta mit den alle zwei Jahre stattfindenden Rennen um den Admirals Cup); ebenfalls 1. Woche: Ventnor Cricket Week
August/September, Bank Holiday: Gartenschau im Park von *Ventnor*
Die verschiedenen Karnevalsumzüge und Segelregatten in örtlicher Trägerschaft (insgesamt über 50) sind hier nicht berücksichtigt.

Jugendherbergen

der englischen Youth Hostels Association (YHA) gibt es nur auf der *Insel Wight:*
Sandown: The Firs, Fitzroy Street, ✆ 402651
Whitwell Hostel, Whitwell, *Ventnor,* ✆ (Niton) 730473
Auf den *Kanalinseln* Jersey und Guernsey gibt es Herbergen in privater Trägerschaft, die ausschließlich Jugendgruppen zur Verfügung stehen.

Jersey: Toc H, La Route du Fort, *St. Helier,* ✆ 31018. Mai bis September geöffnet. Nur für Jungen- oder Mädchengruppen ab 15 Personen

Guernsey: Lions Table Tennis Holiday Club, Maurepas Road, *St. Peter Port,* ✆ 25334
Morleys Methodist Youth Hostel, Fort Road, *St. Peter Port,* ✆ 36823
Scout Hostel, Rue Mainguy, *Vale*

Klima und Wetter

Den vielen klugen Sprüchen über »das englische Wetter« sollen hier nicht weitere hinzugefügt werden. Sie wären ohnehin nicht zutreffend. Tatsache ist, daß der *Golfstrom* Klima und Wetter auf den Kanalinseln und auf der Insel Wight so sehr begünstigt (s. a. Hauptreisezeit), daß die Kanalinseln im (britischen) Volksmund den Spitznamen »The poor man's Spain« (das Spanien des armen Mannes) tragen, während sich die Insel Wight der Beinamen »Garden Isle« (Garteninsel) im allgemeinen und »The Madeira of England« für ihren im Süden der Insel gelegenen Badeort Ventnor im besonderen erfreut.

Da die einzelnen Inseln unterschiedliche Statistiken führen, können die folgenden *Durchschnittswerte* nur bedingt miteinander verglichen werden:

Jersey: Jahressonnenscheindauer 1915 Std., Jahrestemperatur 14.3 °C; Augusttemperatur 20.6 °C; Niederschlagsmenge: 85 cm

Guernsey: Jahressonnenscheindauer: 1874 Std.; Augusttemperatur: 15 °C; Niederschlagsmenge: 91 cm

Alderney: Jahressonnenscheindauer: 1760 Std.; Niederschlagsmenge: 79 cm

Insel Wight: Hier gibt es keine Angaben, die für die ganze Insel gültig sind. Pauschal wird vom Southampton Weather Centre mitgeteilt, daß die östliche Inselhälfte die sonnigste ist und daß der hier gelegene Ort Shanklin in den letzten 20 Jahren 15mal die höchste Sonnenscheindauer Südenglands verzeichnen konnte (ca. 1840 Stunden).

Die durchschnittlichen *Windgeschwindig-keiten* liegen auf den Kanalinseln, insbesondere Guernsey, fast um die Hälfte höher als im Bereich der Insel Wight: rund 20 Knoten gegenüber rund 13.

Konsulate der Bundesrepublik Deutschland

Jersey: 28 Conway Street, *St. Helier,* ∅ 71263

(Southampton: Bowling Green House, 1 Orchard Place, SO 1 1 BR, ∅ 23671)

Kunstgewerbe

Jersey: L'Etacq Woodcrafts, *L'Etacq, St. Ouen,* und Central Market, *St. Helier,* täglich in L'Etacq und wochentags in St. Helier 9–18. Holzschnitzarbeiten, Drechselarbeiten

Plémont Candlecraft, *St. Ouen,* täglich 9.30–17.30. Künstlerisch gestaltete Kerzen

The Jersey Pottery, *Gorey Village,* Mo–Fr 9–17.30, außer den Tagen der Bank Holidays

The Potter's Wheel, L'Etacq, *St. Ouen,* täglich 9–18, außer 1. und 2. Weihnachtstag. Töpferei und Lederwaren

Wayside Craft and Gift Centre, Haut du Marais, *St. Ouen,* täglich 9–17.30. Verschiedene Gattungen

Guernsey: Caves de Bordeaux Pottery Ltd, Upper Mansell Street, *St. Peter Port,* ∅ 25531

Elizabeth's Pottery, Grandes Rocques, *Castel,* ∅ 56003

Guernsey Candles Ltd, Les Petites Capelles, *St. Sampson's,* täglich ab 9.30, ∅ 49686. Künstlerisch gestaltete Kerzen

Guernsey Copper Craft, Le Courtil, Rocquaine Road, *St. Peter-in-the Wood,* ∅ 65112. Kupferschmiede

Guernsey Pottery Ltd, Petites Capelles, *St. Saviour's,* ∅ 49478

Guernsey Woodcarvers, The Strawberry Farm, *St. Saviour's,* ∅ 65373. Holzschnitzarbeiten

Moulin Huet Pottery, Moulin Huet Valley, *St. Martin's,* ∅ 37201

Les Ruettes Pottery, *St. Andrew's,* ∅ 38758

Alderney: Alderney Handicrafts, 5 Victoria Street, *St. Anne,* ∅ 2510. Verschiedene Gattungen

The Alderney Pottery, Petit Val, *St. Anne,* Mo–Fr 9–13 und 14–17, Sa 9–13, ∅ 2246

Sark: Sark Pottery & Silversmiths, Rue Lucas, ∅ 2209

Insel Wight: Alum Bay Glass, The Needles Pleasure Park, *Alum Bay,* geöffnet Ostern bis Oktober täglich 9.30–17; im Winter montags bis freitags 9.30–13 und 14–17. ∅ 753473. Schmuck- und Gebrauchsglas

Art & Artisan, Union Street, *Ryde,* täglich 9–17.30 (im Sommer), außer Do nachmittag. Verschiedene Gattungen

Bembridge Pottery Studio, High Street, *Bembridge,* ∅ 2585

Calbourne Craft Centre, Merlin's Farm, *Calbourne,* März bis September: Mo–Sa 10–13 und 14–17; So 14–17, ∅ 266. Holz, Ton, Glas, Schmuck

Chessell Pottery, *Shalcombe,* täglich 10–17, ∅ 248. Porzellan und Steingut

Godshill Forge and Wrought Iron Centre, *Godshill,* So–Fr ganztägig. Kunstschmiede

Hasely Manor and Pottery, *Arreton,* täglich 10–18, ✆ 86 54 20

Island Glass, *Totland* und *Freshwater,* wochentags 9–17.30. Glas und Schmuck

Isle of Wight Country Craft Workshops, *Arreton,* Mo–Sa 9–17.30, So-nachmittags. Holz, Wolle, Leder, Ton, Metall, Edelstein

Isle of Wight Glass, Old Park, *St. Lawrence,* Mo–Fr 9–17, ✆ 85 35 26. Schmuck- und Gebrauchsglas

The Island Pottery Studio, School Green Road, *Freshwater,* ✆ 75 23 56

Ladenschlußzeiten (»Early Closing Days«)

In fast allen Orten in Großbritannien haben Geschäfte an einem Nachmittag in der Woche geschlossen. Da diese Tage nicht einheitlich festgelegt sind, empfiehlt es sich, die örtlichen Gepflogenheiten zu studieren, um nicht überraschend vor geschlossener Tür zu stehen: *Jersey* und *Guernsey:* Donnerstag; *Alderney:* Mittwoch. – *Insel Wight:* Mittwoch (in Cowes, Brading, Sandown, Shanklin, Totland, Ventnor und Yarmouth); Donnerstag (in Newport, Ryde und Freshwater); Samstag (einige Geschäfte in Cowes und Ryde).

Landkarten

Kanalinseln (alle): Channel Islands Touring Map, Bartholomew & Son Ltd

Jersey: States of Jersey Official Map 1:25 000

Guernsey: Auf der Generalkarte (Ordnance Survey 2 inch map) basierende Karte von Geographia Ltd mit dem ungefähren Maßstab 1:33 000

Alderney: Ordnance Survey 6 inch map (Generalkarte 1:10 560)

Sark: The Island of Sark Map 1:12 000

Insel Wight: Ordnance Survey 1:50 000 Map; Ordnance Survey Outdoor Leisure Map Nr. 29, 1:25 000; Leisure Map 1:50 000 (mit sechs Stadtplänen), Estate Publications

Die Official Maps (Jersey, Sark) und Ordnance Survey Maps sind in allen Schreibwarenläden und Buchhandlungen der Inseln erhältlich. Viele Fahrzeugverleihfirmen stellen Karten zur Verfügung, die allerdings nicht sehr detailliert sind.

Maße und Gewichte

1 inch (inc.) = 2,54 cm

1 foot (ft) = 12 inches = 30,48 cm

1 yard (yd) = 3 feet = 91,4 cm

1 mile (mi) = 1,609 km

1 league (lea) = 3 miles = 4,827 km

1 square inch (sq inc.) = 6,452 cm^2

1 square foot (sq ft.) = 144 square inches = 929,029 cm^2

1 square yard (sq yd.) = 9 square feet = 8361,260 cm^2

1 acre (ac.) = 4840 square yards = 4046,8 m^2

1 square mile (sq mi) = 640 acres = 259 ha = 2,59 km^2

1 ounce (oz) = 28,35 g

1 pound (lb) = 16 ounces = 453,59 g

1 hundredweight (cwt) = 112 pounds = 50,802 kg

1 fluid ounce (fl oz) = 0,0284 l

1 gill (gi) = 5 fluid ounces = 0,142 l

1 pint (pt) = 4 gills = 0,568 l

1 (imperial) quart (qt) = 2 pints = 1,136 l

1 (imperial) gallon (gal.) = 4 quarts = 4,549 l

Märkte

Jersey: Markthallen Central Market, Halkett Place und Beresford Market, Beresford Street, *St. Helier,* täglich 7.30–17.30, Do 7.30–13. Lebensmittel, Obst, Kleidung, Getränke, Antiquitäten, Spielzeug, Werkzeug u. a.

Guernsey: Markthallen Market Street, *St. Peter Port,* Öffnungszeiten und Warensortiment wie St. Helier

Old Guernsey Market, Market Street, *St. Peter Port,* Do nachmittags, Mai–Oktober. Landprodukte, Kleidung, Souvenirs unter freiem Himmel

Insel Wight: Newport Market, South Street, *Newport* (auf dem Gelände des Viehmarkts), Di und Fr 7.30–13. Kleidung, Lebensmittel, Geschirr; unter Mitwirkung von Glasschleifern, Graveuren und Marktschreiern, den »Cheap Jacks«, die die große Touristenattraktion sind. Hinweis: Marktbesucher sollten ihre Fahrzeuge auf den außerhalb der Stadt gelegenen Parkplätzen abstellen, da die Innenstadt von Newport an den Markttagen hoffnungslos überfüllt ist.

Museen, Bibliotheken, Archive

Jersey: Battle of Flowers Museum, La Robeline, Mont des Corvées, *St. Ouen,* ∅ 82408, täglich 10–17, Mitte März – Ende November. Preisgekrönte Beiträge des jährlichen Blumenkorsos »Battle of Flowers« und Fotos vergangener »Battles«.

Elizabeth Castle, St. Aubin's Bay, *St. Helier,* ∅ 23971, täglich 9.30–17.30, Ende März–Ende Oktober. Elisabethanische Festung, in der das Museum der Jersey-Bürgerwehr sowie deutsche Waffen und Ausrüstung aus dem Zweiten Weltkrieg zu besichtigen sind

Fort Regent (vier Museen), *St. Helier,* ∅ 73000, täglich 10–22 (Sommer). Puppen- und Spielzeugmuseum, Muschelmuseum, Postmuseum der States of Jersey, Dickens-Kostüm-Ausstellung

German Military Underground Hospital, Meadowbank, *St. Lawrence,* täglich 9.30–17.30, Mitte März–Anfang November. Material aus der deutschen Besatzungszeit. ∅ 63422

Jersey Motor Museum, St. Peter's Village, *St. Peter,* ∅ 82966, tägl. 10–17, März–November. Zivil- und Militärfahrzeuge mit Beziehung zu Jersey, Fotosammlung

La Hougue Bie Museum, La Hougue Bie, *St. Saviour,* Di–So 10–17, Mitte März bis Anfang November. Landwirtschaftliche, archäologische, geologische und historische (Besatzungszeit) Sammlungen, megalithisches Ganggrab, ca. 2600 v. Chr. ∅ 53823

La Mare Vineyards, Elms Farm, *St. Mary,* ∅ 81491, Mo–Fr 10–17.30, Mitte Mai–Anfang Oktober. Dokumentation der Wein- und Apfelweinherstellung, historische Flaschensammlung

Le Moulin de Quetivel, St. Peter's Valley, *St. Peter,* ∅ 45408, Di und Mi 10–16, April–Oktober. Restaurierte Getreidemühle

Mont Orgueil Castle, Gorey, *St. Martin,* ∅ 52929, täglich 9.30–17.30, Ende März bis Oktober. Geschichte Jerseys und des Schlosses, Wachsfigurenszenen

Noirmont Command Bunker, Noirmont Point, *St. Brelade,* ∅ 54383 (Information), unregelmäßige Öffnungszeiten. Deutsche Artilleriestellung aus dem Zweiten Weltkrieg

St. Peter's Bunker Museum, St. Peter's Village, *St. Peter,* ∅ 81048, täglich 10–17, März–November. Umfangreiches Material aus der deutschen Besatzungszeit
The Jersey Museum and Barreau Art Gallery, 9 Pier Road, *St. Helier,* ∅ 75940, wochentags 10–17, Mitte Januar–Ende September. Geschichte Jerseys, Kunstsammlung, Münzen, Silber
Sir Francis Cook Gallery, Route de Trinité, *Augrès,* ∅ 63333. Wechselnde Öffnungszeiten. Werke Sir Francis Cooks in Wechselausstellungen
Zentralbibliothek, Royal Square, *St. Helier,* Mo–Do und Sa 10–17.30, Fr 10–20. Volksbücherei und wissenschaftliche Bibliothek mit rund 125000 Einheiten. Zweigstelle Les Quennevais, *St. Brelade,* Mo–Fr 14–17.30, Sa 10–13

Guernsey: Castle Cornet, *St. Peter Port,* ∅ 21657, täglich 10.30–18, April–Oktober. Militärgeschichte Guernseys, Schifffahrtsmuseum, Gemäldesammlung
Guernsey Folk Museum, *Saumarez Park,* ∅ 55384, täglich 10–12.30 und 14–17.30. Landwirtschaftliche Sammlung
Guernsey Motor Museum, Charroterie, *St. Peter Port,* ∅ 28313, unterschiedliche Öffnungszeiten. Oldtimersammlung
Guernsey Museum and Art Gallery, Candie Gardens, *St. Peter Port,* ∅ 26518, täglich 10.30–17.30. Historisches Museum von Guernsey mit Kunstsammlung
Maritime Museum, *Fort Grey,* ∅ 65036, täglich 10–12.30 und 14–16, Mai–September. Schiffahrtsmuseum
Occupation Museum, *Forest,* hinter der Kirche, ∅ 38205, täglich 10–12.30 und 14–17.30, bis Ende Oktober. Material aus der deutschen Besatzungszeit

Tomato Museum, *King's Mills,* ∅ 54389, täglich 10–17.30. Werkzeug- und Maschinensammlung, Informationsfilme
Victor Hugo House (Maison Victor Hugo), Hauteville, *St. Peter Port,* ∅ 21911. Mo–Sa Führung um 10. Haus Victor Hugos während seines 15jährigen Exils
Guille-Allès Library, Market Street, *St. Peter Port,* ∅ 20392, täglich 9.10(!) bis 17.15, Do 9.10–12.30, außer Bank Holidays. Volksbücherei mit wissenschaftlicher Abteilung. Ca. 60000 Einheiten. Auch Besuchern zugänglich
Priaulx Library, Candie Road, *St. Peter Port,* ∅ 21998, wochentags 10.30–13 und 14–17. Volksbücherei und wissenschaftliche Bibliothek mit ca. 65000 Einheiten. Auch Besuchern zugänglich

Alderney: Alderney Society's Museum, High Street, *St. Anne,* ∅ 3222, wochentags 10.30–12.30 und nach Vereinbarung. Geschichte, Geologie
The Alderney Library, Island Hall, Royal Connaught Square, *St. Anne,* Mo 10–12.30, Di und Fr 10–12.30 und 14.15–16.30, Mi und Sa 10–12.30 und 18–20, Do 14.15–16.30. Volksbücherei mit guter Sammlung zur Inselgeschichte. Auch Besuchern zugänglich

Insel Wight: Arreton Manor, *Arreton,* ∅ 528134, Mo–Sa 10–18, So 14–18, Osterwoche bis 1. Novemberwoche. »Echo der Kindheit«-Museum mit Puppensammlung, Nationales Radiomuseum
Bembridge Maritime Museum, *Bembridge,* ∅ 872223, täglich 10–17.30, Ostern bis Oktober; 10–20.30 im August. Seefahrtsgeschichte der Insel Wight, große Schiffsmodellsammlung

Bembridge School mit Ruskin Galleries, *Bembridge,* ∅ 872101, geöffnet nach Vereinbarung. Bilder und Briefe des Architekturkritikers und Sozialphilosophen John Ruskin

Brading Old Town Hall, *Brading,* täglich 10–18, Ostern–Ende September, und 19–21, Juli bis September. Mittelalterliche Dokumente aus Brading

Britannia Commemorative Museum, 91 High Street, *Ventnor,* ∅ 852106, wochentags 10–16, Ostern–September. Andenkensammlung von Georg I bis zur Gegenwart

Collectors' Centre and Old Bottle Museum, Regent Street, *Shanklin,* wochentags 9–17, in den Sommermonaten bis 21. Glas- und Steinflaschen von der Römerzeit bis ca. 1930

Geological Museum, High Street (in der Stadtbücherei), *Sandown,* ∅ 404344, Mo–Fr 10–17, Sa 10–16.30, außer Bank Holidays. Geologische und Fossiliensammlung von der Insel

Havenstreet Railway Station, Havenstreet *b. Ryde,* ∅ 882204, So, Mai–September, dazu Do, Juli/August. Eisenbahnmuseum der Insel

Isle of Wight County Museum, Carisbrooke Castle *bei Newport,* Mo–Sa 9.30–18.30 und So 14–18.30, 15.3. bis 15.10., Mo–Sa 9.30–16 und So 14–16, 16.10.–14.3., außer Weihnachten (24.–26.12.), Neujahr und 1. Mai. Historische Sammlungen

Lilliput Museum of Dolls and Playthings, *Brading,* ∅ 407231, täglich 10–22 (Sommer), 10–17 (Winter), außer Mitte Januar–Mitte März. Puppensammlung ab 1720, wechselnde Ausstellungen

Maritime Museum, *Cowes,* Mo–Fr 9.30–18 und Sa 9.30–16.30, außer Bank Holidays. Schiffahrtsmuseum

Medina Museum, *Cowes,* ∅ 295272, Mo–Fr 9–13 und 14–16.30, April–Oktober. Alte Büromaschinen und Fotoapparate

Museum of Smuggling History, *Ventnor,* Botanischer Garten, ∅ 853677, täglich 10–17.30, Karfreitag–31. Mai und September, dazu 19.30–21 Juni–August. Schmuggler der Insel und ihre Geschichte

Natural History Collection, *Godshill,* täglich zu unterschiedlichen Zeiten, April–Oktober. Edelsteine, Halbedelsteine, Fossilien

Osborn-Smith's Wax Museum, *Brading,* ∅ 407286, täglich 10–22, Mai–September, 10–17, Oktober–April. Wachsfigurenkabinett zur Geschichte der Insel

Toy Museum Godshill, *Godshill,* täglich 10–17.30, April–Juni, 10–21, Juli–September. Spielzeugsammlung und funktionstüchtige Modelle aller Art. Ständig wechselnde Ausstellungen

The Lord Louis Library (ehem. County Seely Library), Upper St. James Street/Medina Avenue, *Newport,* ∅ 527655, Mo/Di/Mi/Fr 9–17.30, Do 9–19.30, Sa 9–17. Volksbücherei und wissenschaftliche Abteilung. Kann von Besuchern benutzt werden. Sammlung zur Lokalgeschichte

Zweigstellen in *Bembridge,* ∅ 3102
Brighstone, ∅ 740150
Cowes, ∅ 293341
East Cowes, ∅ 293019
Freshwater, ∅ 752377
Niton, ∅ 730863
Ryde, ∅ 62170
Sandown, ∅ 402748

Shanklin, ✆ 863126
Ventnor, ✆ 852039
Isle of Wight County Record Office, 26
Hill Side, *Newport,* ✆ 542031, Mo–Fr
9.30–17.30 und Mi 9.30–20.30. Wissen-
schaftliches Archiv und Verwaltungsar-
chiv mit guter Sammlung zur Geschichte
der Insel

National Trust

Er wurde 1895 zur Erhaltung historischer
Stätten oder von Gebieten besonderer Na-
turschönheit als private Stiftung zunächst
für England, Wales und Nordirland gegründet, der sich Parallelorganisationen für
Schottland (1931) und die Kanalinseln (Jersey 1936, Guernsey 1960) sowie die autono-
me Insel Man anschlossen. Der National
Trust finanziert sich ausschließlich durch
Mitgliedsbeiträge und Spenden aus der Öffentlichkeit. Ein Gesetz aus dem Jahre 1907
erklärt seine Besitzungen für unveräußerlich
und schützt sie dadurch vor unsachgemäßer
Veränderung, Verpfändung und Enteig-
nung. Diese Beschränkungen können nur
durch Parlamentsbeschluß im Einzelfall
wieder aufgehoben oder modifiziert werden. Als gemeinnützige Stiftung ist der National Trust der ideale »Erbe« für Eigentümer von Schlössern, Ländereien und Gebäuden, die ihren Besitz nicht mehr erhalten
können, jedoch dessen ungeteilten Fortbe-
stand sichern wollen. Auf diese Weise ist der
National Trust nach der Krone und der
Regierung zum größten Grundbesitzer
Großbritanniens avanciert. Die Mitgliedschaft steht jedem Bürger offen und schließt
für einen verhältnismäßig geringen Jahres-
beitrag das Recht der kostenlosen Besichtigung aller Schlösser und Gärten in der Trägerschaft des National Trust ein.

Jersey: The National Trust for Jersey, The
Elms, *St. Mary,* ✆ 83193 (nur vormittags
geöffnet)
Guernsey: National Trust of Guernsey,
Coombe House, St. Julian's Avenue, *St.
Peter Port,* ✆ 25822
Insel Wight: 35a St. James' Street, *Newport,*
✆ 526445

Naturwunder

Jersey: Devil's Hole (Teufelsloch), *St. Mary*/Nordküste. Ca. 30 m tiefes Loch mit
Tunnelöffnung zum Meer, besonders
eindrucksvoll bei Flut und Nordwind
Mourier-Wasserfall, Mourier Valley an
der Grenze zwischen *St. Mary* und *St.
John*/Nordküste
Wolf Caves (Wolfshöhlen), *St. John/*
Nordküste. Labyrinth horizontaler und
vertikaler Höhlen, die bei Hochwasser
überflutet sind. Begehung nicht ungefährlich!

Guernsey: Souffleur Cave (»Flüsterkeller«)
unterhalb des *Mont Hérault* in der Nähe
der Baie de la Forge/Südküste

Alderney: Hanging Rock bei Fort Essex,
südlich der *Longy Bay.* Mehrere Meter
hohe Felsnase (»Madame Robilliard's
Nose«), die nach Frankreich hin stark
geneigt ist, wodurch sie zum Thema mancher Anekdoten geworden ist
Butcher's Shop Cave, westlich der *Cachalière Pier*/Südküste (nur vom Schiff
aus zu sehen)

Herm: Shell Beach (Muschelstrand) an der
Nordostküste. Mehrere 100 Arten von
Muscheln, die teilweise durch den Golf-
strom direkt aus der Karibik hier ange-

spült werden – leider nicht alle ohne Fehler.....

Sark: The Arch, Felsentor in der Dixcart Bay/Südostküste von *Great Sark* (s. a. Badestrände)

Gouliot Caves, Anemone Caves. Höhlen an der Westküste von *Great Sark,* in denen Tropfsteinbildungen bzw. Seeanemonen besichtigt werden können, am besten vom Boot aus. Victor Hugo Cave ist nach dem Romancier benannt, der sich hier zu einem Kapitel seines in Guernsey im Exil geschriebenen Romans »Die Arbeiter des Meeres« inspirieren ließ.

Adonis' Pool und Venus' Pool in *Little Sark.* Bei Ebbe zugängliche Rock Pools (Felsenbäder)

Souffleur Cave bei Port Gorey, *Little Sark.* Eine Höhle, in der der Druck des einströmenden Wassers auf die Höhlendecke eigentümliche Geräusche verursacht, die in vergangenen Zeiten zu allerlei abergläubischen Geschichten Anlaß gegeben haben. Weitere Souffleur Caves gibt es rund um Sark.

Insel Wight: Alum Bay, nördlich der Westspitze der Insel. 22 verschiedene Sandfarben auf engstem Raum

The Needles. Drei freistehende Kreidefelsen von rund 30 m Höhe bilden die Westspitze der Insel und sind von der *Alum Bay* aus gut zu sehen.

Chines. Tiefe Einschnitte in die Küstenlinie, durch unscheinbare Bäche hervorgerufen. Am bekanntesten sind an der Südwestküste *Compton Chine* und *Whale Chine* sowie an der Südostküste *Luccombe Chine,* östlich von Bonchurch, und *Shanklin Chine. Blackgang Chine* ist durch mehrere Erdstürze nicht mehr als Flußtal zu erkennen.

Das Klippensturzgebiet zwischen *Whale Chine* und dem *St. Catherine's Point* an der Südküste, das sich nahezu täglich verändert. Vorsicht am Strand: Wanderer können von der Flut abgeschnitten werden. Darüber hinaus ist jederzeit mit neuen Felsstürzen zu rechnen.

Öffentliche Verkehrsmittel

Jersey: dichtes *Autobusnetz* der Jersey Motor Transport Co. Ltd, Weighbridge, St. Helier, ℘ 21201. Alle Busse fahren vom zentralen Busbahnhof, Weighbridge, St. Helier. In der Hauptreisezeit werden zusätzliche Fahrten zwischen St. Helier und den beliebtesten Buchten durchgeführt.

Taxistände am Flughafen sowie an folgenden Orten in St. Helier: Broad Street, Halkett Place, Snow Hill, The Parade und Weighbridge.

Guernsey: Autobusdienst von St. Peter Port in alle Dörfer durch Guernsey Motors Ltd, Picquet House.

Taxistände am Hafen und am Flughafen.

Alderney: Riduna Bus Service fährt zwischen St. Anne (Marais Square) und Braye Harbour viermal täglich.

Taxibetriebe sind vorhanden.

Sark: Tagesbesucher können *Pferdekutschen* für Besichtigungsfahrten mieten.

Zwischen Jersey/Guernsey/Alderney gibt es *Flugverbindungen* mit Aurigny Air Services Ltd. Buchungen können bei den Niederlassungen in Jersey (℘ 43568/35733), Guernsey (℘ 37426/23474) oder Alderney (℘ 2886/2888) vorgenommen werden. Während der Hauptreisezeit werden zwischen Jersey und Guernsey täglich etwa 20 Flüge in beiden Richtungen angeboten. – Tägliche *Tragflügelbootverbindungen* zwischen Guernsey und Jersey sowie Überfahrten von dort nach Sark und Alderney bietet Condor Ltd an. Buchungen in Guernsey bei Condor, North Pier Steps, St. Peter Port, ✆ 26121, sowie in Jersey über Commodore Travel, 28 Conway Street und Albert Quay, St. Helier, ✆ 71263. Wichtiger Hinweis: Aufgrund der technischen Gegebenheiten können die Tragflügelboote bei zu starkem Wind nicht eingesetzt werden. – Eine *Schiffsverbindung* zwischen Jersey und Guernsey gibt es auf den Fährbooten, die England mit den Kanalinseln verbinden. Buchungen sind in der Regel nicht erforderlich (Auskünfte bei Sealink U.K. Ltd, West's Centre, St. Helier, Jersey, ✆ 77122, Sealink U.K., St. Peter Port, Guernsey, ✆ 24742 oder Channel Island Ferries, North New Quay, *St. Helier*, ✆ 38300. Die Überfahrt von Guernsey nach Sark bietet täglich, außer sonntags, per Schiff oder Schnellboot die Isle of Sark Shipping Co. Ltd, White Rock, St. Peter Port, Guernsey, ✆ 24059.

Insel Wight: Autobuslinienverkehr der Southern Vectis Omnibus Co. Ltd, Nelson Road, Newport, die alle Orte der Insel bedient, in den Sommermonaten mit zusätzlichen Einsatzwagen. Ein besonderer Service ist der in der Hauptreisezeit zwischen Ryde und Freshwater entlang Südost- und Südwestküste verkehrende *Coaster,* der bei gutem Wetter mit offenem Obergeschoß fährt und ein »fahrender Aussichtsturm« ist, Fahrpläne der Southern Vectis gibt es in den Geschäftsstellen der Gesellschaft, in Reisebüros

und in den Verkehrsämtern. – Autobuslinienverkehr zwischen Ryde und Seaview durch Seaview Bus Services, Seafield Garage, Seaview.
Eisenbahnlinienverkehr zwischen Ryde (Pier Head) und Shanklin mit Haltestellen in Ryde (Esplanade, St. Johns), Brading und Sandown. Es gibt sogenannte Rover Tickets für einen Tag, einen Abend, eine Woche oder einen Monat, mit denen man unbegrenzt die Linien der Southern Vectis und die Züge von British Rail benutzen kann.
Taxistände in allen Hafenstädten und an allen Bahnhöfen außer Brading.
Floating Bridge zwischen East und West Cowes: Auto- und Personenfähre über den River Medina, fährt im Pendelverkehr, keine Reservierung möglich. Im Sommer gelegentlich lange Wartezeiten.

Parken

ist in den Städten aller Inseln ein großes Problem. Es ist nicht gestattet in allen Straßen, die durchgezogene gelbe Linien aufweisen. Im einzelnen gilt für
Jersey: Parken nur mit Parkscheibe an den dafür vorgesehenen Stellen. In St. Helier: gelbe Parkzone: 30 Minuten, rote Zone: 1 Stunde, grüne Zone: 2 Stunden, weiße Zone: 3 Stunden. In folgenden Straßen in Hafennähe ist die Parkzeit auf 20 Minuten beschränkt: Vine Street, Library Place, Mulcaster Street.
Guernsey: Parken nur mit Parkscheibe an den vorgesehenen Stellen, Parkdauer: zwischen 1 und 23 Stunden.

Parks und öffentliche Gärten
Jersey: Howard Davis Park, Don Road, *St. Helier;* La Collette Gardens, *Havre des*

Pas; Lower Park, Victoria Avenue, *St. Helier;* Mount Bingham, *St. Helier;* People's Park, Cheapside, *St. Helier;* Royal Parade, Parade Place, *St. Helier;* Triangle Park, Peirson Road, *St. Helier;* Westmount, West Park, *St. Helier;* First Tower Park, *St. Helier;* Sir Winston Churchill Memorial Park, *St. Brelade's Bay;* Coronation Gardens, *Millbrook.*

Guernsey: Beau Sejour, La Butte, *St. Peter Port;* Cambridge Park, Cambridge Park Road, *St. Peter Port;* Candie Gardens, Candie Road, *St. Peter Port;* Delancey Park, Grand Maison Road, *St. Sampson's;* Saumarez Park, Saumarez Road, *Castel.*

Insel Wight: Cowes: Northwood Park; *Newport:* Church Litten; *Ryde:* Appley Gardens und Appley Park, Puckpool Park; *Sandown:* Battery Gardens, Ferncliff Gardens, Sandham Grounds, Los Altos Park; *Shanklin:* Big Mead Gardens, Esplanade Gardens, Rylstone Gardens, Tower Cottage Gardens; *Ventnor:* Botanic Garden, Ventnor Park.

Postalisches

Seit 1. Oktober 1969 haben die Amtsbezirke (Bailiwicks) von Jersey und Guernsey eigene Post»ministerien« und geben eigene Briefmarken heraus, die alleinige Gültigkeit im jeweiligen Amtsbezirk haben. Englische Briefmarken können – im Gegensatz zu englischem Geld – auf den Kanalinseln nicht verwendet werden. Der ungebrochenen Sammlernachfrage haben die Postverwaltungen durch besondere Verkaufsstellen für Sammlermarken Rechnung getragen (Philatelic Bureau):

Jersey: Head Office (Hauptpostamt), Broad Street, St. Helier, geöffnet Mo–Fr 9–17.30 und Sa 9–16.30
Guernsey: G. P. O. (Hauptpostamt), Smith Street, St. Peter Port, ∅ 26241; Mo–Fr 9–12.30 und 14–17; Sa 9–12

Quarantänebestimmungen

Das Mitführen von Haustieren und anderen Tieren ist bei der Einreise nach Großbritannien generell nicht gestattet, um das Eindringen von Tierkrankheiten, insbesondere Tollwut, zu verhindern. Alle einzuführenden Haustiere müssen eine sechsmonatige Quarantäne in speziell dafür eingerichteten Tierheimen abwarten, bevor sie ins Land gelassen werden. Dieser Quarantäne muß jedoch eine Landeerlaubnis vorausgehen, die das britische Landwirtschaftsministerium erteilt. Einfuhranträge sind hier an das jeweilige Department of Agriculture and Fisheries zu richten:

Jersey: Howard Davis Farm, Trinity, ∅ 61074
Guernsey: Burnt Lane, St. Martin's, ∅ 35741

Darüber hinaus bestehen Beschränkungen für die Einfuhr von Pflanzen.

Restaurants und Pubs

Über britisches Essen haben Kritiker schon viele bittere Worte verloren, und doch behauptete Winston Churchill: »Ohne das Essen meiner Frau wäre ich nicht so alt geworden.« Trotz aller bösen Kommentare gibt es in Großbritannien (und damit auch auf den Kanalinseln und auf der Insel Wight) Restaurants, die sich nicht nur sehen lassen, sondern mit gutem Gewissen empfohlen werden können – auch in bezug auf den nach einer Mahlzeit gereichten Kaffee, von dem Pierre Daninos einstmals nicht sonderlich begeistert schien (»Wer den englischen Kaffee getrunken hat, der weiß, warum die Engländer so leidenschaftliche Teetrinker sind«). Mittagessen *(lunch)* gibt es zwischen 12 und 14 bzw. 14.30 Uhr, Abendessen *(evening dinner, evening meal)* von ca. 18 bis 21 Uhr. Besonderheit auf allen Inseln sind die »Cream Teas«, die in vielen *Tea Rooms* angeboten werden: Tee, Scones (weiches Mürbteiggebäck, am besten, wenn home-made), Marmelade (meist Erdbeermarmelade) und eine gute Portion clotted cream, eingedickte Sahne aus der Milch von Kühen der jeweiligen Insel.

I rose politely in the club
And said, »I feel a little bored;
Will someone take me to a pub?«
(G. K. Chesterton)

Pubs (public houses), mittlerweile im neuwesthochdeutschen Sprachgebrauch nicht mehr unbekannt, sind eine britische Institution, deren *Öffnungszeiten* sich heute noch nach englisch-puritanischen Traditionen gestalten. Im großen und ganzen gilt für die *Insel Wight* (mit Ausnahmen während der Cowes Week in der ersten Augustwoche): 11–14.30 und 19–23 Uhr; besondere Zeiten muß man sich für die Kanalinseln einprägen, da hier nicht einheitlich verfahren wird.
Jersey: (im Ermessen des Inhabers) wochentags 9–23 Uhr und sonntags 11–13 und 16.30–23 Uhr
Guernsey: Ausschankerlaubnis wochentags zwischen 10.30 und 23 Uhr (im Ermessen des Inhabers); sonntags geschlossen
Alderney: Ausschankerlaubnis zwischen 9 und 1 Uhr (früh). Hier dürfen auch Kin-

der mit in die Schankräume gebracht werden, was auf den anderen Inseln nicht gestattet ist
Auf der Insel Wight sowie in Jersey und Guernsey gibt es Brauereien, deren local brew man probieren sollte.

P – Pub
R – Restaurant
H – Hotel
GF– Good Food

Jersey: Atlantic Hotel, La Moye, *St. Brelade,* ✆ 44101, H/R/GF, Internationale Küche
Bonne Nuit Hotel, Captain's Table Restaurant, Bonne Nuit Bay, *St. John,* ✆ 61644, H/R/GF. Französische Küche, Schwerpunkt Meeresfrüchte
Clarendon, Market Street, *St. Helier,* P, Kneipe, in der man gelegentlich das von Einheimischen gesprochene Jersey-French hört
Grand Hotel, Peirson Road/Esplanade, *St. Helier,* ✆ 72255, H/R/GF. Englische und französische Spezialitäten, Nouvelle Cuisine
Greenhill Country Hotel and Restaurant, Mont de l'Ecole, Coin Varin, *St. Peter,* ✆ 82941, H/R/GF. Internationale Küche in »Original Jersey Farmhouse«

Guernsey: Bella Luce Hotel, *Moulin Huet Valley,* ✆ 38764, H/R/GF. Englische und französische Spezialitäten in einem normannischen Herrenhaus (Manor)
Cobo Bay Hotel, Cobo Bay, *Castel,* ✆ 57102, H/R.
Hotel Fleur Du Jardin, King's Mills, *Castel,* ✆ 57996, H/R.
La Collinette Hotel, St. Jacques, *St. Peter Port,* ✆ 22585, H/R

Le Châlet Hotel, Fermain Bay, ∅ 3 5716, H/R/GF. »Haute cuisine Française et Cave des Grands Vins«
Old Government House Hotel, Ann's Place, *St. Peter Port,* ∅ 24921, H/R/GF. Vier-Sterne-Hotel mit internationaler Küche (während des 2. Weltkriegs deutsches Soldatenheim)

Alderney: First and Last, *Braye,* R mit Schankerlaubnis
The Georgian House, Victoria Street, *St. Anne,* ∅ 2471, H/R/P
The Royal Connaught Hotel, Royal Connaught Square, *St. Anne,* ∅ 2756, H/R

Herm: The White House Hotel, ∅ 22159, H/R
Fisherman's Tavern, P
Mermaid Tavern, P, ∅ 710170

Sark: Dixcart Hotel, Dixcart Lane, ∅ 2015, H/R
Mermaid Tavern, Rue Hotton, ∅ 2022, P
La Sablonnerie, *Little Sark,* ∅ 2061, H/R

Insel Wight: Buddle Inn, Undercliff, *Niton,* ∅ 730243, P. Stark besuchte Kneipe mit Schmuggler-Vergangenheit und 500jähriger Geschichte
Crab Inn, Old Village, *Shanklin,* ∅ 822363, P. 300jährige, strohgedeckte Dorfkneipe, Longfellows Feriendomizil
Essex Cottage, *Godshill,* ∅ 840232, R. Kleiner Familienbetrieb in einem der ältesten Häuser des Dorfes, oft von Queen Victoria besucht
Farringford Hotel, *Freshwater Bay,* ∅ 752500, H/R. Früherer Wohnsitz des Dichters Tennyson
The Copperfield Room, Winterbourne Hotel, *Bonchurch* (bei Ventnor), ∅

852535, H/R. Englische und französische Küche in Dickens' Feriendomizil
God's Providence House (s. S. 193), 12 St. Thomas Street, *Newport,* ∅ 522085, R. Typisch englische Küche
The Holmwood Hotel, Egypt Point, *W. Cowes,* ∅ 292508, H/R. Englische und französische Küche
The Peacock Vane, *Bonchurch,* ∅ 852019, H/R. Englische Küche, Spezialität: Meeresfrüchte und selbstgezogenes Gemüse; typische Regency-Villa
Swainston Manor Hotel & Restaurant, *Calbourne,* ∅ 521121, H/R. Internationale Küche; Herrenhaus 18. Jh. mit Tennyson-Reminiszenzen (s. S. 219)

Sehenswürdigkeiten

Jersey: Grosnez Castle, *St. Ouen,* frei zugänglich. Schloßruine, 14. Jh., an der NW-Spitze Jerseys. Bei klarer Sicht Blick auf Guernsey, Herm, Jethou, Sark
Kempt Tower Interpretation Centre, Route des Mielles, St. Ouen, ∅ 83651, täglich 14–17. Informationszentrum für Naturgeschichte Jerseys in ehemaliger Küstenbefestigung (Martelloturm)
La Rocco Tower, Martelloturm in der Buch von *St. Ouen,* frei zugänglich, jedoch nur bei Ebbe
Le Pinacle, *St. Ouen,* frei zugänglich. Prähistorische Siedlungsreste
Moulin de Lecq, Grève de Lecq, *St. Ouen,* frei zugänglich. Wassermühle mit 7 m hohem Mühlrad
Samarès Manor, täglich 10–17, April bis Oktober. Subtropischer Garten; ältester Taubenturm Jerseys
St. Ouen's Manor, Di 14–18. Gärten und Kapelle

Sehenswert sind weiterhin die *12 Parish-Kirchen*, deren Gründungen alle im 11. Jh. liegen. Besonders hingewiesen sei auf die Fischerkapelle von *St. Brelade* aus dem 6. Jh. mit ihren farbigen Wandmalereien und auf St. Matthew's Church, *Millbrook*, mit ihrer von René Lalique geschaffenen gläsernen Einrichtung (wochentags 9–18).

Guernsey: Aquarium, La Vallette, *St. Peter Port*, täglich ab 10. Einheimische und tropische Fische

Dolmen von Le Déhus, *Vale*, täglich ab 9. Megalithisches Grab

German Underground Hospital, La Vassalerie, *St. Andrew's*, täglich 10–12 und 14–17, April–Oktober. Größtes unterirdisch angelegtes deutsches Krankenhaus auf den Kanalinseln

La Grand' Mère de la Chimquière. Bronzezeitliche Steinfigur vor der Kirche von *St. Martin's*

Lourdes-Kapelle (»Little Chapel«), *Les Vauxbelets*, frei zugänglich. Folly (erbaut ab 1923), mit Muscheln und Glasscherben aller Art verziert

Kapelle St. Apolline, *St. Saviour's*, 1394, frei zugänglich

Sausmarez Manor, Sausmarez Road, *St. Martin's*, wechselnde Öffnungszeiten. Familiensitz der Familie de Sausmarez; normannische Gründung mit Stilelementen aus der Tudor-, Queen-Anne-, Regency- und viktorianischen Zeit

St. Saviour's Tunnel, Sous l'Eglise, *St. Saviour's*. Unregelmäßige Öffnungszeiten. Auskunft über Derek Traisnel, Grande Lande Cottage, St. Saviour's, ✆ 64679. »Hohlgang 12«, dt. Munitionsdepot (s. S. 116)

Strawberry Farm, *St. Saviour's*, ✆ 64428. Erdbeerplantage mit »hängenden Erdbeeren«

Tropical Vinery, Perelle, *St. Saviour's*, ✆ 63566, täglich 10–17. Tropische und subtropische Pflanzen. Auf dem Gelände befindet sich einer der vier Gefechtsstände der dt. »Batterie Mirus« (s. S. 116)

Victoria Tower, Monument Road, *St. Peter Port*. Folly von 1848, erbaut zur Erinnerung an einen Besuch Königin Victorias

Vale Castle, am nördlichen Ortsrand von *St. Sampson's*, frei zugänglich. Ruine einer mittelalterlichen Festung

Verschiedene *Martellotürme* in den Buchten an der Südküste und Nordwestküste sowie die auf der ganzen Insel anzutreffenden deutschen *Befestigungsanlagen* lohnen einen Besuch

Sark: Kornmühle von 1571, Rue de Moulin

Gefängnis (für zwei Peronen), Avenue La Seigneurie, seit über 250 Jahren Residenz des Seigneurs, mit Taubenhaus. Mi und Fr. Nur Besichtigung der Gärten

»Window in the Rock«. Rechteckiger Tunnel oberhalb Port du Moulin, wurde zum Abseilen von Waren durch den Felsen getrieben

Ruinen der Maschinenhäuser der ehemaligen Silberminen

Alderney: 14 *Küstenforts* aus der napoleonischen und viktorianischen Zeit und die deutschen *Befestigungsanlagen* des 2. Weltkriegs

Kirche (1847–50), Victoria Street, *St. Anne*. Von Sir George Gilbert Scott, dem Erbauer der Hamburger Nikolaikirche

Island Hall (17. Jh.), Royal Connaught Square, *St. Anne*. Ehemaliger Gouverneurssitz, heute u. a. Bibliothek Mouriaux House (1779), Les Mouriaux, *St. Anne*. 1949–70 Haus des ersten Präsidenten von Alderney

Insel Wight: Appuldurcombe House, *Wroxall*, Mo–Sa 9.30–17.30, So 14 bis 17.30. Ruine des größten Herrenhauses der Insel, Landschaftsgarten von »Capability« Brown
Barton Manor Gardens, *Whippingham/East Cowes*, täglich 10.30–17.30, Mai bis 2. Sonntag im Oktober; April: Sa/So und Karfreitag bis Ostermontag, ✆ 292835. Verschiedene Gartenanlagen, Weingut
Bembridge Windmill, *Bembridge*, täglich 10–17.30, Ostern–Oktober. Windmühle aus dem frühen 18. Jh.
Brading Roman Villa, *Brading*, täglich 10–17.30, April–September, ✆ 406223. Römervilla, 3. Jh., mit guten Mosaiken
All Saints Church (13. Jh.), *Calbourne*, mit sehr gut erhaltenem Brass, 14. Jh.
Winkle Street, *Calbourne*, (gegenüber der Kirche). Pittoreske Seitenstraße mit strohgedeckten Häusern
Carisbrooke Castle, bei *Newport*, Mo–Sa 9.30–18.30, So 14–18.30. Normannischer Bergfried; Gefängnis Karls I.; Heimatmuseum der Insel (s. d.); Sitz des Governor of the Isle of Wight; Brunnen mit Tretmühle
Morton Manor, bei *Brading*, Ostern bis Ende Oktober täglich (außer Sa) 11–18. Elisabethanisches Langhaus
Needles Battery, *Alum Bay*, täglich 11–17. Ostern bis September. Viktorianisches Fort mit Tunnelanlagen

Newport Roman Villa, Avondale Road, *Newport*, täglich (außer Sa) 10.30–17.30, Ostern–September. Römervilla mit gut erhaltenem Bad
Newtown, Old Town Hall, *Newtown*, Mi und So 14.30–17.30 (Ostern–31. Mai) Mi/Do/Sa/So 14.30–17.30 (Juni, Juli, September), täglich 14.30–17.30 (August). Historisches Rathaus von 1699; alter »Sitzungssaal«, Roben, Urkunden aus der Ortsgeschichte
Norris Castle, bei *East Cowes*, keine festen Öffnungszeiten. Schloß von 1799 (James Wyatt für Henry Seymour), Attraktion: Dusche Kaiser Wilhelms II.
Nunwell House & Gardens, bei *Brading*, So–Do 13.30–17. Ende Mai–Ende September. Familiensitz der Oglanders von 1522 bis 1980
Osborne House, *East Cowes*, Mo–Sa 10–17, Ostern–Ende September. Königin Victorias Lieblingsresidenz
Quarr Abbey, bei *Binstead*. Abteikirche von Dom Paul Bellot (1935)
St. Mildred's Church, *Whippingham*, East Cowes, geöffnet nach Vereinbarung. Hauskapelle der Königin Victoria, von Albert Jenkins Humbert entworfen
Yarmouth Castle, Quay Street, *Yarmouth*, April–Oktober täglich 9.30–13 und 14–18.30. Küstenbefestigung Heinrichs VIII.

(S. a. Kunstgewerbe, Museen und Naturwunder)

Sport

Die Kanalinseln und die Insel Wight leben zu einem beträchtlichen Teil vom Tourismus und ermöglichen daher ihren Gästen nahezu alle Wasser-, Freiluft- und Hallensportarten. Viele örtliche Sportvereine bieten sogenannte *visiting memberships* (zeitweilige Mitgliedschaft für Besucher) an; die Verkehrsämter und viele Hotels halten Listen mit Vereinsanschriften bereit.

Sprache

Englisch ist die Umgangssprache auf den Kanalinseln und auf der Insel Wight. Aufgrund der normannisch-französischen Tradition werden auf den *Kanalinseln* jedoch bestimmte Rechtsgeschäfte und Zeremonien in *französischer* Sprache abgewickelt, und einige Inselfamilien sprechen noch einen *normannischen* Dialekt, der aber von Insel zu Insel verschieden ist (Jersey-French, Guernsey-French, Sercqais). Auf der *Insel Wight* gibt es ein Wörterbuch mit den Besonderheiten des Insel-Englisch zu kaufen.

Telefon

Das Telefonsystem der Kanalinseln ist nicht Bestandteil von »British Telecom«, wie das der Insel Wight, ist aber dem britischen Netz mit nahezu unbeschränkter Durchwahlmöglichkeit (Ausnahme: In *Alderney* gibt es keine Direktwahl für Auslandsgespräche von Telefonzellen aus) angeschlossen. Die einzelnen Inseln gelten als jeweils ein Ortsnetz mit folgenden Kennzahlen, die von Deutschland aus direkt angewählt werden können (auch Telefonzellen):

Jersey: (0044 für GB) – 5 34
Guernsey und *Herm:* (0044) – 4 81
Alderney: (0044) – 4 81–82
Sark: (0044) – 4 81–83

Auf der *Insel Wight* bestehen zur Zeit (1987) vier Ortsnetze, die nach Planung von »British Telecom« bis 1991 zu einem einzigen konzentriert werden sollen, dessen Kennzahl (00 44)–9 83 bereits fast überall gilt, abgesehen von drei Orten, die noch ein eigenes Ortsnetz haben:
(00 44)–9 83 78 für Calbourne
(00 44)–9 83 79 für Chale Green
(00 44)–9 83 70 für Chillerton

Bei Ferngesprächen von Großbritannien nach Deutschland ist die Ziffer 01049 vorzuwählen, die deutsche Ortsnetzkennzahl folgt *ohne* die vorhergehende »0«. Beispiel: Köln: 01049–221

Theater

> *Then to the well-trod stage anon,*
> *If Jonson's learned sock be on,*
> *Or sweetest Shakespeare, Fancy's child,*
> *Warble his native wood-notes wild.*
> *(Milton, L'Allegro)*

Jersey: Opera House, Gloucester Street, *St. Helier,* ✆ 2 21 65
Lido de France, St. Saviour's Road, *St. Helier,* ✆ 7 31 02
Guernsey: im Beau Sejour Leisure Centre, La Butte, *St. Peter Port,* ✆ 2 69 64

Insel Wight: Freshwater, Memorial Hall
Newport, Apollo Theatre, Pyle Street
Newport, Medina Community Centre
Ryde, Pavilion Theatre, Esplanade
Sandown, Pier Pavilion Theatre
Shanklin, Steephill Road

Tierparks und Zoologische Gärten

Jersey: Jersey Zoological Park, Les Augrès Manor, La Profonde Rue, *Trinity* (Gründer: Gerald Durrell), täglich 10–18 (Sommer), 10–16.30 (Winter). Viele vom Aussterben bedrohte Tierarten

Guernsey: Children's Zoo, La Villiaze Road, *St. Andrew's,* täglich ab 10 Uhr
Friquet Flower and Butterfly Centre, Le Friquet, *Castel,* ∅ 5 43 78. Schmetterlinge

Insel Wight: Flamingo Park Bird Sanctuary, Oakhill Road, *Seaview,* ∅ 71 21 53, täglich 14–18, Ostern–Ende Mai, Mo–Sa 10.30–18, So 14–18, Juni–September. Schwäne, Kraniche, Pfauen und Flamingos
Isle of Wight Zoo, *Sandown,* ∅ 40 38 83, täglich 10–17, Ostern–Ende September
Robin Hill Country and Zoological Park, Downend, *Arreton,* ∅ 52 73 52, täglich ab 10. März bis Oktober
Tropical Bird Park, Old Park, *St. Lawrence,* ∅ 85 25 83, täglich 10–17

Unterhaltung

(typisch englischer Art) braucht man auf den größeren Kanalinseln und auf der Insel Wight nicht zu missen. Es gibt ausreichend Kinos, Diskotheken und »establishments« mit gehobener Abendunterhaltung. Spezielle Freizeit- und Unterhaltungszentren gibt es in:

Jersey: The Hawaiian Entertainment Centre, *Portelet,* St. Brelade, ∅ 4 31 62
Fort Regent, *St. Helier,* ∅ 7 30 00

Guernsey: Beau Sejour Leisure Centre, La Butte, *St. Peter Port,* ∅ 2 85 55 (Auskunft)

Insel Wight: Winter Gardens, Skating and Leisure Centre, Pier Street, *Ventnor,* ∅ 85 43 51

Unterkunft

ist auf allen Inseln reichlich – ihrer Größe entsprechend – vorhanden. Die Palette reicht von der einfachen Frühstückspension (Bed & Breakfast) bis zum Viersternehotel. Für Selbstversorger gibt es Campingplätze (s. d.) und Ferienwohnungen (self-catering accommodation/holiday flats). Unterkunftsverzeichnisse versenden (in manchen Fällen gegen eine kleine Gebühr) die örtlichen Verkehrsämter (s. d.)

Verkehrsämter

Jersey: States of Jersey Tourism Committee, Tourist Information Office, Weighbridge, *St. Helier,* Jersey, Britische Kanalinseln, ∅ 7 80 00, Mo–Fr 8.45–12.30 und 14–17, Sa 9–12.30; Mai–Anfang Oktober: Mo–Sa 9–21.30, So 9–12 und 19–21.15

Guernsey: Tourist Information Office, Crown Pier, *St. Peter Port,* Guernsey, ∅ 23 55 2

Alderney: States of Alderney Tourist Office, *St. Anne,* Alderney, ∅ 29 94

Sark: Sark Tourism (Information Officer), Sark via Guernsey, ∅ 23 45

Herm: Simon Wood, Herm Island, ∅ 2 23 77

Insel Wight: Isle of Wight Tourist Board, 21 High Street, *Newport,* I. W., England, ∅ 52 43 43
Tourist Information Centre, Esplanade, *Sandown,* I. W., ∅ 40 38 86
Tourist Information Centre, High Street, *Shanklin,* I. W., ∅ 86 29 42

Wandern

steht auf den Kanalinseln und auf der Insel Wight hoch im Kurs. Während man die kleinen Inseln *Sark, Herm* und *Alderney* in den meisten Fällen zu Fuß erforschen wird bzw. in Ermangelung jeglicher Kraftfahrzeuge für den Personenverkehr (Sark und Herm) fast zwangsläufig durchwandern wird, stehen dem passionierten Fußgänger in Jersey und Guernsey sowie auf der Insel Wight verschiedene als *Wanderwege* ausgezeichnete Routen zur Verfügung.

Jersey: Corbière Walk von *St. Aubin* nach *Corbière* (ca. 6 km), Trasse der ehemaligen Eisenbahnlinie
Klippenpfad von *Grosnez Point* nach *Rozel* (22 km); unterschiedlicher Schwierigkeitsgrad, in Etappen begehbar
Wanderweg von *St. Brelade's Bay* nach *Beauport* (2 km)
Strandweg von *Gorey Village* bis *Le Hurel* (3 km)

Guernsey: Klippenweg von *St. Peter Port* über Fort George an der Ostküste entlang nach Süden und in westlicher Richtung an der Südküste entlang bis *La Corbière* (ca. 15 km)
Klippenweg von *Torteval* (Südküste) in westlicher Richtung bis *Pleinmont Point* (ca. 4 km)

Insel Wight: Von den etwa 25 offiziellen Wanderrouten (die vielen public footpaths nicht gerechnet) sollen hier nur die *long distance trails* aufgeführt werden, da sie ganzjährig zu begehen sind und in einer Publikation des Isle of Wight County Council detailliert beschrieben werden, so daß sie auch Spaziergänger, die keine Wanderkarte haben, benutzen können:

Tennyson Trail von *Carisbrooke* zur *Alum Bay* (ca. 25 km)
Worsley Trail von *Shanklin* zum *Brighstone Forest* (ca. 25 km)
Stenbury Trail von *Newport* nach *Ventnor* (ca. 16 km)
Nunwell Trail von *Ryde* nach *Sandown* (ca. 16 km)
Bembridge Trail von *Newport* zum *Bembridge Point* (ca. 25 km)
Hamstead Trail von *Freshwater* nach *Hamstead* (ca. 14 km)
Shepherd's Trail von *Carisbrooke* zur *Shepherd's Chine* (ca. 16 km)
Riverside Walk von *Yarmouth* nach *Freshwater* am rechten Yar-Ufer entlang über die alte Eisenbahntrasse und zurück am linken Yar-Ufer entlang nach Yarmouth (ca. 11 km)
Die Isle of Wight Ramblers' Association führt pro Woche drei Rundwanderungen in verschiedenen Teilen der Insel durch; Auskunft bei: Mr. Les Wickens, ✆ (Shanklin) 4300.

Yachtclubs und Yachthäfen
Jersey: Royal Channel Islands Yacht Club, *St. Aubin,* ✆ 41023
St. Helier Yacht Club, South Pier, *St. Helier,* ✆ 21307
Gorey Harbour, Rozel Harbour, St. Aubin, St. Helier; Anmeldung jeweils beim Harbour Master erforderlich
Guernsey: Guernsey Yacht Club, Castle Emplacement, *St. Peter Port,* ✆ 22838
Royal Channel Islands Yacht Club, Quay Steps, *St. Peter Port,* ✆ 23154
Beaucette Yacht Marina, *Vale,* ✆ 45000
Victoria Marina, *St. Peter Port,* ✆ 20229
Alderney: Alderney Sailing Club, *Braye Harbour,* ✆ 2758

Insel Wight: Cowes Corinthian Yacht Club, Island Sailing Club, Royal Corinthian Yacht Club, Royal London Yacht Club, Royal Yacht Squadron (alle in *Cowes*)

Segler müssen bei der Küstenwache in Freshwater (∅ 752265) die örtliche Wettervorhersage einholen, bevor sie folgende Häfen anlaufen können:

Bembridge ∅ 872319
Cowes ∅ 293952
Newport ∅ 522493 App. 49
Newtown ∅ 424
Wootton/Fishbourne ∅ 882325
Yarmouth ∅ 760300

Zeitungen

Jersey: Jersey Evening Post, P.O. Box 582, Five Oaks, *St. Saviour,* ∅ 73333 (Tageszeitung)

Channel Island Times, Halkett Street, *St. Helier,* ∅ 25368 (Wochenzeitung)

Guernsey: Guernsey Evening Press, Braye Road, *Vale,* Tageszeitung mit Wochenzeitung The Weekly Press, ∅ 45866

Alderney: Alderney Journal, Ollivier Street, *St. Anne,* ∅ 3243 (Erscheint vierzehntägig)

Insel Wight: Isle of Wight County Press (Wochenzeitung), 29 High Street, *Newport,* ∅ 526741/2

Darüber hinaus sind die gängigen britischen Zeitungen und Zeitschriften sowie, auf den Kanalinseln, einige französische erhältlich.

Zeitunterschied

Die Mitteleuropäische Zeit (MEZ) ist der in Großbritannien geltenden Greenwich Mean Time (GMT) um eine Stunde voraus – auch in der Sommerzeit. Dieser Umstand sollte bei telefonischen Anfragen berücksichtigt werden.

Zollbestimmungen

Auf den Kanalinseln gibt es keine Mehrwertsteuer (Value Added Tax – VAT), und viele Waren, insbesondere Genußmittel, werden zu Preisen verkauft, die in Großbritannien und Frankreich als duty-free gelten, so daß bestimmte Einfuhrmengen nicht überschritten werden dürfen.

Autor und Verlag bemühen sich darum, die Praktischen Reiseinformationen auf dem aktuellsten Stand zu halten, können aber keine Gewähr für die Richtigkeit jeder einzelnen Angabe übernehmen – Anschriften wie Telefonnummern, Öffnungszeiten wie Währungskurse etc. ändern sich oft kurzfristig. Wir bitten um Verständnis und werden Korrekturhinweise gerne aufgreifen (DuMont Buchverlag, Postfach 100468, 5000 Köln 1).

Zeittafel

(Abkürzungen: A = Alderney, G = Guernsey, IW = Isle of Wight, J = Jersey, S = Sark)

Kanalinseln

Um 100 000 v. Chr. altstein-
zeitliche Besiedlung von La
Cotte, J

Um 2600 v. Chr. megalithisches Ganggrab von La Hougue Bie, J

Um 1000 v. Chr. bronzezeit-
licher Goldschmuck von St.
Helier, J

6. Jh. Christianisierung der
Kanalinseln durch St. Helier,
St. Sampson und
St. Magloire

555 Tod St. Heliers

Normannenherzöge

911– 933 Rollo

933– 942 Wilhelm Lang
schwert

942–996 Richard I. der
Furchtlose

Insel Wight

43 n. Chr. Eroberung Britanniens durch Vespasian

3. Jh. Römische Landhäuser
von Brading und Newport

Um 410 Ende der römischen
Provinz Britannia

Um 530 IW gerät unter säch-
sische Herrschaft

Könige von Wessex

534– 560 Cynric

560– 591 Ceawlin

591– 597 Ceol

597– 611 Ceolwulf

611– 643 Cynegils

643– 674 Cenwalh

674– 676 Aescwine

676– 685 Centwine

685– 688 Caedwalla

688– 726 Ine
Ingild
Eoppa
Eafa
Ealmund

802– 839 Egbert

839– 855 Aethelwulf

855– 860 Ethelbald

860– 866 Ethelbert

866– 871 Ethelred I.

871– 899 Alfred der Große

899– 925 Eduard der Ältere

925– 939 Athelstan

939– 946 Edmund

946– 959 Eadred

959– 975 Edgar

975– 978 Eduard der
Märtyrer

996–1026 Richard II. der
Gute
1026–1028 Richard III.
1028–1035 Robert I. der
Teufel
1035–1087 Wilhelm II. der
Bastard (der Eroberer)
1087–1106 Robert II.

978–1016 Ethelred der
Unberatene
1016 Edmund Ironside
1016–1035 Knut
1035–1040 Harald I.
1040–1042 Harthaknut
1042–1066 Eduard der
Bekenner

1066 Schlacht bei Hastings:
Normannen erobern
England

1066 Harald II.

Normannenkönige

11. Jh. Gründung der Pfarrkirchen Jerseys sowie acht
der zehn Pfarrkirchen
Guernseys

1066–1087 Wilhelm I. der
Eroberer
1087–1100 Wilhelm II. Rufus
1100–1135 Heinrich I.

1066 IW wird William
FitzOsbern unterstellt
1100 Lordship der Insel geht
an die Familie de Redvers
über
1131 Quarr Abbey
1135 Yarmouth erhält
Stadtrechte

Um 1150 St. Helier's Abbey,
J

1135–1154 Stephan von Blois

Ab 1136 Carisbrooke Castle

Um 1155 Pfarrkirchen von
Castel und Vale, G
Um 1160 Robert Wace:
»Roman de Rou et des ducs
de Normandie«
1204 Johann verliert das normannische Festland, behält
aber die Kanalinseln
1206 Castle Cornet, G
1206 Mont Orgueil Castle, J
Um 1270 Fresken von
St. Mary, Castel, G

Haus Anjou-Plantagenet
1154–1189 Heinrich II.

1189–1199 Richard I. Löwen-
herz
1199–1216 Johann Ohneland

1216–1272 Heinrich III.

1272–1307 Eduard I.

1307–1327 Eduard II.

1177 Newport erhält
Stadtrechte

1200 St. George, Arreton;
St. Mary, Brading

1256 Gründung von
Newtown
1280 Brading erhält
Stadtrechte
1293 Isabella de Fortibus
verkauft Lordship an die
Krone

1339 Nicholas Béhuchet,
Admiral von Frankreich,
erobert Guernsey
1345 Befreiung Castle
Cornets, G
1380–1382 Franzosen besetzen Jersey
1394 Kapelle St. Apolline, G

1327–1377 Eduard III.

1377–1399 Richard II.

1335/36 Torhaus
Carisbrooke Castle
1377 Franzosen zerstören
Newport und Newtown

1396–1415   Edward Earl of
Rutland Warden der Kanal-
inseln
1437–1447   Humphrey Duke
of Gloucester Lord of the
Isles
1444   Henry de Beauchamp
Duke of Warwick erhält die
Inseln zugesprochen
Um 1450   Fresken der Kirche
St. Clement, J

Haus Lancaster
1399–1413   Heinrich IV.
1413–1422   Heinrich V.
1422–1461   Heinrich VI.

1396–1405 und
1405–1415   Edward Earl of
Rutland Lord of the IW
1431–1446   Humphrey Duke
of Gloucester Lord of the IW
1445   Henry de Beauchamp
Duke of Warwick wird zum
König der IW gekrönt
Um 1460   Christophorus-
Fresko von Shorwell

1461–1468   Franzosenherrschaft in Jersey
1483   Papst Sixtus IV. erklärt
die Kanalinseln für neutral
1483   St. Ouen's Manor, J

Haus York
1461–1483   Eduard IV.

1483   Eduard V.

1483–1485   Richard III.

Haus Tudor
1485–1509   Heinrich VII.
1509–1547   Heinrich VIII.

1524   Hamptonne-Kapelle,
St. Lawrence, J
1531   Somerset Tower des
Mont Orgueil Castle, J
1542   St. Aubin's Fort, J

1520   Grabdenkmal Lady
Wadham, Carisbrooke
1522   Nunwell House
1537   Auflösung und Zerstörung der Abtei von Quarr
1538   Yarmouth Castle
1545   Untergang der »Mary
Rose« im Solent

1550   Elizabeth Castle, J

1547–1553   Eduard VI.
1553–1558   Maria I., »Bloody
Mary«
1558–1603   Elisabeth I.

1557   Grabdenkmal Sir James
und Lady Worsley, Godshill
1567   Mottistone Manor

1563   Elizabeth College, G
1565   Helier de Carteret erhält
S zu Lehen
1569   Kanalinseln werden aus
der Diözese Coutances aus-
gegliedert und dem Bischof
von Winchester unterstellt
1581   Herrenhaus St. George,
G
Um 1585   Herrenhaus La
Haye du Puits, G

1579   West Court House,
Shorwell
1584   Newtown wird
»borough« mit parlamen-
tarischer Vertretung
Um 1600   Fresko »Christus
am Blätterkreuz«, Godshill

1600–1603   Sir Walter Raleigh
Governor von J

	Haus Stuart	
	1603–1625 Jakob I.	1615 North Court House, Shorwell
		1620 Yaverland Manor
1646 Kronprinz Karl im Exil in J	1625–1649 Karl I.	1629 Grabdenkmal John Leigh und Enkel, Shorwell
1646 Edward Hyde, Earl of Clarendon, schreibt »History of the Rebellion«, auf Elizabeth Castle, J		1630 Altarretabel, Shalfleet
		1631 Billingham Manor
		1635 Geburt Robert Hookes in Freshwater
		1639 Arreton Manor
		1647 Karl I. in Gefangenschaft auf Carisbrooke Castle
1649 Karl II. wird in J zum König ausgerufen	1649–1653 Commonwealth	1650 Tod der Prinzessin Elizabeth auf Carisbrooke Castle
1651 Castle Cornet, G, und Jersey werden von den Parlamentstruppen eingenommen		1650 Sir William D'Avenant in Gefangenschaft in Cowes
	1653–1658 Oliver Cromwell Lordprotektor	1655 Grabdenkmal Sir John Oglander, Brading
	1658–1659 Richard Cromwell Lordprotektor	
1660 Sir George de Carteret wird der erste erbliche Governor von Alderney	1660–1685 Karl II.	
1664 Grabdenkmal Edward und Lawrence Hamptonne, St. Lawrence, J		
1687 La Vieille Maison, St. Aubin, J	1685–1688 Jakob II.	
1694 Philip Falle »Account of Jersey«	1688–1694 Wilhelm III. von Oranien und Maria II.	1692 Tod des Governor Sir Robert Holmes; Grabdenkmal in Yarmouth
	1694–1702 Wilhelm III.	
	1702–1714 Anna	1701 Appuldurcombe House, Wroxall
	Haus Hannover	
1718 Queen-Anne-Flügel von Sausmarez Manor, G	1714–1727 Georg I.	
1721 Herrenhaus Saumarez Park, G		
1751 Denkmal Georg II., St. Helier, J	1727–1760 Georg II.	1750 Gatcombe House
1763 Island Hall, A	1760–1820 Georg III.	1763 Town Hall, Yarmouth
1779 Mouriaux House, A		1781 Sir Richard Worsley »History of the Isle of Wight«
1781 »Battle of Jersey«		
1782 Fort George, G		
1787 Constable's Office, St. Peter Port, G		1796 St. Thomas of Canterbury, West Cowes

1795 La Rocco Tower, J		1798 Nashs East Cowes Castle
		1799 Norris Castle, East Cowes
		1805 Tod Sir Richard Worsleys; Grabdenkmal in Godshill
1806–1814 Fort Regent, J	1810–1820 Regentschaftszeit	1815 Gründung der Royal Yacht Squadron
		1816 Town Hall von Nash, Newport
		1817 Keats besucht IW
		1819 Isle of Wight Institution von Nash, Newport
		Um 1820 Hill Grove House, Bembridge
1825 Alderney wird dem Amtsbezirk Guernsey eingegliedert; Ende der erblichen Governors-Verfassung	1820–1830 Georg IV.	1827 William Turner zeichnet East Cowes Castle
1826–1829 Neubau Elizabeth College, G		
1833–1847 Silberbergbau in S	1830–1837 Wilhelm IV.	1832 Parlamentsreform: Yarmouth und Newtown verlieren ihre Parlamentsvertretung
		1832 Brigstocke Terrace, Ryde
		1835 Tod John Nashs; Grabmal in East Cowes
	1837–1901 Viktoria	1838 Parkhurst Prison
1844 Almorah Crescent, St. Helier, J		1845 Viktoria zieht auf die IW
		1845 Osborne House, East Cowes
		1846 Barton Manor, East Cowes
1847–1855 viktorianische Forts in A		1849 Denkmal für Lord Yarborough, Bembridge Down
1850 Victoria College, J		
1852–1855 Victor Hugo in J im Exil		1853 Alfred Tennyson zieht nach Farringford
1853 Geburt Lillie Langtrys in St. Saviour, J		1856 Grabdenkmal Prinzessin Elizabeth, Newport
1855–1870 Victor Hugo in G im Exil		1861/62 St. Mildred, Whippingham
		1863 Landseer-Gemälde »Ihre Majestät in Osborne«
		1864 Leeson-Mausoleum, Bonchurch

1865/66 Glasfenster von Morris, Rossetti, Burne-Jones und Brown in Gatcombe
1865/66 Dominikanerkloster, Carisbrooke

1866 Royal Court, J
1876 A. C. Swinburne besucht S
1883 Auguste Renoir besucht G und malt »Au Bord de la Mer«

1867 Tennyson verläßt IW
1881 Alfred Sisley besucht IW
1890 Durbar-Flügel, Osborne House
1890 IW wird selbständige Grafschaft
1897 Marconi Wireless Telegraph Co.
1901 Viktoria stirbt auf Osborne House

1902 »Battle of Flowers«, J

1901–1910 Eduard VII.

1908 Quarr Abbey
1909 Adelheid von Braganza stirbt in Ryde
1909 A. C. Swinburne wird in Bonchurch begraben

1923–1925 »Little Chapel« von Les Vauxbelets, G

1910–1935 Georg V.
(seit 1917 Haus Windsor)

1929 Alfred Noyes zieht nach Ventnor

1934/35 René Lalique gestaltet die »Glass Church« in Millbrook, J

1936 Eduard VIII.

1940–1945 deutsche Besetzung der Kanalinseln

1936–1952 Georg VI.

1939–1959 J. B. Priestley in Billingham Manor und Brook Hill House

1949 Verfassungsreform: Alderney erhält als einzige Kanalinsel einen Präsidenten

Seit 1952 Elisabeth II.

1958 Tod Alfred Noyes'

1962 Channel Islands Occupation Society
1969 Kanalinseln scheiden aus dem englischen Postsystem aus

1972 Verwaltungsreform: Bildung der Borough of Medina und Borough of South Wight

1974 Tod der Dame of Sark, Sibyl M. Hathaway

1973 deutsches Team gewinnt den British Admirals Cup
1982 Partnerschaft IW und Kreis Ostholstein
1982 »Mary Rose« wird aus dem Solent geborgen

Register

Personenregister

Ortsregister

Süd-England

Von Kent bis Cornwall
Architektur und Landschaft, Literatur und Geschichte
Von Peter Sager. 367 Seiten mit 43 farbigen und 169 einfarbigen Abbildungen, 72 Zeichnungen, Karten und Plänen, 29 Seiten praktischen Reisehinweisen, Namen-, Orts- und Sachregister

»Peter Sager erzählt so viel Wissenswertes über Architektur und Landschaft, Literatur und vor allem Geschichte der Region von Kent bis Cornwall, daß kaum Fragen offenbleiben, zumal das Kompendium am Ende des Buches nützliche touristische Tips zusammenstellt. Mit vielen Bildern auch optisch ein sehr ansprechender Band.« *Die Welt*

Schottland

Geschichte und Literatur – Architektur und Landschaft
Von Peter Sager. 448 Seiten mit 55 farbigen und 95 einfarbigen Abbildungen, 102 Plänen und Zeichnungen, 24 Seiten praktischen Reisehinweisen, Literaturhinweisen, Register

Englische Kathedralen

Eine Reise zu den Höhepunkten englischer Architektur von 1066 bis heute
Von Werner Schäfke. 340 Seiten mit 36 farbigen und 108 einfarbigen Abbildungen und 122 Zeichnungen und Plänen, 9 Seiten praktischen Reisehinweisen, Glossar, Register

»Richtig reisen«: Großbritannien

England, Wales, Schottland
Von Rolf Breitenstein. 290 Seiten mit 58 farbigen und 140 einfarbigen Abbildungen, Zeichnungen und Plänen, 80 Seiten praktischen Reisehinweisen

»Eine informierendere und vergnüglichere Lektüre über das Reiseland England läßt sich kaum denken. Der Führer ist vorzüglich geschrieben, dazu verschwenderisch bebildert; ein origineller, mitunter schrulliger Wegweiser, der nichts ausläßt.« *Süddeutsche Zeitung*

London

Biographie einer Weltstadt
Geschichte und Literatur, Architektur und Landschaft
Von Ingrid Nowel. 464 Seiten mit 46 farbigen und 114 einfarbigen Abbildungen sowie 147 Zeichnungen und Plänen, 32 Seiten praktischen Reisehinweisen, Literaturhinweisen, Glossar, Register

»Richtig reisen«: London

Von Klaus Barisch und Peter Sahla. 360 Seiten mit 59 farbigen und 184 einfarbigen Abbildungen, Stadtplänen und Karten, 130 Seiten praktischen Reisehinweisen, Register

»Das Buch bietet neben erschöpfenden Sachinformationen ein höchst unkonventionelles London-Bild.« *Der Spiegel*

Wales

Literatur und Politik – Industrie und Landschaft
Von Peter Sager. 504 Seiten mit 67 farbigen und 105 einfarbigen Abbildungen, 136 Zeichnungen und Plänen, 55 S. praktischen Reisehinweisen, Register

DuMont Kunst-Reiseführer

»Kunst- und kulturgeschichtlich Interessierten sind die DuMont Kunst-Reiseführer unentbehrliche Reisebegleiter geworden. Denn sie vermitteln, Text und Bild meist trefflich kombiniert, fundierte Einführungen in Geschichte und Kultur der jeweiligen Länder oder Städte, und sie erweisen sich gleichzeitig als praktische Führer.« *Süddeutsche Zeitung*

Alle Titel in dieser Reihe:

- Ägypten und Sinai
- Entdeckungsreisen in Ägypten 1815–1819
- Algerien
- Arabien
- Entdeckungsreisen in Südarabien
- Belgien
- Die Ardennen
- Bhutan
- Brasilien
- Bulgarien
- Bundesrepublik Deutschland
- Das Allgäu
- Das Bergische Land
- Bodensee und Oberschwaben
- Bonn
- Bremen, Bremerhaven und das nördliche Niedersachsen
- Düsseldorf
- Die Eifel
- Franken
- Hannover und das südliche Niedersachsen
- Hessen
- Hunsrück und Naheland
- Köln
- Kölns romanische Kirchen
- Die Mosel
- München
- Münster und das Münsterland
- Zwischen Neckar und Donau
- Oberbayern
- Oberpfalz, Bayerischer Wald, Niederbayern
- Ostfriesland
- Die Pfalz
- Der Rhein von Mainz bis Köln
- Das Ruhrgebiet
- Sauerland
- Schleswig-Holstein
- Der Schwarzwald und das Oberrheinland
- Sylt, Helgoland, Amrum, Föhr

- Der Westerwald
- Östliches Westfalen
- Württemberg-Hohenzollern
- Volksrepublik China
- DDR
- Dänemark
- Frankreich
- Auvergne und Zentralmassiv
- Die Bretagne
- Burgund
- Côte d'Azur
- Das Elsaß
- Frankreich für Pferdefreunde
- Frankreichs gotische Kathedralen
- Korsika
- Languedoc– Roussillon
- Das Tal der Loire
- Lothringen
- Die Normandie
- Paris und die Ile de France
- Führer Musée d'Orsay, Paris
- Périgord und Atlantikküste
- Das Poitou
- Die Provence
- Drei Jahrtausende Provence
- Licht der Provence
- Savoyen
- Südwest-Frankreich
- Griechenland
- Hellas
- Athen
- Die griechischen Inseln
- Alte Kirchen und Klöster Griechenlands
- Tempel und Stätten der Götter Griechenlands
- Korfu
- Kreta
- Rhodos
- Großbritannien
- Englische Kathedralen
- Die Kanalinseln und die Insel Wight
- London

- Schottland
- Süd-England
- Wales
- Guatemala
- Holland
- Indien
- Ladakh und Zanskar
- Indonesien
- Bali
- Irland
- Island
- Israel
- Das Heilige Land
- Italien
- Apulien
- Elba
- Das etruskische Italien
- Florenz
- Gardasee, Verona, Trentino
- Lombardei und Oberitalienische Seen
- Die Marken
- Ober-Italien
- Die italienische Riviera
- Von Pavia nach Rom
- Rom –
- Ein Reisebegleiter
- Rom in 1000 Bildern
- Das antike Rom
- Sardinien
- Südtirol
- Toscana
- Umbrien
- Venedig
- Die Villen im Veneto
- Japan
- Nippon
- Der Jemen
- Jordanien
- Jugoslawien
- Karibische Inseln
- Kenya
- Luxemburg
- Malaysia und Singapur
- Malta und Gozo
- Marokko
- Mexiko
- Unbekanntes Mexiko

- Namibia und Botswana (Februar '89)
- Nepal
- Österreich
- Burgenland
- Kärnten und Steiermark
- Salzburg, Salzkammergut, Oberösterreich
- Tirol
- Vorarlberg und Liechtenstein
- Wien und Umgebung
- Pakistan
- Papua-Neuguinea
- Polen (Februar '89)
- Portugal
- Madeira
- Rumänien
- Die Sahara
- Sahel: Senegal, Mauretanien, Mali, Niger
- Die Schweiz
- Tessin
- Das Wallis
- Skandinavien
- Sowjetunion
- Georgien und Armenien
- Kunst in Rußland
- Moskau und Leningrad
- Sowjetischer Orient
- Spanien
- Die Kanarischen Inseln
- Katalonien
- Mallorca – Menorca
- Nordwestspanien
- Spaniens Südosten – Die Levante
- Südspanien für Pferdefreunde
- Sudan
- Südamerika
- Südkorea
- Syrien
- Thailand und Burma
- Tunesien
- USA – Der Südwesten
- Zypern

Alle Bände mit vielen, zum Teil farbigen Abbildungen; dazu Zeichnungen, Karten, Grundrisse, praktische Reisehinweise.

»Richtig reisen«